SENTIR
EN EL TRABAJO

Un desafío a la ficción económica

Sentir en el Trabajo: un desafío a la ficción económica

Autor y Editor: Christian Eulerich
Colaboradores: Todas las personas con quienes me he relacionado
y convivido. Mis padres, mis hermanos, mis compañeros de trabajo.
En fin todos los que fueron y son parte de mi vida.
Diseño de Tapa e Interior: Viviana Melgarejo
Corrección de Estilo: Hernan Jaeggi

1ª. Edición. Año 2022. Asunción, Paraguay

Editorial Imprenta Ediciones y Artes, 25 de Mayo 2045 entre Gral.
Bruguez y Mayor Bullo
Artes Gráficas Zamphiropolos, Av. Gervacio Artigas 2100
385 paginas
ISBN 978-999
Hecho el depósito que establece la Ley 1.328/98

CREADO EN PARAGUAY, IMPRESO EN AMAZON
ORIGINATED IN PARAGUAY, PRINTED BY AMAZON

... y Christian Eulerich

¿Quiénes escriben conmigo?

Creo que nadie escribe un libro solo, detrás del autor siempre hay otras voces que son parte del imaginario social.

La historia con nuestras memorias y los escritos transmiten también saberes y sentires que son particulares y colectivos a la vez. Siempre hay muchos autores detrás de una obra; gritando y en silencio.

Christian Eulerich

Nació en 1971, Asunción-Paraguay. Está casado y tiene tres hijos. Asistió a un colegio alemán y luego viajó a Berlín para estudiar ingeniería en industria gráfica. Regresó y asumió un rol empresarial, que heredó de su familia. A continuación mantuvo actualizados permanentemente sus conocimientos técnicos y aplicó todo tipo de teorías, modelos y sistemas para la eficiencia y la competitividad de ese rol. Así vivió por 20 años como empresario.

Hoy ya no quiere ser solamente un obediente o responsable con lo que le dicen. Prefiere buscar junto a otras personas formas distintas para descubrir lo que es útil para él y también para la mayoría.

Prefiere compartir sus desaciertos y desafíos que seguir hablando de logros y premios. Convive con la incertidumbre y ha aprendido a soltar las certezas.

Nos encantaría que nos compartas tu parecer sobre esta obra, este conjunto de sentires y pensamientos: escanea el código QR.
www.sentireneltrabajo.com.py

  sentir en el trabajo

A Rocío, mi compañera de vida.
A mis hijas Macarena y Agustina, a mi hijo Mathias.
Los quiero mucho y les agradezco la paciencia.

A mi hermana Andrea,
por su interminable confianza a mis ideas.

A mis compañeros de trabajo.
Si hoy puedo tener el tiempo para escribir
es gracias a todos y cada uno de ellos.

A los que han sabido cómo escuchar
una y otra vez mis palabras.

Índice

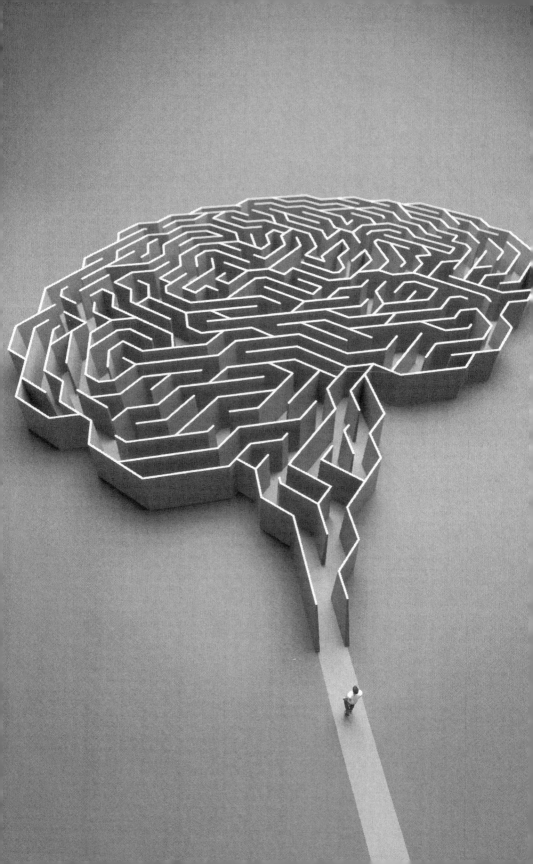

Prefacio

No sé cómo empezar a contar esto... tal vez reconociendo lo difícil que me fue conversar sobre determinados asuntos. Existen muchos tabúes sociales, en lo económico y en las empresas ni que decir. ¿Cuántas horas de trabajo por día son justas? ¿Cómo saber si mis ingresos se ajustan a mis esfuerzos? ¿Por qué mi jefa no valora lo mío, pero lo de ella sí? ¿Por qué ya me insinuaron dos veces negociar mi antigüedad? ¿Por qué nunca me animo a decir lo que pienso a mis superiores? ¿Por qué vivimos con tanta desigualdad en nuestros países de la región? ¿Por qué las falsificaciones y la evasión continúan? ¿Cómo se explica qué la hija del jefe tiene solo seis meses y ya es la jefa de Marketing? ¿Por qué para todo siempre se traen personas de afuera y nosotros quedamos al margen?

Como ves son preguntas incómodas y que requieren muchas más conversaciones que respuestas, pero dialogar (primero) escuchando nunca fue sencillo, representa un reto gigante y más aún cuando es probable que sean diferencias y desacuerdos los que surjan de estos encuentros conversacionales.

Y así aprendí que en Latinoamérica hay formas (exclusivas) de dialogar y asuntos que simplemente hay que evitar en determinados ámbitos: se trata generalmente de aquellos que convocan privilegios e inminentes responsabilidades, y entonces todo se vuelve embarazoso y cambiar de tema o culpar al «estado general de las cosas» es la mejor salida.

¿Te sucedió alguna vez querer hablar de algo y no saber cómo hacerlo? Bueno, tal vez por eso tenés este libro en tus manos: ésta es la forma que se me ocurrió de revelarme y a la vez reinventarme desde mis más profundas limitaciones y equivocaciones. Y lo hago con esta propuesta abierta y colaborativa para iniciar conversaciones distintas sobre el *Sentir* y el *Hacer* en las organizaciones de personas. Creo que no es necesario que el Desarrollo continúe como una mera «ficción económica».

Basta de estándares, ideologías y diagnósticos como las recetas (soluciones) para el *hacer* de tantos empresarios y trabajadores. Y lo digo así porque aprendí que hay aspectos anteriores, que son inherentes y guían a las personas en sus vidas y cuando trabajan aún más. Hablo de los *vínculos humanos*, las relaciones que construimos y tenemos cuando hacemos, vivimos y somos con otras personas. Y esto sucede todo el tiempo y en todos lados, pero que yo sepa nadie creó leyes, protocolos o instructivos para organizarlos mejor. Y naturalmente que no, pues los *sentimientos* no se discuten, ni se registran; en todo caso se conversan o mejor aún, se valoran y escuchan.

Fue entonces cuando mi chip de empresario se reseteó: los empleos no son solo puestos de trabajo, son mucho más que eso, ya que ahí todos y sin excepción también *sentimos* y nos *emocionamos*. Sí, en cada puesto de trabajo las personas (empleadas) están obligadas a hacer cosas para otros, relacionarse y entonces a *emocionarse* y también a *sentir*: y precisamente aquí empieza lo que no sabía.

Gran parte de lo que leerán en este libro son hallazgos personales, resultado de una larga y también intensa vida de empresario-patrón. Recién ahora comienzo a preguntarme: ¿Qué es lo que realmente ofrezco con los puestos de trabajo y los estándares del management a las doscientas personas que trabajan conmigo? Y ¿a cuáles de ellas les es verdaderamente útil?

Escribo por dos razones. Una de ellas es porque ya he escuchado suficiente sobre economía y desarrollo: veo con mis propios ojos que las promesas alcanzan solamente a una vistosa minoría que hace mucho barullo, la mía. Y la segunda porque me ha sido casi imposible conversar sobre ello.

Y no sé si lo escrito en las páginas de este libro sea válido para vos que lo leés y sos un experto, o tal vez inexperto como yo. Pero igual quiero hacerlo, pues creo que son mis cincuenta años cumplidos los que me animan a considerar esto con forma de libro como una responsabilidad deliberada para hacer saber lo que hoy me ocupa de cómo hemos estado prometiendo el progreso a los demás.

Estoy en un momento donde siento la tranquilidad para compartir pruebas acerca de cómo todo funciona como un reloj, pero en contradicción absoluta. Y hay muchas explicaciones para quien las busque, pero las respuestas para mí no aclaran nada. Hoy entiendo que esta contradictoria forma de existir es por el momento lo mejorcito que hay y entonces es lo que nos domina. Pero de ahí a que siga obnubilado, me rehúso.

Definitivamente, las personas no vivimos para trabajar ni tampoco trabajamos para vivir: en todo caso nos relacionamos bastantes horas al día trabajando con el objetivo de satisfacer nuestras necesidades y a quienes nos contrataron: confiamos en el sistema y sus representantes pero también en que vamos a progresar con él.

Hoy ya puedo ver los efectos colaterales, lo que también soy y produzco diariamente: no todo depende de mis empleados contratados para que hagan lo que les digo, ¿o sí?

Este libro habla sobre cómo me di cuenta de que a nosotros los empresarios nos sobran las buenas intenciones incluso vos mismo –mientras leés estos párrafos–, podrías asegurar que tu compromiso es genuino con el desarrollo del país y que tus experiencias empresariales por eso son muy distintas a las mías. Y seguramente lo son, no lo dudo.

Yo, con las mejores intenciones, también he estado haciendo daño. El daño tal vez no fue físico, pero igual lastimó porque intervino profundamente en la vida de las personas mientras convivían conmigo en sus puestos de trabajo. No es sencillo percatarse de que cuestiones aparentemente intrascendentes son las que no permiten a las personas (trabajadores) determinar sobre sus propias formas de dignidad humana, desarrollo personal y otros sentimientos importantes en la vida de cualquier ser humano y que son inseparables de cualquier instructivo laboral.

En este libro quiero desagregar al «empleo» para una nueva esperanza y ya no ser solamente la herramienta que se debe cuidar para conseguir techo y comida.

Siento que los empresarios estamos como autorizados a invadir sistemáticamente en nombre del progreso y es aquí cuando creo que metemos la pata. Y en grande.

Considero que llegó el momento de explorar mucho más acerca de cómo funciona esto de que trabajando las personas primero nos *sentimos* mejor o peor en nuestras vidas.

Escribo desde un lugar con privilegios, lo sé: por eso aprovecho y me permito publicar este libro en el que comparto sobre distintas cuestiones: mis yerros, mis procesos de transformación y otras circunstancias jamás antes imaginadas por mí.

Sinceramente Christian, sos un tipo negativo y monotemático. No sabés disfrutar de la vida.

QUE DISFRUTES DE LA LECTURA.

Los pensamientos que orientan mis intenciones

No esperen llevarse una propuesta con cada capítulo de este libro. Incluso hay contradicciones porque la vida misma lo es. Aclaro esto desde el inicio, porque algunas personas me lo han reclamado después de leer mis borradores.

Hay capítulos tan lindos e interesantes pero que no cierran ninguna idea final, incluso confunden, Christian. A mí me gusta mucho leer cuando el libro propone algo concreto.

Este libro está pensado para generar más dudas e interrogantes que respuestas con soluciones y modelos (estándares) a seguir. Y la «incertidumbre», elegida como una forma, es intencional, porque aprendí que cuando uno duda es cuando se inquieta desde adentro y por una necesidad. Y es en ese momento cuando buscamos por nosotros mismos nuevas posibilidades.

Me interesa que conozcan mejor lo bueno que puede ser *sentir* que no sabemos todo y que mucho de lo que nos enseñaron ha caducado hace tiempo o tal vez para siempre. Somos y en la vida nos hacemos con los demás, pero hay personas que no están pudiendo participar, incluso en tu propia oficina y en otras esferas de tu día a día.

Y si esos otros espacios y lugares son desconocidos para nosotros, ¿qué hacemos? Mi sugerencia es ciertamente inusual y hasta arriesgada, pero cuando me di cuenta de que no todo tiene esa solución que los expertos (reconocidos) me prometieron y, además, de que podían seguir pasando años en la dulce espera de que «cambiando yo y nuestra empresa, el mundo cambiará», esto que ayer solo llamaba mi atención se transformó lentamente en una posibilidad muy real.

Christian, cambiemos algunos, porque escuchando cambiamos en función a los que están cerca nuestro y ellos también podrían querer cambiar con nosotros.

Me queda claro que esta no es la única y mejor forma de interpelar la realidad que hoy me frustra y a otras millones de personas también. Pero al menos es una distinta a la que yo he estado utilizando (insistiendo) mientras fui empresario al estilo enseñado.

Decidí empezar en nuestra propia empresa y conmigo mismo: por ejemplo, estoy intentando abandonar la (mala) costumbre de perseguir desafíos que comprometa a toda la organización, pero que para mí y algunos solo significan nuevas formas de certidumbre. Sí, es ambiguo, pero aprendí a reconocer que en mis roles de dueño, gerente, líder, emprendedor y dirigente empresarial –o incluso como el papá y cabeza de familia que soy– mis contextos (zonas de confort) son siempre los mismos, los conozco de memoria y entonces son los otros quienes deben mejorar y/o enfrentar su incertidumbres de formas distintas, no yo.

Es tan interesante, porque cuando nos juntamos para opinar cómo los demás deben hacer sus cosas, todo está bien y los empresarios hasta públicamente lo exigimos. Pero cuando uno plantea lo inusual de revisar juntos lo que hemos estado haciendo y cómo esto también es visto y sentido por los demás, entonces inmediatamente dicen que sos un metido. Luego insisten que primero cambies vos y luego mires al resto, cuando tu propuesta fue solamente mirarnos todos juntos.

Tal vez por eso también nos va así, porque no somos capaces de sentarnos a revisar «juntos» lo que hacemos con/para otras y otros. Por eso desde hace varios años ando buscando formas distintas de hacer lo que hago, aunque soy muy consciente de que no necesariamente a vos te gustará y te parecerá algo genial lo nuevo e inusual que vaya a proponer con este libro.

Cada minuto será desafiante cuando imagino que luego de leerme y conocerme por completo con este libro, vos y yo avancemos en la voluntad compartida de seguir aprendiendo, descubriendo y conversando la novedad que cada uno propone para su vida, su trabajo y su futuro, siempre en la reciprocidad de cuidarnos mutuamente.

Pero cómo si no pensamos igual, Christian. No estoy de acuerdo y siento que vos querés tener la razón. Tengo treinta años de experiencia y no ando metido en la vida ajena. Ocupate de tus cosas primero o si tanto querés hacer algo, probá hacerlo en la política.

Creo que un año de experiencias repetido treinta veces (años) no es lo mismo que diez años buscando y arriesgando nuevas experiencias y saberes, y donde cada año es muy distinto al anterior. Y sucede que para pensar distinto primero podría ser necesario sentir diferente. O tal vez para sentir diferente necesito primero pensar distinto, y esto, sinceramente, tampoco lo sabía. Y con este minúsculo pero feroz detalle de los *sentires* y las preferencias de las personas en sus vidas, el avanzar (juntos) hacia un objetivo común en una empresa o el desarrollo en un país deja de ser algo mecánico, claro y definible. El éxito y el progreso son cuestiones mucho más complejas de lo que parecen y se calculan en buenas entrevistas de televisión.

A la empresa venimos todos a trabajar, no me pidas escuchar historias y sueños ajenos, no somos una fundación o un consultorio de psicólogos que atiende a enfermos, Christian. El desarrollo es trabajo, es multiplicar empleos, es innovar, es incubar empresas, es llegar a hora y abrir más sucursales y todas esas cosas que vos también sabés de tu vida de empresario.

Todos *sentimos* y sufrimos cosas en nuestra vida, pero aguantamos mejor junto a otras personas, preferentemente cuando son semejantes a nosotros. Parece que esto calma y nos vincula mejor los unos a los otros. Pero creer que todas las personas valorarán y decidirán aprender junto a las experiencias y *sentires* de otros individuos podría ser de cándidos.

Creo que todos sabemos que esto funciona así con los seres humanos. Cuántos odiábamos Química o alguna otra materia complicada en el colegio, y entonces la maestra o el maestro de esa asignatura se convertía mágicamente en indeseable, o bien algún profesor universitario nos caía mal y la asignatura completa se volvía desagradable y ya no participábamos en clase. Entonces, sea algo o alguien, definitivamente lo que *sentimos* es lo que manda: nos *emocionamos* todo el tiempo, sin reglas ni oficios.

Primero *sentimos*, nos *emocionamos* y desde esa condición tan humana viene luego todo el resto de preferir cada uno lo suyo en su vida. Sin embargo, hay algo paradójico en el modelo de pensamiento –y de vida– que nos inculcan: nos hacen creer desde niños y hasta el tuétano que cada uno toma y tomará decisiones racionales en su vida.

Christian, los seres humanos nos diferenciamos de los animales porque razonamos. Sabemos lo que está bien y lo que está mal, no quieras mezclar todo.

Parece que nadie funciona así y menos en su vida de adulto. Si todos hiciéramos lo que debemos con el uso de la razón, ¿acaso estaríamos como estamos? Tal vez por eso mismo estamos así, porque creemos dominar y razonar todo, juzgando y sacando siempre nuestras propias conclusiones, pero luego ni entre parientes somos capaces de escucharnos.

Es desde estas nuevas comprensiones de vida que anduve procurando conversar con otros sobre lo nuestro de ser empresarios, y sospecho que desde estas intenciones fue como muchos comenzaron a conocer a un Christian que tal vez no es lo que parece.

Por eso *siento* que será muy útil y también necesario compartirles desde el inicio el cómo de mis primeros pasos con todo esto que hoy me sucede. ¿Cómo empezó esto del *sentir*?

No hay un punto exacto o evento único en el tiempo, aunque existen algunos más importantes que otros; más bien se trata de la suma de distintas cuestiones y sus contextos en determinados momentos de mi vida personal y laboral. Estos son los que definitivamente me hicieron de una forma y ahora me están reconstruyendo de otras. Este libro justamente intentará mostrar eso.

Sé que soy alguien, pero también que otros son conmigo y me permiten *ser* un nuevo alguien, y de esa manera nos educamos en una relación recíproca. Es así como nos construimos entre todos en distintos lugares y en nuestras organizaciones lucrativas también, algunos siendo flamantes empleadores y otros siendo valiosos empleados.

Cabe destacar que en este recorrido hubo muchísimas palabras y conceptos que he aprendido a interpretar distinto. Sí, hoy definitivamente mi libertad no es la misma porque mi estado de consciencia respecto a mis privilegios tampoco lo es. Y esto me condujo a replantearme casi todo lo que vine haciendo con mucha seguridad en mi vida de empresario: desde negociar la antigüedad de mis empleados hasta creer ciegamente en los discursos del desarrollo provenientes de las corrientes de pensamiento dominantes, esas que se leen y escuchan por todos lados y sin parar: radios, TV, redes sociales, periódicos, revistas, etcétera.

Por eso hoy sospecho seriamente que son estas costumbres –con sus inercias y galardones– las que no nos permiten conectarnos entre empresarios con todo lo valioso que cada uno posee.

Si aquí relatara lo que hoy considero importante para darnos nuevas oportunidades y comprender distinto todo lo que nos toca vivir a los latinoamericanos, este podría ser el capítulo más largo de mi vida. Pero no puedo hacer de este apartado algo tan extenso, pues no soy un escritor profesional y creo que los libros gordos se leen y venden menos en mi país.

Entonces no me queda otra que compartir aquellas perspectivas y cuestiones relevantes; las que aportaron significativamente a mis nuevas comprensiones del mundo laboral, y que aprendí a interpretar como conclusiones personales vivas, porque ahora sé que seguirán mutando hacia otras nuevas, tal vez mejores.

Creo que todos cambiamos nuestras formas de pensar con el transcurrir del tiempo; algunos menos y otros casi nada.

1. APRENDER, ENTENDER, COMPRENDER

Estos tres procesos (aprendizaje, entendimiento y comprensión) son parte de una teoría cognitiva, e inicialmente están vinculados con la percepción y los sentidos del cerebro: vista, oído, olfato, tacto, gusto. Sin embargo, con los últimos avances en neurociencia se descubrió que la *emoción* podría estar involucrada en la cognición; es decir, puedo ver u oler algo, pero esta información se distorsiona en función de mis sensaciones.

Cuando estamos delante de cuestiones que nunca antes habíamos visto, oído, sentido, las aprendemos. Posteriormente, lo aprendido se fija como algo entendido. Y esto recién entendido es íntimo y sucede en nosotros según factores previos: los contextos, las formas y las experiencias con las cuales descubrimos eso nuevo que no conocíamos, quiénes nos acompañan en ese momento, la importancia de ellos para nosotros y muchos otros factores más.

Ahora bien, pasa el tiempo y en determinado momento de nuestra vida, necesitamos compartir con alguien lo aprendido y entendido, y entonces sucede lo inesperado, embarazoso o hasta inaceptable: descubrimos que muchas personas con las que trabajamos, convivimos o solo nos cruzamos piensan diferente.

Parece que entonces ya no es necesario explicar tanto a los demás, sino más bien compartir nuestro entendimiento con ellos. Se trata de reconocer como una posibilidad que todos tendrán siempre algo que decir en función de lo entendido en su propia vida, no importa el tema ni el lugar en que se convoca eso entendido. Tal vez podríamos hablar de alcanzar nuevas comprensiones conversando y escuchando a los demás, postergando esto de querer explicar todo, creyendo que no entienden y nosotros sí. Eso sí, el éxito o fracaso de este nuevo comprender juntos dependerá de cómo cada uno trae lo suyo y qué tanto está dispuesto a escuchar a otros desde la incertidumbre de no saber qué nos dirán y cómo ocurrirán las cosas.

Hoy estoy más que convencido de que algo muy parecido a esto es lo que requerimos para esta región del mundo, Latinoamérica: agenciar con otros, en el afán de comprender juntos nuestras cuestiones, nuestros desafíos y todo lo que no nos gusta del sistema, nuestros países y nuestra cultura latina.

Durante décadas he entendido circunstancias de una forma tan absoluta en mi vida, que al compartirlas buscaba solamente puras semejanzas con los demás y así me distanciaba de otras personas y sus posibilidades. Y sin embargo ellos, con sus diferencias, fueron siempre tan iguales a mí. La única peque-ña gran distinción sería que sienten distinto, tal vez porque piensan diferente. Y eso, ¿está mal?

Finalmente, es en función de estas dos etapas –entender y comprender, posteriores y aleatorias al acto de aprender– que las personas construímos solas o junto a otras gran parte de nuestras creencias personales. Luego, las to-mamos como las únicas verdades y pasan a sostener todas nuestras opiniones (que consideraremos naturalmente correctas).

Este rígido armazón es el que se hará cargo de sostener nuestras prefe-rencias personales, y desde ahí nos permitirá emitir juicios para luego traba-jar, tomar nuestras decisiones, apartarse de algo, obrar, liderar y gestionar en consecuencia.

He visto a tantas personas insistiendo con lo que ellas creen correcto para todos en un puesto público y utilizan la política como medio para cambiar a otros e imponer lo que ellos creen mejor. O como algunos defienden a capa y espada determinadas ideas, o cómo se votan modelos preferidos, o también cómo se sugieren determinadas ideologías de mercado. O lo creativos que so-mos para desentendernos cuando no se desea escuchar lo distinto. O cómo enviamos cuentos o videos por *WhatsApp* solamente cuando coinciden con lo que a uno le gusta. O incluso convencemos, intimidamos, amenazamos, pasa-mos los semáforos en rojo o simplemente desaprobamos ignorando a quienes no piensan igual que nosotros.

La forma en que aprendemos y entendemos las cosas es determinante y el desafío radica en que esto funciona muy distinto para cada persona o grupo. Por eso insisto con la urgencia de comprender junto a otros lo que no nos gus-ta, dedicando tiempo para conversar estos asuntos, escuchando sobre lo que creemos que hacemos bien.

2. LOS PROCESOS ACOMPAÑAN Y LOS ESTÁNDARES IMPONEN

Cuando necesitaba que en nuestra empresa (una imprenta) los empleados hiciesen algo de una forma nueva –porque así se equivocaban menos, o al-guien importante me lo había dicho, o porque leí que está de moda en Japón o en las imprentas alemanas–, empezaba otro proyecto de innovación empre-sarial amable y bienintencionado.

Ciertamente era un paso necesario para la empresa y lo hacía con las mejores intenciones, pero tal vez esa necesidad era más mía que de otros. Y para que funcionara para todos, en lugar de hacerlo lento desde la comprensión genuina de la mayoría en la organización, lo que hacía era proponerlo desde el entendimiento de algún experto contratado para el efecto con arquetipos, estándares, sistemas, etapas y otros modelos enlatados que hoy se venden, y con los cuales no se necesita preguntar a nadie en la organización, solo encajarlo dentro de lo que ya tenemos, porque es algo bueno, algo que todas las empresas hacen en la región y el mundo.

Con nuestra primera certificación internacional sucedió tal cual: la ISO9001 (en el año 2008) fue una experiencia que me permitió aprender mucho, pero que hoy no volvería a aplicar de la misma forma. Creer que simplemente inoculando un sistema (introduciendo uno en otro) se pueden sostener nuevas formas del hacer organizacional –en este caso, en beneficio de la calidad de los productos– es un despropósito total para mí.

Recién hoy soy consciente de que si deseo sostener la calidad de impresión de nuestros productos, hay procesos anteriores que deben ser conversados y comprendidos desde cero. Y puedo asegurar que la mayoría están muy relacionados con la convivencia, el trabajo y las relaciones (experiencias) que surgen de estos lugares laborales, mientras las personas hacen sus cosas para otras personas, buscando y organizando esa calidad o innovación que exigimos.

Tarde me di cuenta de que solo los procesos inclusivos habilitan espacios verdaderos para ir de un entender individual al comprender colectivo y organizacional. Y me refiero a cuestiones que nadie hoy supone: los manuales, los instructivos de trabajo y de funciones, los protocolos, los modelos, la visión y la misión publicadas en la web, las capacitaciones con dinámicas ingeniosas no representan ni el 10% de lo que las organizaciones necesitan. Es mi parecer.

Yo no sabía nada de esto, entonces naturalmente lo pasaba por alto. Por casi doce años sucedió así, que fue el tiempo que nuestra organización estuvo certificada con la norma internacional ISO9001, hasta que en el año 2019 decidimos suspenderla. Algo que recuerdo como impactante de este proceso de cierre fue que con mucho tacto insinué a los expertos de la ISO que el desafío de mi propuesta estaba más que nada en su carácter inusual. Es decir, hablo de que yo mismo, propietario de la empresa, reconozca que solo procesos complejos de comprensión y acuerdo mutuo en la organización podrán habilitar espacios para instalar más tarde otros más simples y sencillos como un estándar de calidad.

Ingeniero, la verdad que hicieron bien en suspender la auditoría, no les veía preparados a ustedes.

Ya no basta con organizar y redactar apurado cuestiones para otros, ahora para mí la consigna es comprenderlo entre todos, y esto lleva tiempo.

Escuchando más atentos a las personas sobre sus experiencias en los puestos de trabajo, aprendemos para comprendernos y conversar sobre las relaciones de *confianza laboral*, pero ahora con la necesidad de que la responsabilidad sea colectiva. Así, los tres pasos –aprender-entender-comprender– pueden complementarse armónicamente y luego transformarse en un valioso saber íntimo y un aprendizaje para la vida laboral de todos nosotros, y por extensión, para otros sistemas de gestión y los nuevos desafíos que vayamos a proponer en la organización.

Descubrimos que también se trata de gestionar algo así como éticas en nuestras *relaciones organizacionales*, es decir, definir las formas de relacionarnos entre compañeros de trabajo para sentirnos mejor y para que el aprender, entender y comprender (técnico y humano) fluya y suceda distinto, ya no solamente desde la obligación de un instructivo, el miedo o la vergüenza.

Aprender con inclusión es una actitud crucial en el proceso organizacional. O escuchar en vez de insistir con las certezas (técnicas) de siempre, esas típicas del rol del que sabe más (Jefe) y que luego ya quiere ser el líder. O simplemente preguntando en vez de asumir lo que otros supuestamente desean o necesitan en sus vidas.

A los tecnólogos e ingenieros como yo les advierto que esta forma lleva su tiempo y no es apta para cualquiera, aunque todos pueden lograrla.

3. EL TIEMPO DE TODOS VALE ORO

Que la gente no tiene tiempo lo experimenté con muchas personas –y con algunos de forma repetida–, y pocos colegas empresarios se hicieron el tiempo y el espacio para escuchar lo que tenía para decir. Me refiero a conversar sobre la importante relación que podríamos tener nosotros con lo que no nos gusta de nuestras empresas, países y región.

Recuerdo que fueron muy pocos y les agradezco, aun cuando tampoco me dejaron explayarme mucho sobre mis cuestiones. Más tarde comprobé que algunos solamente lo hicieron por discreción y una supuesta buena educación.

Dicho de otra forma, he experimentado que la predisposición a invertir tiempo para tratar cuestiones que demandan nuevas maneras de entender no es una posibilidad funcional para todos. Al menos conmigo sucedió así.

Les comparto cómo creo que funciona esto de ceder tiempo de forma sensata, o invertir seriamente en conocer la realidad desde otra perspectiva. Si en este libro no estoy sabiendo compartirme, mientras me leen, en ustedes se activarán únicamente las ganas de querer conocerme aprendiendo algunas de las cuestiones que aquí propongo. Y lo digo así porque, para que esto suceda, solo necesitarán de su valioso tiempo, el que requieran para leer todos o algunos capítulos de este libro.

Ahora bien, otra cosa completamente diferente será lograr que mientras me lean sus *emociones* se activen, la curiosidad se apodere de ustedes y entonces quieran ir mucho más allá de lo que tienen entendido hace tiempo; es decir, exploren la posibilidad de comprender de nuevo y con lo leído aquí como el impulso. Entonces existirán *sentimientos* con mi libro y el deseo de hacerlo por ustedes mismos habrá empezado, ya nadie lo podrá detener.

A partir de este momento, el tiempo necesario para hacerlo ya no será una dificultad, sino una función exclusiva de las ganas de avanzar comprendiendo de nuevo lo tuyo, lo mío, pero lo de otros también. Y siempre desde el lugar que les toca y prefieren.

Aquí me gustaría advertirles algo: en algunos momentos de la lectura podrán percibir que los desafíos son distintos a los que alguna vez nos enseñaron. Y habrá otros asuntos que si bien creen que los tienen controlados, ahora sentirán que ya no es así. No se preocupen, que siendo genuinos todos podemos hacer cosas distintas, incluso superarnos.

Aprendí que siempre hay tiempo para todo aquello que deseamos. Es cuestión del interés de cada uno.

4. «HAY GENTE QUE SABE MUCHO MÁS QUE YO»

Conversar con tanta gente a lo largo de este recorrido me enseñó cosas inesperadas: me ayudó a reducir la altitud con la que siempre volaba como empresario, pensando que lo mío era lo de todos.

Tal cual ustedes mismos podrán leer más adelante, hoy les puedo asegurar que nadie en esta región, país o incluso nuestras propias empresas tiene toda la información que necesita para continuar por el camino de planificar y gobernar encerrado en sí mismo.

Más para bien que para mal, hoy acepto tranquilo que lo que vaya a soñar para mi empresa, primero necesita de la comprensión de la comunidad que ahí convive, trabaja y sueña lo suyo. En otras palabras, esto significa invertir muchísimo tiempo en iniciar y sostener procesos de comprensión y transformación con otras personas. Y si prefieren, denominen a esto como una reingeniería, porque así suena mejor, pero es distinto.

Hoy prefiero tomar con pinzas lo que oigo de colegas y otros caudillos (expertos) cuando conversan sobre sus propuestas organizacionales o de gobernanza política. Procesos unilaterales, comunidades homogéneas y reuniones exclusivamente de líderes seguirán produciendo más de lo mismo aquí y donde sea: se organizan con formas rígidas, desconociendo acuerdos con los participantes que luego serán parte del proyecto.

No importa si lo validamos con estadísticas, pruebas de campo, experiencias individuales o incluso algún diplomado; nuestras formas de relacionarnos son tan poco colaborativas que están postergando una y otra vez a los demás y, como veo y escucho, muchos ya están cansados de ser excluidos. Por eso, hoy no queda otra que reconocer que todos valemos y todos somos parte de lo que buscamos, sea desarrollo, bienestar o motivación para seguir soñando.

No se construye mucho si no consultamos con todos.

5. LOS EMPLEOS SON LOS QUE GENERAN LUCRO BUENO Y JUSTO

Aunque suena medio cursi y redundante, lo expreso así y prefiero hacerlo desde el inicio, pues mis aproximaciones en conversaciones han sugerido calificativos de socialista e incluso comunista. Me dijeron que puedo confundir a un lector neófito sobre mi perspectiva ideológica, entonces deseo compartirla ahora.

Las etiquetas políticas, religiosas, económicas, militares y de cualquier otra índole vienen marcando límites hace siglos y yo no las deseo para mí.

La verdad, quiero ser primero un ser humano con la capacidad de apropiarse libremente de todo lo bueno y justo que posee cada una de las miradas, interpretaciones y preferencias de vida. Por eso, tal vez hasta hoy no me he afiliado a ningún partido político y en mi biblioteca encontrarán libros de todo tipo.

En términos empresariales, me es aún difícil describir exactamente lo que prefiero. Tal vez me gusta el crecimiento cuando es económico, pero cuando se circunscribe y contribuye a otro de tipo más humano, en ecosistemas *colaborativos*, que promuevan primero las relaciones y la participación de todos, y desde ahí vigilar juntos el rendimiento de los que colaboran con su aporte responsable y en función de su capacidad, pero también de sus propios sueños, bienestar y posibilidades, sin excepciones. El objetivo común e innegable sigue siendo el lucro económico, monitoreado en comunidad y con la más alta responsabilidad colectiva. Quienes no cumplen y tampoco desean acuerdos con la mayoría, pueden irse.

Necesitamos nuevos marcos de referencia para el desarrollo y los empleos, tal vez probar enfocarnos primero en valorarnos, luego progresar juntos y seguidamente crecer.

6. LA DIFERENCIA ENTRE ESTAR INVOLUCRADO Y ESTAR COMPROMETIDO

Es muy conocida la fábula para diferenciar a los comprometidos de los involucrados. También la usaré para ejemplificar mis ideas.

Un granjero cumplía años y los animales en la granja organizaron un desayuno sorpresa para él. Entre tantos animales, sobresalieron dos de ellos que, con la decisión del desayuno, se vincularon de forma muy particular y directa con el cumpleaños del granjero y el regalo: la gallina y el chancho. ¿Por qué? Porque el plato preferido del granjero eran huevos revueltos con tocino. La gallina estuvo involucrada con el desayuno, pues si no ponía sus huevos, no habría huevos revueltos. Pero al cerdo le tocó participar de otro modo en el regalo, pues él debía comprometerse con el desayuno: si él no moría, faltaría el tocino para los huevos revueltos.

Esta podría ser la gran diferencia entre los involucrados en cientos de cuestiones nacionales y los comprometidos con las transformaciones que requieren nuestras formas (modelos) económicas, sociales y de relacionamiento. ¿Se dan cuenta de que la diferencia es grande?

Cuando no conocemos el contexto y sus detalles, parece que la gallina y el chancho se esfuerzan igual. Y es así como cada uno de nosotros elige libremente involucrarse o tener que aceptar que puede ser necesario transformarnos para empezar con algo mucho más serio: un compromiso. Tal vez haya personas en nuestra región que no cambian y por eso prefieren esquivar compromisos, pero aceptan involucrarse.

Recuerdo a un empresario muy conocido y poderoso en mi país, con quien me unió el gremialismo empresarial y a quien visité una vez en su oficina para pedirle apoyo para mi propuesta tan renovadora como inusual, pues con solo imaginar su presencia en mis espacios, todo lo mío hubiera tenido tal vez apariencia y resultado distintos.

Él también me dio un sensato no, y lo explicó muy claramente: se encontraba en la etapa de disfrutar de lo sembrado en su vida y en ese momento prefería más bien tiempo para sí mismo y los suyos, e incluso para algunos pasatiempos que había postergado.

Tiempo después me sorprendí al enterarme por los medios de comunicación de que él pudo aceptar un desafío mucho más complejo que el mío: nada menos que la presidencia de una fundación muy conocida a nivel regional y que –por el flujo de caja que maneja– le habrá tenido bien ocupado y con mucho menos tiempo disponible del que, dijo, hoy deseaba para su vida.

Esa fue una experiencia muy dura para mí, pero aprendí con dolor que la acción y los tiempos son cuestiones de preferencias puramente personales. Y no soy nadie para juzgar.

7. LA INTERPRETACIÓN ES INDIVIDUAL Y LA PREFERIDA DE CADA UNO

Más arriba hemos leído claramente que cada uno aprende y entiende a su manera lo que prefiere para su vida. ¿Esto es grave?

Las ciencias sociales, que estudian la conducta humana, recomiendan seguir siempre los procesos en lugar de optar por las etapas apresuradas, ya que atribuir significados a hechos a partir de experiencias puramente individuales no es lo más recomendable.

Ahora bien, según las circunstancias, en el futuro esto podría llevar a esas famosas situaciones en las que juzgamos algo como bueno para nosotros –porque no conocemos otra cosa– y tal vez eso juzgado es injusto para los demás, o viceversa.

Nadie interpreta nada de la misma forma y cuando sucede tampoco ocurre solamente de forma positiva; aun así es la preferida de cada uno, por no conocer otra. El amor, la justicia, el respeto, la violencia, el aborto, la vida, la corrupción, la puntualidad o las ganas de salir adelante dependen de la historia de cada uno y del momento en que se interpretaron (comprendieron) esos conceptos. Ahora bien, recuerden que los valores son siempre los mismos, lo que cambia son las interpretaciones, las miradas respecto del mismo valor.

8. «¿ES USTED UN IDIOTA?» «NO, SOY UN SOÑADOR»

Esta frase me llegó de una persona que me conoció con estos nuevos pensamientos, y la verdad que su mensaje me dolió.

Me envió un meme con una imagen de un adulto preguntando a un joven si él era un idiota. Seguramente, el joven estuvo antes compartiendo al sexagenario lo que soñaba, lo que él creía de un ideal personal y a lo que el adulto –con más experiencia y repleto de creencias verdaderas– le pregunta si él es un idiota para creer e invertir tiempo en algo tan irreal. El joven, tal vez ingenuo o romántico, le respondió: «No, soy un soñador».

Y cuántas películas hemos visto con personas soñadoras que nos inspiran. Les puedo decir que a veces cuesta mucho soñar. Es más, nunca imaginé que fuera así de duro y distinto a las películas.

9. BLANCO O NEGRO, BUENO O MALO, DERECHA O IZQUIERDA, ALTO O BAJO, ÚTIL O INÚTIL

Con los años he aprendido que nada en esta vida funciona como nos inculcan desde que somos niños, en modo binario. Siempre todo con dos posibilidades: ¿sos bueno o malo, qué sos? Lo peligroso de esta forma simplista de mirar nuestro mundo es que desconoce su esencia: la misma complejidad humana. Y no me refiero a que aquello que no nos gusta no tenga posibilidad de mejorarse, ¡no! Más bien me refiero a que muy rara vez nuestras dudas, problemas o cuestiones tienen una sola respuesta y esta es eficaz, eficiente y perfecta para la mayoría. Todo tiene muchas posibilidades, muchas perspectivas, muchas miradas y nunca nada es blanco o negro en esta vida.

Si la corrupción es un problema, creer que con mejores leyes o castigos se soluciona, es pensar binariamente.

Si el feminicidio sigue siendo una cuestión que genera miedo en la ciudadanía, creer que una silla eléctrica es la solución, es pensar en modo binario.

Si la empresa necesita calidad en sus servicios y para eso certifica la ISO9001, es pensar en modo binario.

Si vos buscás vivir en un país mejor y para eso esperás la llegada de mejores gobernantes, esto significa pensamiento binario.

Si vos sufrís de trastornos en el aparato digestivo y para eso solamente tomas remedios, esto es pensar en modo binario.

Si vos tenés problemas y entonces preferís creer que siempre habrá soluciones, esto es pensar en un modo binario y también ser positivo.

Este tipo de propuestas son las que hoy abundan y las califico como redundantes y perversas en tantos discursos dominantes. Las decenas de circunstancias que hoy no me gustan involucran a otros seres humanos como yo, entonces son complejas situaciones que requieren primero recrearlas en mis pensamientos y podría empezar por preguntarme a mí mismo y ya no tanto a extraños.

Que no me guste algo no significa que lo opuesto sea la única opción, y que necesariamente esta deba ser la solución para todos en un conflicto, una empresa, barrio, ciudad o país. A lo mejor tengo muy claro lo que no me gusta, pero puedo seguir muy perdido y desinformado al no saber lo que a otros tampoco les gusta.

Creo que cada creencia tiene lo suyo –lo bueno, lo interesante, lo útil, lo justo– y suma para ser un gran plural. Y que en este libro insinúe que me asusta el modelo de negocio basado en la actual explotación de tanta gente –justamente la más necesitada– en Latinoamérica y el mundo, no significa necesariamente lo que muchos me dijeron: «Christian, ¿sos empresario, gremialista, sos industrial, sos socialista o sos comunista?, ¿qué sos? No se entiende tu comentario».

O sea, debo forzar cuidadosamente el trabajo (explotar), de lo contrario, soy directamente comunista. Por favor, permitan otras alternativas en sus pensamientos, empresas y vidas, además de solo 0 (ceros) y 1 (unos). No digo que existan miles de formas, pero seguro de que hay más de una posibilidad.

10. «CON IGNORANTES NO SE PUEDE CONVERSAR, CHRISTIAN»

El paraguayo no quiere trabajar. El panameño y el boliviano tampoco. En general el latino es bola. Ahora con el chileno también ocurre lo mismo, ellos eran los más eficientes de la región, ¿recordás? El ojo del amo engorda el ganado, no hay de otra. Solamente nosotros patrones sabemos mejor.

Hay tantos discursos folclóricos que hoy me resultan dudosos. Sí, aprendí a aproximarme de otro modo, en paz y con tiempo cuando deseo entender a otros y, por sobre todo, primero escuchando.

Este es el último hilo conductor y orientador que describiré aquí. Hay tantos saberes co-creados, y por eso quisiera compartirlos, pues sinceramente son más que determinantes para desvestir los esquemas preestablecidos que hoy tenemos para comprender obligatoriamente lo que nos viene ocurriendo.

El último hilo es muy especial para mí, pues ha sido mi falso norte. Generalmente cuando escuchaba algo que no sabía cómo enfrentar o entender distinto (comprender de nuevo), no me quedaba mejor alternativa que descalificar al que tenía delante: «Este es otro ignorante».

Nuevamente las redes sociales hacen de las suyas y habilitan el espacio para juzgar sin tener la película completa; o mejor dicho, la película completa sí la tenemos todos, pero los espectadores somos muy distintos y así interpretamos diferente cada escena o todas ellas.

En uno de los tantos chats de *WhatsApp* leí a un conocido dando su total apoyo al mensaje de un médico. En este caso, se trataba sobre la pandemia de Covid-19.

Mi conocido compartió con nosotros el link con el cual se accedía al mensaje en Instagram. En él, el galeno expresaba que nosotros, como ciudadanos, debíamos ser mucho más responsables con los protocolos para evitar los contagios. El doctor se preguntaba, casi reclamando, qué nos pasaba a los paraguayos para no respetar la distancia social y otras reglas del protocolo Covid-19.

Leído el reclamo del profesional de la salud y, especialmente, la palabra responsabilidad, no pude contenerme y empecé a redactar mi parecer. Recuerden que lo hice desde mis experiencias y sentires en ese entonces, y otros anteriores:

«Todos siempre fuimos buenos en desobedecer lo que no nos parece o no nos conviene. Cada uno juega su partido desde tiempos inmemoriales y ahora, porque hay un virus, queremos que mágicamente se piense en el otro, se mire al otro, tengamos sentido común, empatía y etcétera.»

«Esto de ser responsables con el virus es un proceso como la democracia, la puntualidad o la honestidad social y etcétera; no se logra exigiendo con órdenes y repentinos buenos ejemplos. Es medio tarde para pedir responsabilidad cuando no la hemos demostrado antes con ejemplos.»

Mientras terminaba de redactar el mensaje, varios ya escribían que el doctor tenía mucha razón –y probablemente era así–, pues él lo hace desde su creencia verdadera y con una opinión que sin duda es correcta para él y las ciencias médicas. Mientras tanto, otro ya escribió: «Razonamiento entre gente ignorante no hay». Probablemente refiriéndose a las personas que no obedecen las nuevas reglas sanitarias. Esta palabra la utilizamos –al menos en Paraguay– cuando para nosotros determinadas personas parecen no entender un tema como deberían.

Y creo que al decir, juzgamos y hoy esto me choca. Pero ser ignorante en el diccionario significa solamente estar desinformado en determinados temas. Entonces, todos somos ignorantes en determinados conocimientos, rubros y cuestiones, pues nadie puede saber de todo. Y la inteligencia como tal –esa que es medible y supuestamente ayuda a tener medallas de oro en alguna universidad– tampoco significa tener una vida mejor o el éxito asegurado.

Tal vez una persona sepa muchísimo menos de industria gráfica que yo, pero mi dominio de esa materia no convierte al otro en ignorante. Eventualmente, la persona estaría desinformada sobre los temas de la industria del papel y seguro en otros más.

Christian, vos sabés a qué me refiero. Claro que no todos sabemos de todo, pero es gente que no piensa, es necia. No quiere escuchar.

Y nosotros, ¿escuchamos? Sinceramente me gustaría conocer cuáles son los criterios para definir quiénes no escuchan, son necios o ignorantes para conversar sobre qué temas y quiénes no lo son. A lo mejor, pocas personas en este continente tuvieron la suerte de tener una buena formación como yo, pero también hay muchas personas sin oportunidades en sus vidas pero con una Educación al fin. Entonces, ¿son ignorantes solamente porque entendieron su vida distinta a nosotros y eligen a quiénes escuchar?

Y ya que estamos con el concepto ignorante, me parece oportuno compartirles lo que descubrí y está muy relacionado. Antes les recuerdo que «las palabras» son símbolos, los símbolos se interpretan. La lengua alemana define en el diccionario la palabra ignorante como «alguien no cultivado». En una de sus acepciones en el mismo diccionario alemán, el significado traducido de la palabra cultivado dice más o menos así: «Exhibir una manera distinguida, educada y civilizada, basada en un grado de refinamiento intelectual y moral adquirido durante generaciones».

De la misma forma, en nuestro Diccionario de la lengua española, de la Real Academia Española, el significado de cultivado hace también mención del tiempo, pero lo hace así: «Adjetivo. Que ha adquirido cultura y refinamiento».

Ciertamente, la palabra adquirir supone el transcurso del tiempo y procesos, y me pareció muy interesante el criterio del tiempo para la posibilidad de *ser* una persona cultivada o ignorante en ambos idiomas. O sea, también es cuestión de nuestros antepasados y no solamente de la decisión personal de querer ser o no un ignorante o cultivado, o de creer que podemos cambiar del día a la noche para dejar de serlo, solo porque alguien lo necesita en el contexto de una pandemia. Ojalá fuera así de sencillo ser o dejar de serlo.

He acabado con mis hilos orientadores. Resumidos, estos son mis nuevos cristales, con los que, cuidadoso, hoy procuro ver más y mejor. Y estos están sueltos y son elásticos porque así mis nuevas comprensiones y relatos de empresario y ciudadano me lo exigen.

Christian, todo depende del cristal con el que se mira. Pero los cristales no son elásticos. Elegí uno o algunos cristales para tu vida.

Me gustaría ser alguien valioso. Quiero sentir que, en compañía de otros (que sienten distinto) y dentro de comunidades colaborativas y dialógicas, podemos construir las mejores empresas, las más eficientes y rentables que existan.

Y en este proceso que relato, les digo que he intentado una y otra vez lo que muchos empresarios me han insinuado para mí y mi país: que haga el intento de mirar más los logros familiares, los de nuestra empresa y que deje las cuestiones complejas –incluyendo a su gente– en paz.

Es cierto. Dejá de meterte en todo o, en todo caso, si tanto querés hacer algo para otros, ingresá a la política partidaria.

Desde la perspectiva comunitaria que hoy prefiero, esto de volver a mirar solo mi ombligo, mi empresa ocupándome de mi visibilidad respecto al Desarrollo y de lo que «algunos» consideramos progreso para las personas sería un despropósito, pues estoy más que convencido de que nadie se hace, se construye y evoluciona solo en este mundo. Mirarnos entre todos es necesario y urgente.

Hoy prefiero creer y probar cosas nuevas con la colaboración y el bien común. La compañía sincera de otros puede llevarnos a construir algo mejor para todos. Mi entender nuevo, de hecho, es el resultado de procesos de comprensión con otros.

He aprendido que mis tiempos pueden no ser los tiempos de los demás, y mis preferencias menos. Siento que los empresarios *juntos* somos más, pero muy pocos si tomamos como referencia el número total de habitantes en Latinoamérica. Desde la estadística, somos el resultado de personas con suerte y privilegios, y creo que aún no dimensionamos el poder que tenemos.

Somos el Sector Privado, ¡qué gran responsabilidad!

Algunas observaciones finales para la lectura: con este libro deseo activar nuevos procesos de comprensión y que podrán ser muy íntimos. Hay cuestiones y conceptos importantes para mí y que, a mi parecer, además son complejos. Si los leés una sola vez serán muy difíciles de entender distinto a lo que te tienen acostumbrado. Solamente por eso utilizo repeticiones de una misma idea, pero en momentos distintos del libro, pues esto podría ayudar a aproximarte mejor a las perspectivas de mis recientes entendimientos.

Lamentablemente, este libro no será ese manual de instrucciones al que la mayoría de las personas estamos acostumbrados en el quehacer empresarial.

Caramba, Christian, ¿qué es lo que querés entonces y concretamente? Por lo menos, traé un plan, los pasos a seguir. Vos que sos ingeniero debés estructurar tu intención, tu objetivo. Nadie te va a seguir para conversar colaborativamente tus cuestiones. Sé más preciso con lo que decís.

Soy más preciso, pero con palabras nuevas. Sí, lo hago con mucho cuidado en mis conversaciones. Resulta que, ahora entiendo, muchas palabras nunca fueron inocentes en mis intervenciones, y por eso hoy requieren de mucho cuidado en sus usos, tal vez incluso crear nuevos acuerdos para sus significados. Pero para facilitar mis relatos y la comprensión que ustedes puedan llegar a construir leyéndome, debo usarlas, pues son signos y ustedes ya conocen sus significados: empleado, solución, educación, jefe, gerente, reunión, puesto de trabajo, empresa, recursos humanos, líder, explicar, economía, objetivo, modelo, éxito, desarrollo.

Les dejo al final de cada capítulo dos preguntas. Pero son solo propuestas, ustedes podrán hacerse otras. La idea es mover las estructuras de siempre y ejercitar con pequeños cambios nuestra mente, para luego ir por las grandes transformaciones que creo requerimos. En el proceso, permitan que la angustia les acompañe. No se asusten, pues no está mal sentirse incómodo con uno mismo y frente a los demás. Abandonen la creencia de que debemos vernos siempre fuertes, firmes y con tendencia a ser buenos anfitriones.

¿Es fácil ser empresario?

Ya se habrán dado cuenta que continuamente alguien me responde, me pregunta, me interpela en las páginas de este libro. Estos textos en cursiva son una parte importante de esta obra, porque junto al resto del texto, relatan fases y momentos valiosos de mi vida como ciudadano y empresario. Aquí leerán sobre los desafíos que me tocaron durante mi trayecto económico, industrial y empresarial.

Lo mío empezó temprano, en el año 1985, pues en nuestra familia se trabaja desde muy joven. Empecé como ordenanza a los catorce años, y esto ocurría durante las vacaciones de verano del colegio, en nuestras oficinas y planta industrial de aquel entonces, en la calle Independencia Nacional, a una cuadra del histórico Hotel Guaraní de la ciudad de Asunción.

Desde que culminé mis estudios universitarios (1995) y empecé a trabajar en nuestra propia industria gráfica como flamante ingeniero, pasaron veintiséis años. Y gran parte de ese tiempo me moví creyendo ser el típico ciudadano, gerente y empresario responsable, que vive trabajando, produciendo y contribuyendo bienintencionadamente al crecimiento industrial y al desarrollo de su país.

Así, crédulo, transcurrieron mis primeros diecinueve años de vida profesional como el graduado universitario que cree saber suficiente y por eso toma sereno sus decisiones. Y conforme pasaba el tiempo, mejor me sentía: los años me hacían veterano y un experto casi obstinado en la gestión de organizaciones con idiosincrasia latina.

Pero increíblemente y hacia el final de esta etapa, comenzó a ocurrir algo sin precedentes para mí: lentamente, esa tranquilidad de estar haciendo casi siempre todo lo correcto –porque también fallamos pero dentro del promedio de la industria–, comenzó a ponerse en duda. Sí, nada menos que después de diecinueve años sintiéndome tan bien como ingeniero empresario, con aciertos y equivocaciones, pero de alguna forma todas ellas siempre bajo el control de algún estándard, mis entendimientos económicos y humanos sobre el desarrollo empezaron a moverse muy lentamente. Fue muy gradual y difuso cómo estas cosas empezaron a ocurrir conmigo, pero más que nada cómo las *sentía*: empecé a tomar una conciencia distinta respecto a hechos simples del día a día y como estos se relacionaban directamente con mis perspectivas preferidas sobre mis fracasos que, parece, también fallaban.

Sinceramente era emocionante cómo me ocurría, pues tenía que ver con mirarme a mí mismo. Y, si me piden un rango de tiempo, diría que fue en el año 2012 cuando esto empezó.

No sé muy bien cómo compartirles para que ustedes sientan algo parecido a lo que sentí en esos momentos, pues ese también es un punto esencial en mi historia. En mi *sentir* de empresario estuvo siempre presente una especie de tranquilidad al saber que soy un ciudadano con suerte en términos de mi futuro profesional, y esto tiene un valor inconmensurable a la hora de creer en el desarrollo. Para los que no me conocen nací en una familia con una empresa funcionando y a toda máquina en términos de negocios industriales: una imprenta con la capacidad de agregar mucho valor a un impreso, al papel.

Esto me confería muchas exenciones, preferencias, permisos, y lo sabía de alguna forma, pero nunca los interpreté como lo que siempre fueron: importantes privilegios en mi vida.

Para mí, todo esto de heredar una empresa familiar fue más bien siempre una especie de suerte que me tocó en la vida, pero a su vez mezclada con mucho estrés, problemas, desafíos y un permanente sentimiento de enorme responsabilidad, sabiendo que debía mantener el nombre Zamphiropolos en alto y luego las tantas personas que de alguna o varias maneras dependían de mí, el empresario. La vida me regalaba mucho, pero al mismo tiempo me condicionaba mucho.

Te dije, Christian, no es fácil ser empresario.

Creo que con la lectura del libro irán teniendo un mejor panorama de cómo sucedió todo esto en mi vida, y especialmente de cómo terminé descubriendo que esta tenencia de privilegios estaba relacionada con algo que no dimensionaba y era nada menos que mi parte en la teoría del Desarrollo Económico. Sí, este es otro tema importante para mí, que comparto detalladamente en este libro: el desarrollo que dice que mi función de empresario está ligada a la generación de empleos, riqueza, trabajo y luego también al progreso y bienestar de la gente.

Siempre me dijeron que para ser buen empresario primero debía prestar mucha atención a mis ratios financieros, innovar constantemente, crecer en los mercados, vigilar la cotización de la moneda estadounidense y la inflación, estar más que atento a lo que hacen nuestros vecinos Brasil y Argentina (y otro país más lejano, como Estados Unidos) y, naturalmente, mirar en detalle mis costos, y con ellos también mis gastos corrientes, en función de la cantidad de personas empleadas, pues me enseñaron a entenderles siempre como pasivos laborales, y los contadores que me leen saben de dónde viene esto...

Bueno, algo así es lo que, al menos a mí, me insinuaron, o tal vez comprendí de mis colegas industriales, gurús y otros expertos en tantos encuentros a lo largo de mi vida empresarial y mercantil. Incluso ya como joven estudiante en Alemania me lo habían enseñado de una forma similar.

El colaborador es un pasivo, se llama pasivo laboral. Además, entre nosotros sabemos que tener un empleado es tener un problema.

Desde estas consignas y perspectivas económicas que, creo, se enseñan sutil y universalmente, es como a todos nos hacen creer que es la economía –con nuestro esfuerzo individual (trabajo) y riesgo (inversión)–, la que puede sacarnos del pozo en el que estamos, más allá de las diferencias que pudiera haber sobre qué ideología económica es la mejor para cumplir con el objetivo mundial del Desarrollo Humano.

Y ya sabemos de memoria cómo, en la competencia por desarrollarnos y ser mejores, algunos defienden teorías de crecimiento que otros rechazan a morir (binariamente, como ya hemos visto).

Ha pasado ya mucho tiempo de lógicas binarias, y así nos fue. Sinceramente, no veo avances sostenidos en materia de *bienestar humano* por esta región del mundo, y en otros lugares también. Y es aquí cuando te pido que te prepares, porque leyéndome eventualmente podrías sentirte muy identificado con mis historias y las vicisitudes de un habitante latino cualquiera, que trabajó, digamos –no sé cómo decirlo–, bastante obediente a los sistemas y sus discursos dominantes.

Sí, estoy hablando de mí mismo, en un momento bastante peculiar en mi historia de paraguayo, en la cual si bien aún sigo siendo un ingeniero empresario, siento que soy algo así como un astronauta perdido en el universo económico, soñando románticamente una de mis peores pesadillas personales.

Con estos antecedentes que acaban de leer fue como decidí escribir todas estas páginas, porque nunca imaginé lo difícil que fue hacerlo en vivo, es decir, compartiendo esto mismo con otras personas, mis homólogos industriales o del sector servicio, o incluso la ganadería. Me refiero a que por siete años busqué solamente conversar sobre estos *sentires* míos en función de lo que acaban de leer.

Ocurre que ando buscando ansiosamente nuevas formas de pensarnos (juntos) respecto de cómo hacer distintas nuestras cuestiones económicas binarias, generadoras de riqueza, desarrollo y otros conceptos que nos inculcaron mecánicamente en nuestros roles de empresarios corrientes.

Seré muy sincero en este libro, y empiezo reconociendo que fue así tal cual como me fueron sucediendo las cosas; una larga etapa de diecinueve años de mi vida en la que precisamente creí todo lo que me contaban sobre eso de *ser* un empresario innovador y que se orienta al infaltable factor humano, pues este, dicen, es el eje del desarrollo.

Siempre estuvo todo listo para crecer, mejorar, tener más sucursales, más empleados y si se podía, recortar gastos, automatizando lo que se pueda con máquinas, pues reducir costos en mano de obra es una muy buena práctica en la Economía y la estrategia de cualquier industria.

Ya te dije que tener un empleado es tener un problema. Tratá de sacar toda la grasa, todo lo que puedas. Esto me lo enseñó mi abuelo, y eso que tengo setenta y cinco años.

En todo ese tiempo de negocios y producciones industriales tampoco hice cosas muy distintas a caminar distraído y nadar con la corriente de los problemas y los éxitos; parece que no podía reflexionar y menos disentir con los remansos o las furias económicas de ese entonces, y todo era como parte de una sana competencia, que desinfecta, limpia y cuida el mercado.

Entonces, qué más les puedo decir en un libro de reflexión sobre tantas experiencias vividas, sino reconocer sonrojado el tiempo que parece también he desperdiciado, siendo yo otro protagonista más del espectáculo económico del desarrollo. Y como podría ser de otra forma, si son tantas las escuelas, posgrados y luego los conjuntos ordenados de normas y procedimientos que nos regulan en el quehacer de las empresas, los mercados, las sociedades y todos los demás ámbitos de relacionamiento humano habidos y por haber.

No sé si soy yo el que se *siente* así, pero díganme si no es cierto que siempre hay alguien elegido que nos dice cómo hacer lo que hacemos, y también mejorarlo.

No se imaginan ustedes cómo lamento el hecho de que nunca antes nadie me insinuara sobre el gran valor que pueden tener otras formas de *ser empresario*: aprender junto a otras personas, compartir y descubrir a través de los pensamientos y *sentires* de los proveedores, empleados, gerentes, guardias, vecinos e incluso de dueños y directores.

Así fue cómo empecé a preguntarme qué pasa cuando el único método aprobado para promover (imponer) ideas son los espacios formativos y de actualización en masas –capacitaciones, congresos, seminarios y aulas– donde solo algunas personas te enseñan lo que para ellas fue importante. No importa mucho cuál sea el tema, siempre se habla desde las creencias del éxito, y por eso todo el resto solo escucha. Y es precisamente debido a este particular hallazgo que relataré aquí las consecuencias que habría tenido el haber sido enseñado en todos estos años vividos, sin tantas posibilidades para el proceso de aprender-entender-comprender por mí mismo y junto a las personas de quienes tanto nos hablan: las empleadas y los empleados.

Esta forma y sistema –que no creo pertenezcan a alguien ni sea la conspiración planificada de algunos iluminados– viene seduciendo a líderes, candidatos presidenciales y otros puestos de mando bienintencionados desde una única consigna: ser sensato y con buenas intenciones seguir las corrientes generadoras de políticas públicas, riquezas, crecimiento y desarrollo. Pero atención: cuidadosos para nunca perder una negociación, no importa cuál ni con quién sea.

Christian, negocia el que puede, no el que quiere. Entonces, entrá a negociar cuando tengas algo que otros necesiten, sino vas a perder seguro.

Y precisamente esto –que también me enseñaron– de apostar y arriesgar inversiones con tal de generar más riquezas y empleos es lo que sinceramente me tiene cansado. Y por esto y otras cosas más es que siento la necesidad de hacer visibles en estas páginas las formas muy poco colaborativas que tenemos de vivir, trabajar y producir en el sector privado (supongo que en el público también ocurre lo mismo). No tengo pruebas, pero tampoco dudas.

Soy optimista con mi análisis, y solamente por eso supongo que es por pura desatención que estamos como estamos, y nos permitimos incluso seguir apostando a lo mismo, pasando por alto cuestiones importantes, como el hecho de que todo esto no funciona. Y lo digo así porque después de muchos años deduzco que nosotros, empresarios, no hemos sido llamados solamente a producir riquezas, productos o servicios certificados generando empleos, pagando impuestos y reciclando la basura con la más alta responsabilidad social, y todo para esa orientación casi religiosa que tenemos hacia nuestros clientes: «satisfacerlos como sea».

Yo al menos ya no acepto mis funciones económicas de esta forma, para mí son incompletas. Al menos por ahora sospecho de esta vieja ecuación del progreso, tan repetida por aquí y por allá, e intuyo seriamente que por encima de todo este hacer empresarial, muchos estaríamos llamados a otros desafíos bastante más complejos como considerar qué *sienten* las personas durante sus largas jornadas laborales, pues ahí están obligadas a relacionarse por varias horas al día con otras personas que no eligieron.

Creo que, si queremos hablar del progreso como la mejora o el avance que experimenta una persona hacia un estado mejor de sus cosas, necesitamos preguntarnos respecto de lo que ocurre en torno a las *relaciones laborales* que se generan en esos espacios de *sentir* y *hacer* económico.

¿Qué está sucediendo con nuestros *vínculos laborales* en los cientos de miles de empleos repartidos cuando parece que las personas solo están trabajando y así las tenemos en cuenta? ¿Y cuáles son las consecuencias permanentes de estas cuestiones que justamente no conocemos y siguen desatendidas, con respecto a las decisiones que, sin embargo, tomamos diariamente, como las inversiones millonarias que realizamos tan convencidos, pues esas persiguen la eficiencia y mejorarán la rentabilidad para sostener el modelo de crecimiento con desarrollo y bienestar humano? O, ¿se pusieron alguna vez a pensar por qué la búsqueda desesperada de tanto rendimiento automatizado y la locura por la innovación, pero siempre de la mano del control, la vigilancia y las zanahorias para la motivación?

Hace unos días pude ver un camioncito de reparto de una cadena de retail y en la cajuela trasera tenía una cámara de circuito cerrado, grabando automáticamente cuando se abren las puertas para que el chofer descargue la mercadería. Aproveché y le pregunté al joven que descargaba cómo se sentía con esa cámara en su camión filmándole. Me respondió que se sentía mal, que él también podía ser un ladrón, pero que él no era eso.

Para mí, el significado de «empleo» ha cambiado radicalmente. Su dimensión es otra y su alcance es gigante. Los puestos de trabajo son espacios que confieren el poder y las herramientas básicas para el Desarrollo. Y son permanentemente creados y multiplicados, nada menos que por nosotros empresarios y se encuentran bajo nuestra total supervisión.

Son estas nuevas formas de interpretar mis responsabilidades –y otras cuestiones relacionadas con mis privilegios– las que creo que valen la pena compartir con un relato relajado y escrito para todos, sin distinciones.

No me pidan un ensayo técnico y duro, ordenado y con demostraciones para convencer a los expertos, pues esa ya no es mi intención. ¡Definitivamente no!

Christian, mientras esto que escribís sean solo tus sentimientos y no los puedas demostrar con estadísticas, disculpame, pero nadie te va a tomar en serio. No te enojes conmigo, pero lo económico funciona así. Tengo un doctorado en Economía y también es de Alemania.

Qué interesante entonces es lo que sí se toma en serio hace tanto tiempo, ¿verdad? Por eso decidí hacer público el cómo de lo mío, la forma en que estoy uniendo los cabos y reordenando mis nuevas preguntas económicas y empresariales. Me refiero a las conexiones que, hacia afuera –y desde las estadísticas siempre–, aparentan fuertes y confiables, pero apenas uno las tensa desde sus extremos en momentos distintos dentro de una organización de personas como es la empresa, el modelo teórico del bienestar y desarrollo humano deja muchísimo que desear, y para colmo sin explicación alguna que valga la pena, salvo para quienes explican y explican, porque así ellos prefieren desde sus estadísticas.

Tuve que empezar por aprender a problematizar el empleo, el empleador, el empleado y luego los sueños de cada uno de estos tres entes colosos, todo dentro del contexto organizacional de la empresa. Y esta última como el espacio que, a propósito, considero ideal para el encuentro de estos protagonistas valientes con orígenes, deseos y objetivos genuinamente distintos.

También estoy re-aprendiendo sobre la actividad industrial, para que sea un medio real para el progreso de sus protagonistas, enfocándome en los «requerimientos relacionales» del obrero al momento de hacer cosas para otros (como cuando produce con una máquina). Suena raro, ¿verdad? Pero es el sublime momento de las relaciones humanas y productivas, y el único que puede permitir que el puesto de trabajo sea justamente un empleo con verdaderas posibilidades para luego generar «valor agregado» en las plantas de producción, oficinas de diseño e innovación, call centers o cualquier actividad que aporte su granito de arena para ser alguna vez parte de una Latinoamérica competitiva.

Luego están la infaltable calidad, la puntualidad, el esmero y toda la parafernalia que siempre decimos está en falta en esta región. Y esto creo que ya se volvió costumbre y motivo que nos asiste a nosotros, mujeres y hombres de negocios, porque siempre decimos estar listos en nuestros mercados, pero lejos de lograr la eficiencia que otros sí alcanzan, echamos afuera las culpas.

Christian, naturalmente son otros los que llegan tarde y no se esfuerzan por la calidad. No somos nosotros. ¿O vos llegás tarde a tu propia empresa? ¿O, cuando viajás, no dejás cheques firmados para tus proveedores?

Cuando ya empezaba a sentirme un poquito más seguro en estos nuevos lugares del pensamiento económico y empresarial, no sé cómo pero parecía que algo me llevaba a perder la concentración por varios días; tal vez nuevamente mi desatención por los detalles y, escuchando a otros empresarios sin darme cuenta de que caía de nuevo en lo anterior: hablar al unísono de cómo los empresarios funcionamos bastante bien y sostenemos casi todo para el bienestar de otros. Y así, todo lo nuevo se diluía y debía empezar de cero mi proceso de comprensión, era horrible.

Yo también he construido sobre modelos organizacionales estandarizados del empleo desde numerosos controles, inspecciones, normativas, leyes laborales y otros estándares internacionales. Y desde ahí he organizado tantas vidas ajenas –las de mis empleados y de las decenas de personas relacionadas con ellos también: hijos, niñeras, esposas, parejas, suegras y mucho más– sin siquiera saberlo.

Dije que seré sincero a lo largo del libro, también porque necesité tanto tiempo para cerciorarme de que nunca había aprendido a entender que panes dulces o mochilas escolares tal vez reconocen, pero no valoran completamente a las personas que conviven (trabajan) junto a nosotros.

Y a propósito de inspirar –y ser consciente de la complejidad que tiene que las personas se motiven por sí solas– pude descubrir mi nuevo lugar preferido: la «incertidumbre empresarial», que es la que hoy enfrento para poder inspirar a otros.

Por eso es que ahora sospecho seriamente acerca de las certezas que afirman que, a partir de la correcta sistematización del trabajo, la producción y la innovación –votando y produciendo mejores políticas públicas desde gobiernos eficientes y con los más capaces en sus filas, acompañados de nosotros, el poderoso Sector Privado con nuevas inversiones que multipliquen los empleos y todo el blablablá que ya habrán oído por ahí–, el devenir será uno solo y casi mágico: adiós a la pobreza y bienvenido el inicio del bienestar de todos.

Y discúlpenme, pero ya no creo en los cuentos chinos de *WhatsApp*, y por eso considero importante compartir mi propia experiencia de haber obedecido justamente este cuento, este sistema, este modelo, esta asignatura en la universidad. Para los que no saben, porque todavía no fueron empresarios, les cuento que somos permanentemente inspirados por nuestro mismo entorno privado, el que te hace creer que los empresarios somos los héroes de la película.

Lo más increíble de esto es cómo yo mismo tampoco me daba cuenta de nada y, sentado en ese lugar tan cómodo del espectáculo, uno ya solo sabe mirar los errores ajenos, creyendo absolutamente todo lo que te susurran románticamente al oído.

Vos que me leés no te hacés una idea de cómo lamento no haber aprendido antes la importancia que tiene ser criticado.

¿Qué? ¿Te gusta que te critiquen? Vos sí sos raro, Ingeniero Christian. A nadie le gusta ser criticado.

Es un ser criticado desde espacios de encuentro habilitados colaborativamente para ese fin. Créanme que cuando el contexto es distinto, las relaciones cambian y las conversaciones se acomodan amablemente para nuevas oportunidades: hace muy poco aprendí a disfrutar cuando reconozco que la única forma que tenemos de enterarnos si estamos haciendo lo correcto –porque ahora es bueno y justo para todos– es buscando otras posibilidades desde perspectivas, pedidos, propuestas y sentires ajenos con voces distintas a las nuestras, incluso de quienes nos parecen incapaces de hacerlo y por eso ya se han enojado.

La gente no entiende y opina sin saber. Ahora está de moda criticar todo en las redes. Y además hay gente mala, a quienes de hecho no se puede escuchar. Muchos empleados son así, los remolones.

También escribo sobre cómo gestioné sin saber lo esencial. Me refiero a que recién ahora, con cincuenta años, comprendo mejor la enorme importancia que tiene la *convivencia* en nuestra vida y en nuestras relaciones laborales diarias y de adultos, ni qué decir: antes solo me enfocaba en nuestros objetivos corporativos y otros conceptos desde meros tecnicismos y sistemas organizacionales mecánicos, como la famosa visión, misión, código de conducta, diálogos en reuniones forzadas, capacitaciones de todo lo que se pueda y tantos otros impuestos con mi buena intención. Ahora comprendí que todo esto tiene una complejidad mucho mayor en la vida de las personas que me rodean.

Tengo un poco más claro que el solo hecho de pedir a las personas que trabajen y cumplan con sus funciones en una empresa nunca más será suficiente para mí, aun cuando ganemos premios en concursos o estemos certificados con estándares internacionales, y por sobre todo yo me crea el mejor en lo que hago, porque estudié en Alemania y fuimos la primera imprenta con tantos logros tecnológicos.

También escribo aquí sobre cómo empecé a preguntarme respecto de esto tan importante de pensar y *sentir* una cosa, pero a menudo hacer otra. Rápidamente me pregunté si esto me ocurría tan solo a mí y en nuestra empresa industrial familiar o tal vez en mi casa o en otros momentos del día o de mi vida también. Y la respuesta, para mi sorpresa, fue lamentablemente un sí. Positivo. Muy seguido decía una cosa pero hacía otra, porque así lo *sentía*.

Y fíjense que esta horrible paradoja de hacer determinadas cosas *sintiendo* realmente otras al parecer mucho ya no importa ni significa para nosotros ciudadanos, empresarios, padres, hermanos, gerentes y amigos. No sé muy bien porqué sucede esto, tal vez porque desde hace tiempo se acostumbra a refutar el *sentir* de las personas en el mundo laboral, corporativo: nos enseñan a nadar con las corrientes económicas dominantes, y esto limita totalmente el sentir de las personas que trabajan, ¿o alguien pregunta cómo nos sentimos en el puesto de trabajo?

Como hijos del rigor de tantas costumbres y rutinas aprendidas de memoria, hoy creo que las *buenas prácticas* son las que alinean y corrigen nuestra vida y los *sentires* también, y a nosotros empresarios, con las mejores agendas bienintencionadas, ni qué decir.

Cuando hablo de rutinas, corrientes y modas en el sector privado, sepan ustedes –los que aún no tienen una empresa o la representa– que existen por docena y para elegir, en función de sentirnos siempre buenos líderes haciendo buenas cosas: desde creencias en movimientos de empresarios laicos, pasando por innovadores modelos organizativos que prometen ser más democráticos y/o ecológicos, y sin olvidar los encuentros (exclusivos) de ejecutivos que semanal, quincenal o mensualmente se encuentran para compartir sus propias experiencias, dudas, miedos y otros sentimientos pero que prefieren hacerlo en privado y con sus iguales.

Luego tenemos los mitos y leyendas del éxito de otros, y obviamente los norteamericanos –para nosotros latinos–, en primer lugar. Decir Steve Jobs o Harvard es hoy algo imposible de no interpretar, valorar y venerar.

Fue impresionante darme cuenta un día de la enorme conexión que todo esto tenía con mis planes diarios y hasta íntimos de vida, y con los que, hasta ese entonces, solo habían aparentado ser buenas prácticas para mí. Hoy veo que no funciona así. No estamos de ninguna manera mejor que antes, salvo excepciones extraordinarias llenas de otras excepciones. Me pregunto entonces si tal vez podría haber algo de mentira en todo esto.

¡Jamás Christian, ni te atrevas! Inversiones y empleos significan desarrollo y también alegría. Seguí haciendo lo mismo y confiá en la economía. No hagas nada que luego no puedas demostrar con su teoría y los pasos que seguiste.

La verdad que estoy muy triste por haber confiado ciegamente en ella, sin mencionar todo el tiempo que he invertido en su nombre. Y por eso, tal vez mi rabia, enojo y frustración son tan intensos cuando miro hacia atrás y siento todo lo que esta bendita ciencia insinúa. Estoy hablando de la Economía, hoy casi una ciencia sospechosa para mí. Es una ciencia muy particular, que además es considerada como una forma de hacer cosas para el bien de todos, una ciencia social. Tengo ganas de vomitar.

Pero ya no acepto quedarme callado en esta relación violenta. Quiero denunciar lo aprehendido, y con este proyecto escrito mirar con ojos nuevos para volver a estar inspirado. Son pues muy pequeñitos los pasos que estoy dando, descubriendo el proceso que primero será solo mío.

Me refiero a nuevos momentos laborales en espacios con formas distintas de *relacionarse* y *vincularse* con mis tareas y mis compañeros de esfuerzo. Y la rentabilidad, la eficiencia, la calidad, nuestros residuos y desechos mirados desde lugares totalmente distintos, bien inusuales y que, así como hoy los analizo, ciertamente pueden asustar a muchos.

¡Uff!, leo y releo tus párrafos, y sinceramente te hacés problemas donde no los hay. También te siento muy solo en esto.

Mucho de lo que hoy no me gusta estuvo primero y siempre muy vinculado a mí mismo. Soy un ser con historias complejas de vida y parece que no se trata solamente de las formas en que nos enseñan a hacer las cosas en un posgrado o la universidad, pues posteriormente he visto que cada uno elige, acomoda, reorganiza según sus propias preferencias y posibilidades.

Aprendí que mucho puede depender también de mí mismo y no tanto de los demás, ni de sus cosas o teorías. ¡Sí!, demasiadas personas e instituciones que en mi vida me dijeron cómo hacer las cosas y *siento* no haber escuchado de la misma forma a los que también estuvieron a mi lado, obedeciendo.

Hoy sospecho que nadie tiene claro y sabe para dónde exactamente vamos, pero extrañamente sí sabemos siempre a quiénes creer de nuevo y enseguida. Sinceramente, esto es muy llamativo en nuestro comportamiento productivo empresarial. Claramente no funciona para todos, pero igualmente nosotros insistimos en lo mismo.

Algunos ya saben que no soy buen conversador. Mi forma exaspera, ya lo sé. Pero con estas páginas tal vez podré compartir de otro modo las posibilidades que aún tenemos de repensar nuestro futuro inmediato, esta vez sin ser analizados y apalabrados por los anfitriones de siempre.

En este libro comparto las ideas que estoy gestionando para transformar nuestras formas de relacionarnos con nuestra propia empresa y sus negocios; sí, lo estoy experimentando primero entre nosotros mismos, desde una simple y sorprendente premisa aprehendida, increíblemente antes nunca oída. Calma, que no es ninguna nueva teoría. Solo se trata de una frase que nos recuerda nuestra compleja esencia humana, y dice que las personas no hacemos lo que decimos, sino que generalmente hacemos lo que sentimos.

Qué frase tan real, sencilla y humana, ¿verdad? Es como decir que las personas no cambian por la razón, cambian por la emoción. Pero entonces, ¿no somos racionales para vos?

¡Así mismo!, pero nadie me compartió eso y menos me advirtieron de las miles de dificultades que surgen a partir de creer ingenuamente que las personas harán lo que nos dicen. Tampoco me advirtieron de las enormes consecuencias que tiene nuestra compleja conducta humana cuando son las *emociones* y los *sentimientos* los que aparentemente nos gobiernan, y también hace tiempo conducen a nuestras empresas, a sus líderes y a nuestros países.

Creo que estamos siendo demasiado ingenuos con esto, no lo sé. A mí todos me hicieron creer que solo somos entes racionales que asentimos y razonamos objetivamente, mucho mejor que los monos, y tal vez de ahí viene esto de creer que siempre necesitamos buenas estrategias, buenas reuniones, calidad, buenos gobernantes, y ya estamos listos para el despegue nacional y regional.

Mis experiencias –y algunas las sufrí– solo pretenden proveer aquí orientaciones hacia algo distinto de lo que hoy conocemos de la vida mercantil.

Mis prácticas son inusuales, por favor no te asustes de ello. Prefiero que te sorprendas cuando sepas que ahora mismo una enorme cantidad de personas en el mundo –incluyendo a tus propios compañeros de trabajo, amigos e incluso tu jefe– no poseen la paz necesaria ni siquiera para leer este capítulo; pero tal vez vos sí.

Me pregunto, entonces, si por alguna razón que aún no comprendemos, nosotros solo hicimos y seguiremos haciendo lo que sentimos y no tanto lo que esperan de nosotros.

¿Qué nos está sucediendo entonces, Christian? Cada uno debe hacer lo que le corresponde, ¿o no? Vos por ejemplo, ¿qué hacés de positivo?

No es nada fácil responder a la pregunta, ¿verdad? Podríamos entonces tal vez considerar que ya es hora de aceptar que nuestros *espacios relacionales* con las personas necesitan urgente nuevas formas y alternativas de compartir el *sentir* y ya no solo el hacer, producir o discursear lo que otros deben propiciar.

Personalmente creo que necesitamos vincularnos primero de una forma mucho más colaborativa si queremos o buscamos seriamente el progreso para todos. Y también creo que, debido a nuestros privilegios, corresponde que empecemos nosotros y hacia adentro de nuestros contextos y empresas, hoy estructuras demasiado rígidas y organizadas más que nada para el *hacer*, negando sistemáticamente el *sentir*.

Pero les pido encarecidamente que consideren que hacerlo o no hacerlo será cuestión de preferencia de cada uno de ustedes y el mío; por favor, no confundamos de nuevo con lo racional que viene inmediatamente después y querrá convencerte de lo contrario: seguir igual que antes pero distinto.

Este libro de cuentos, ensayos, vivencias, experiencias está desordenado, y lo sé. Es más un texto para leer y disfrutar en cada página. Hay ideas, temas y cuestiones que se mezclan y confunden, pero verán que podrían facilitar nuevos procesos de comprensión. Ojalá me sigas leyendo, pues me importa tu parecer y también tu *sentir* conmigo.

Antes de acabar con este capítulo, deseo honrar infinitamente a quienes se vieron comprometidos en primera fila con mi nuevo desafío, sin que antes les haya consultado: mi amada esposa y mis tres hijos, pues cada uno de ellos debió aceptar nuevamente mi estar presente pero ausente en muchos momentos del mes y de los años:

—*Che, ¿y papá dónde está?*
—*En su silla de cable, escribiendo otra vez.*

¿CUÁLES SON LOS MODELOS
(ECONÓMICOS, EDUCATIVOS, DEPORTIVOS)
QUE TAL VEZ OYEN A TODOS
PERO SOLO ESCUCHAN A ALGUNOS?

¿CREES QUE EXPLICANDO TUS FORMAS
LA GENTE PODRÍA
ENTENDER LO SUYO DISTINTO?

Una introducción a mis circunstancias

Este es el capítulo más largo del libro, pero sigue siendo incompleto como la introducción a este universo de los *sentires* en el *hacer* empresarial.

Con el correr del tiempo he aprendido que, aun cuando los procesos sean auténticos y sus anfitriones –sean políticos, patrones, gerentes, jefes, colegas o amigos– bienintencionados, las propuestas que surjan de ellos no serán necesariamente las que prefiera o incluso lo que otras personas necesitan con urgencia. No por eso sus propósitos e intenciones de anfitriones –económicas, religiosas o incluso políticas partidarias de un movimiento equis– serán nocivos o ellos malintencionados; claro que no, sucede que solamente son extraños e inusuales para quienes no comprendemos la vida, los valores o los modelos de la forma que ellos los entienden. Y aun cuando a mí y a muchos otros no nos guste, eso será lo bueno y preferido para ellos, y entonces seguirán planificando exactamente lo mismo, incluso argumentado como lo más correcto y verdadero para todos ellos y nosotros.

Pero que sea bueno para ellos no significa «bueno para todos», ¿verdad? Y no será que de ahí viene esto de que siempre decimos «te voy a explicar», como si el otro no entendiera, cuando sí lo hace. Lo que puede estar sucediendo es que las personas entienden distinto a nosotros y, en todo caso, lo que podemos es compartir nuestra forma de ver ese tema o el mundo. Igual, siempre cada uno entiende a su manera y esa será la correcta y no otra.

Por eso existen tantas buenas organizaciones trabajando desde sus propias creencias para explicar con muy buenos argumentos su parte y razón en las circunstancias nacionales que nos castigan. Conozco a varios de ellos y ellas, muy buenas personas evaluando el conjunto de fases y eventos sucesivos y comprendiendo esos eventos como pueden, desde lo que conocen que está ocurriendo. Y esto, ahora entendido (comprendido) así, es lo que me empezó a dar pistas sobre las posibles razones para seguir esperando a los eternos auxiliadores de los dramas –la pobreza, la inseguridad, el contrabando, el analfabetismo y tantos otros flagelos conocidos en Latinoamérica– que tenemos.

Creo que finalmente he aprendido –sin que me hayan enseñado– cómo no volver a caer en lo de ser crédulo y entonces nunca más creer que para estas cuestiones sumamente complejas existen buenas Soluciones, incluso envasadas al vacío y listas para su cocción.

De esta forma, tal vez leyéndome algunos imaginan y empiecen a juzgar este libro y su autor como negativos, porque parece que en estas páginas escritas los vasos siempre estarán medio vacíos cuando podríamos verlos medio llenos.

Maestro, es cierto, a vos nada te gusta y en regiones tan castigadas como esta, debemos ser positivos.

Tal vez sí o tal vez no, pero de lo que sí estoy seguro es de que bastante de lo que me sucedió en mi vida de ciudadano y empresario (positivista) tuvo que ver conmigo y las creencias que me inculcaron desde muy joven: no me dejaron aprender por mí mismo, más bien me enseñaron todo de memoria.

Aunque me costó más sudor que lágrimas aceptarlo, me di cuenta de que esto empezó en mi niñez, desde las mejores intenciones que tuvieron conmigo mi familia y otras personas cercanas a mí: así empezaban mis relaciones personales, mis historias, mis posibilidades.

Considerando el largo proceso que todos atravesamos para ser quienes somos, en la *convivencia* escolar empieza una parte importante. Ciertamente es útil y necesaria como un contexto donde aprendemos a negociar con otros, valernos por nosotros mismos y otros rasgos que influyen en nuestra personalidad. Aun así, creo que esta etapa suma principalmente a nuestra formación con nuevos conocimientos estrictamente enseñados y no tanto a nuestra Educación. No obstante no es algo sin importancia, pues ahí también se refuerza lo binario: nunca olvidaré a algunas maestras relacionadas con la literatura y el idioma castellano, quienes, en determinados momentos de nuestros espacios de lectura comprensiva en el aula, nos decían que comprendíamos mal lo que leíamos. Y qué interesante es hoy saber que todos tenemos nuestra forma de entender las cuestiones que leemos o nos ocurren en nuestra vida. Tal vez estuvo errado para ella (profesora de Literatura), pero no para mí, alumno con su propia historia de vida.

Sin darme cuenta ni ser muy consciente de ello, así es como ya me relacionaba con las directrices de mis propios maestros de escuela y con las cuales –recuerdo– me sentía juzgado. Esta es la «educación» que también recibimos y que no puede dejar de suceder: nuestra Educación es permanente y necesitamos a otros seres como nosotros para que suceda; incluso las relaciones con un perro o un gato pueden educarnos para mejor.

Hablando de Educación y no tanto de formación creo que ya les he comentado que hacia el final de mi vida colegial los astros se alinearon y me permitieron viajar muy lejos a recibir una formación especializada en un país que posee costumbres muy distintas a las nuestras: Alemania. Y esta circunstancia no fue menor para muchas de mis actuales formas y entendimientos de vida.

Cinco años después regresé apurado sin mi título universitario: mí tío Ulises (patrón y el número uno de nuestra empresa industrial) siempre me insistió que debía regresar apenas terminase con mi asistencia a clases y que mi trabajo de tesis lo hiciese desde Paraguay. Terminarla me llevó más de un año, pues nunca dejé de trabajar: debía hacer ambas cosas.

Con el título en mano, empecé a sentir algo así como que mi vida empezaba a ser económicamente formal. Diría algo así como que mi trabajo ya era en serio y podía empezar a aportar de verdad a mi país. Al ser profesionales y expertos en alguna ciencia y materia, ciertamente empezamos a colaborar, sumar, producir con todo lo que nos dijeron que hagamos.

Luego viene esto que siempre se dice por ahí: «Todos necesitamos seguir aprendiendo». Y en el mismo sentido de seguir adquiriendo conocimientos, hoy en todo caso lo que sucede es que nos refuerzan aquello que ya nos enseñaron antes y que es lo que nosotros hemos estado creyendo como las únicas verdades para nuestra vida productiva, ejecutiva y profesional; es decir, se trata más bien de consolidar lo mismo de siempre que aprender de cero.

Esto funciona muy bien desde siempre, y así se refuerzan nuestros paradigmas que pasan desapercibidos en el día a día, pero su efecto igual es gigantesco. Hoy, además, existen cientos de videos en You Tube, historias personales en Facebook e Instagram, seminarios online con gurús del extranjero sobre emprendedurismo y eventos corporativos, como el lanzamiento de productos o inauguraciones pomposas de edificios, sucursales y otros.

Con todos estos asuntos, vamos fijando ideas específicas respecto al éxito, la rentabilidad, el cuidado del medioambiente, lo justo, lo bueno, el desarrollo o incluso al cómo y el porqué de la pobreza de otros. Para todo hay siempre una buena explicación de porqué sucede y cómo deben hacerlo.

Miro varios años para atrás y veo todos esos lugares y eventos –a los que me invitaban– como lo que me sirvió para construir cierta admiración por determinados modelos y personas de mi ámbito, el empresarial de aquel entonces. Cuando somos jóvenes, todo nos parece nuevo y las personas exitosas son claves en ese contexto aún desconocido, son como las pruebas fehacientes de que las empresas –y yo obviamente también– estamos en el camino correcto y el modelo funciona bastante bien.

En esto de educarnos existe desde hace algunos años un fenómeno muy particular y veo que es popular en los adultos y jóvenes. Sin una intención determinada y menos maligna se inculcan sistemáticamente creencias e ideas que las tenemos fijas, presentadas naturalmente fuera de contexto y sin toda la información necesaria. Sí, me refiero al sinfín de fábulas, sus contenidos de ejemplo, imágenes, memes y *fake news* que recibimos todos los días específicamente vía *WhatsApp* y que no hacen otra cosa que reforzar lo que cada uno prefiere, pues si no me gusta, simplemente lo ignoro o reenvío burlándome.

Pero cuidado, porque hay todavía algo más y es la parte extraña de todo este componente del modelo funcionando y educando a todo vapor: toda esta forma de comunicarnos, hacernos chistes y burlarnos de todo engendra naturalmente y no sistemáticamente, un gran desorden del cual hoy todos también nos quejamos. Y para mí lo llamativo es que, en pleno siglo XXI, todavía nos hacen creer que esto se encuentra controlado de alguna manera y de la forma menos dañina para quienes lo vivimos o sufrimos.

Por eso permanentemente nos aturden y nos convencen con nuevas historias que todo se irá solucionando de a poco. Y en este sentido ahora aparecen los outsiders, personas que afirman que combatirán la mala política, pero parece que no se dieron cuenta de lo parecido con sus propios espacios de relacionamiento y poder.

Y es cierto, Christian, hay varios expertos jóvenes, líderes mucho mejores que vos y yo trabajando para todo esto. Tu problema es que vos sos muy negativo, ansioso y apurado. Te comento algo que antes no existía: ahora los jóvenes ingresan a la política; incluso conocidos tuyos y míos que vos sabés son muy buena gente. Tu mismo vecino de cuando eras niño lo hizo hace poco.
Ya tendremos mejores gobiernos, llenos de políticos con valores y principios. Tranquilo, mientras disfrutá más de la vida y practicá la responsabilidad social, hacé tu parte, juntá ropa y alimentos no perecederos o hacé paseos en moto y no te frustres tanto.

En estas cuestiones de disfrutar de la vida y mirar más en positivo, soy generalmente un lastre y lo sé muy bien. Y así obviamente termino pensando que para nuestros dramas de antaño –la educación, la pobreza, la inseguridad, la violencia intrafamiliar, las fallas con nuestros clientes, la falta de respeto en la vía pública o la impuntualidad– no habrá nada nuevo que nos desafíe que no sean los mismos y aburridos mensajes de auxilio provenientes de estos grupos, movimientos políticos, colegiados u otras sectas fabulosas. Sí, los que permanentemente insinúan determinadas causas como los motivos de los problemas, cuando realmente son apenas síntomas de nuestras crónicas enfermedades citadas. Pero eso ya no importa, pues ellos tienen la forma de eliminar, curar y solucionar todo.

Quiero decir que hoy, a mis cincuenta años, esto empieza a oler a imprudencia y hasta a falta de respeto y una gran irresponsabilidad, pero reconozco que es bienintencionada.

¿Cómo? ¿Irresponsabilidad bienintencionada? Eso no existe.

Yo creo que sí existe. Ciertamente hay muchas verdades en los discursos de militantes y opositores que he oído en mi país, pero también otros que estuvieron dirigidos nada menos que a la señora Angela Merkel en el Parlamento alemán. O nuestros famosos mensajes desde el empresariado –en espacios reservados en los periódicos paraguayos–, con advertencias públicas de lo malo y cómo nos provocan una y otra vez como sector privado incomprendido y al que no dejan producir en paz. Sigo escuchando relatos tendenciosos, con descripciones de los hechos, pero que nunca se refieren al contexto en su totalidad. Luego están otros llenos de pasiones con segundas y terceras intenciones.

En fin, veo que nunca nadie es claro y ofrece toda la información relevante del contexto que juzga y en el cual tal vez todos actuaríamos de la misma forma. Y sinceramente creo que esto nadie lo hace con una intención buena o mala. En otras palabras, creo que simplemente no fuimos educados en nuestras relaciones de convivencia para aceptar que no todos estaremos siempre de acuerdo con la mayoría o la minoría, y esta es una realidad del vivir humano que no puede seguir siendo oprimido ni en democracia, pero no por eso es gentil usarlo para atacar, denigrar o ridiculizar. En consecuencia, parece que somos unos grandes irresponsables, pero muy bien intencionados. Bueno, al menos me sigo sintiendo así cuando no escucho a los demás, pero les pido espacio y tiempo para explicar lo que yo necesito que entiendan.

Así, lentamente me fui dando cuenta de que si seguía creyendo en esto de que todo es solo cuestión de saber hacer con el *conocimiento* correcto y de la mano de quienes más saben, seguiría siendo uno más que nada contento con la corriente.

¿Qué ocurre cuando nos enseñan a dominar al conocimiento y luego nos apoyamos en las estadísticas y creemos tener las fórmulas para resolver todo en este mundo? Es lo más natural que existe, pues todos lo hacen de esta misma forma.

No discuto que eventualmente esta perspectiva de vida –creer que todo se soluciona con tecnicismos y con buenas intenciones– sea una posibilidad para los que creen religiosamente lo que todo necio propone. Respeto, pero es también bastante probable que esa no sea precisamente la mejor posibilidad para todos, para otros o para mí. No lo sé, pero por alguna razón seguimos creyendo y empantanados.

¿Estaría equivocado solamente por pensar distinto y preferir una nueva forma de caminar, ahora por rincones sinuosos y mucho barro? Sinceramente tampoco lo sé muy bien, aunque para muchos de mis colegas lo estoy. Entonces, me sigo preguntando quiénes son los que deciden qué es útil, qué es urgente o qué es necesario para todos o para mí, y cómo hacen ellos para saber qué se necesita hacer o qué cosas ya no sirven seguir haciendo para el progreso y bienestar de personas que ni siquiera conocen.

¿Y qué pasa si hemos estado usando por décadas solo conocimiento, estadísticas, análisis con conclusiones correctamente equivocadas, pero certeras y fehacientes al fin, bien robustas solo porque son parte de una ciencia y modelo que hoy lamentablemente es mayoría, y por eso sigue colosal en su inercia de resolver muchos problemas en el mundo?

He descubierto muchas preguntas nuevas, y al hacerlo también vislumbré que ciertamente hay mucho que cada uno de nosotros puede hacer desde sus propios ámbitos de vida para empezar a preguntarse, pero no siempre todo está, así como dicen, al alcance de las manos. No todo depende precisamente de uno mismo, tal como insisten muchos libros, refranes y películas de Hollywood, y ahora de Netflix. Todos tenemos nuestras limitaciones.

Y es aquí donde surgen las diferencias –que luego se vuelven abismos– entre lo que afirman que se requiere hacer y lo que yo, empresario, político, fanático del desarrollo puedo realmente desde lo que conozco y comprendo en mi vida porque así me lo enseñaron mis padres; lo he visto cuando otros lo hacían, algunos colegas lo recomiendan o incluso los consultores sugieren.

Estamos como estamos, medio en la dulce espera, probando de todo un poco, pero generalmente desde lo mismo de siempre, a ver quién es el más letrado, el menos ignorante, el que mejor acierta y encuentra la Solución mágica.

Y parece que es en este preciso y sublime momento al ver que otros intentan pero no hicieron lo que yo sí hubiera hecho en su lugar, cuando inmediatamente juzgamos desde nuestras creencias, sin todos los elementos y luego sentenciamos:

¡Qué inútil es este tipo! ¿Por qué no hizo de la forma que se le dijo? ¡Qué barbaridad nuestro modelo educativo! ¡Un desastre en las escuelas públicas! La inversión en educación debe llegar al 7% del PIB, mientras esto no ocurra es difícil que avancemos.

¿Será que mi empresa es ordenada, transmite sentido de pertenencia, interés por todos, seguridad en el puesto, sensación de paz y los jefes y gerentes saben lo que deben hacer porque sienten la libertad de expresar lo que no quieren?, porque de todo eso ya hemos hablado en varias reuniones. Lamentablemente, parece que aún no aprendimos a aceptar que las personas extrañas podrán hacer todo distinto a nosotros (empleados), porque lo entienden de una manera diferente, y es aquí cuando de nada sirve explicar.

Soy el dueño y puedo llegar a la hora que quiero, Christian. Él es el empleado y debe demostrar su puntualidad. Estás mezclando nuevamente las cuestiones. Yo antes también era muy puntual en mis inicios.

Así, podemos deducir que una persona con poder de mando (empresario) podrá tomar decisiones casi siempre en función de sus propias experiencias hechas costumbres: el haber sido hijo y sucesor de un empresario que hacía trabajar más de diez horas al día a sus empleados, hará que hoy ese hijo repita la historia porque no conoce otra. O bien, él estuvo antes trabajando para empresas que ya le exigieron trabajar varias horas extras por día, sin ser reconocidas. Es decir, como empleado alguna vez ya fue sometido a los poderes de un patrón, y hoy, con algo de poder, lo imita para sentirse seguro y alcanzar el éxito que vio en sus empleadores anteriores.

O bien, algo más actual: un empresario joven recibido en una renombrada universidad norteamericana, donde le enseñaron a mirar su profesión y tal vez el desarrollo desde un lugar que no es el de todos nosotros, se enfoca naturalmente en las creencias de esa casa de estudio que enseña a buscar el «éxito» de una determinada forma. Entonces, este joven podrá hacerlo solamente desde el rigor de su perspectiva del éxito y la profesión que posee, y no de otras tantas posibilidades donde ese éxito se interpreta tal vez como fracaso, pues hemos visto que las circunstancias también son una cuestión de perspectiva meramente personal.

Estas circunstancias de ser siempre enseñados desde lugares determinados en nuestra vida podrían traer algo de luz para entender por qué aún existen estacionamientos exclusivos con sombra para algunos elegidos en la empresa, o por qué nadie se hace responsable del robo de objetos personales dejados en el vehículo de las personas más importantes para una empresa (el cliente) que están estacionados dentro de la misma propiedad.

Muy interesante tema para conversar con clientes pero también con los compañeros de trabajo y proveedores. Como estos carteles llevan implícitos otros mensajes que todos los descifran. Recuerdo en un hotel que la caja fuerte, esas que están dentro del ropero, tenía un mensaje que decía que el hotel no se hace responsable del contenido que se deje dentro de él.

Escribir carteles definiendo mis responsabilidades es ciertamente bienintencionado y eso ya lo manejo muy bien, pues yo mismo lo hacía. Así es como algo mío pasaba a ser mágicamente para todos mis empleados, porque yo lo había entendido antes solitariamente o con contados compañeros (gerentes) de trabajo.

Todo esto viene sucediendo con mucha fuerza, y lamento informar que ya no será tan sencillo detenerlo. Menos después de leer este libro.

Tal vez «un poco de todo esto» es también una forma de entender el porqué de tan intensa actividad con los voluntariados, sosteniendo los que existen y creando otros nuevos para fines similares. Incluso hay colegiados con participantes empresarios de altísimo nivel proyectando sus deseos personales de un país mejor y más justo, pero siempre desde sus más íntimas miradas del progreso ajeno.

Quiero repetir, para que nadie se enoje conmigo, que no por eso dejan de ser loables, genuinos y muy valorados por mí y por la sociedad en general: conozco el ahínco de colegas que hasta aceptan cargos públicos muy delicados en los gobiernos de turno. Conocí personalmente a varios de ellos y ellas dentro del activismo nacional, sé de sus esfuerzos bienintencionados para mejorar lo que tenemos en nuestro país y sinceramente les agradezco de corazón.

Ya dije que seré sincero con todo esto que me está sucediendo porque lo conozco de memoria. Reconozco que por años me tocó caminar por estos laberintos de las eternas buenas intenciones, desde mis propias verdades y con los conocimientos con los que me formaron.

¿Qué es entonces lo que se puede y lo que se debe hacer con las buenas intenciones? Ahora me vas a decir que vos tenés la solución.

Problematizar una cuestión no significa tener la solución de lo que se enfrenta; al contrario, es ser conscientes de que el disenso existe y nunca estaremos todos de acuerdo con la forma de solucionarlo. Por eso tal vez hoy no nos queda otra que empezar a conversar sobre ello sin rodeos, pero no sé qué tan deseable es esto para algunos que he conocido. Lo que sí sé es que estas formas me ayudaron a alejarme de todo el barullo del liderazgo para el desarrollo y cuidado del medioambiente, eso que se vocifera sin parar.

Descubrí que fue muy positivo para mí porque fue resultado de pensarme a mí mismo. Hablo de haber elegido distanciarme de determinados contextos, porque sentía que eran esos los que ya me enseñaron suficientemente desde sus buenas intenciones. Uno de ellos fue la parafernalia que acompaña a los empresarios en los negocios y desafíos: invitaciones a cursos, reuniones, eventos, galardones, expo ferias, seminarios, entrevistas, obsequios y etcétera.

También decidí dejar de leer las noticias nacionales escritas, más que nada porque presentan las circunstancias como asuntos eternamente resolubles desde entrevistas o investigaciones mecánicas que insinúan siempre a los culpables y entonces inmediatamente a los salvadores. Por ejemplo, nuestros jóvenes no tienen la Educación que se requiere, entonces necesitamos una reforma educativa, cambiar maestras y maestros, al ministro también y vigilar mucho mejor todo lo que ellos hacen: para eso incluso se crean organizaciones (sin fines de lucro) que verifiquen el uso de los fondos públicos para la Formación –bueno, ellos le llaman Educación– de nuestros jóvenes.

Todo confunde y mucho. Finalmente, decidí también abandonar los medios de comunicación visual, como los noticieros locales por televisión, entre otras tantas fuentes que también funcionan como generadores de discursos dominantes que, sin darme cuenta, elegía tragar diaria y voluntariamente.

¿Y saben qué? Siento tener un poquito más de claridad con esta nueva experiencia que vivo, porque este tipo de decisiones me permiten seguir valorizándome junto a otros, empezando inmediatamente por entender de nuevo lo importante de conocer y experimentar los *sentires* ajenos, y ya no gestionar todo como información y conocimiento casi perfectos.

Sí, me refiero a compartir mucho más con otras personas, buscando valorar los saberes, las experiencias y los *sentimientos* detrás de tantas comprensiones distintas cerca de mí y que nunca aparecen en la televisión. En otras palabras, ya no tanto la verdad de las cosas que existen solo para algunos y nunca funcionan para todos, sino las realidades de todos, bien distintas unas de otras en nuestra empresa, nuestro barrio y en nuestra región.

Hablando de mensajes dominantes, pónganse a pensar, por tan solo unos minutos qué ideas, verdades, creencias le dejamos a un neófito –jovencito sin experiencias– con las siguientes frases que escucha cuando hacemos publicidad:

1. Podemos darte lo que necesitas.

2. Lee la verdad en nuestas páginas.

3. La mejor cerveza del mundo.

4. Lo máximo en ingeniería lo tienes con nosotros.

5. Somos los únicos que podemos ayudarte.

6. Tenemos la educación del futuro.

7. Siempre estamos contigo.

8. Nuestros créditos son para vos.

9. El éxito no espera.

Y tantos otros eslóganes bienintencionados que tal vez desorientan desde la misma buena intención que implica; ya lo expliqué antes. «¿Cuál ha de ser entonces la verdad?», me preguntan.

Algo tan sencillo como determinante fue darme cuenta un día de que mucho de eso que nos ocurre, incluso en nuestra propia empresa, como la tensión generada cuando fallamos con nuestros clientes, no responde jamás a una sola verdad, una cuestión o una sola causa. Y aprendiendo con esfuerzos a desconectar tantos mensajes y *eslóganes* publicitarios, comencé lentamente a enfrentar mis propias verdades incompletas y multidimensionales, ahora ya lejos de los discursos y las certezas, y de otras cosas que en verdad ni sabía que existían.

Si no sabías que existían esas cosas, ¿cómo podés saber que estás lejos de algo que no sabés que existe?

Qué buena pregunta, y tampoco tengo una respuesta. Y ya no me ocupa responder siempre fehacientemente para dar fe de lo que creo, siento o entiendo distinto. No. Todo esto que escribo lo hago a partir de puras inquietudes sobre los eternos problemas que tenemos en Latinoamérica. Discúlpenme, pero las quejas no detendrán a nuestros líderes, los multiplicarán.

Pasaron muchos años para que me diera cuenta de que es más que suficiente empezar por escuchar a las personas cercanas, seres de mi propia *convivencia laboral*, mis propios colaboradores (que nunca pensé podían tener también sus propias verdades, como las tiene un periódico que publica noticias como verdades de todos).

Así empecé a darme cuenta de que, por ejemplo, mucho de lo que me ponía nervioso como Gerente General, hacía tiempo que mis empleados sabían cómo hacerlo distinto, solamente faltaba yo y por eso no se hacía.

¿Faltabas vos? O sea, ¿vos no ibas a trabajar?

Claro que asistía de lunes a lunes a trabajar, pero era ir sin estar disponible para la mayoría, aunque presente para todos. Me refiero a que estaba con eso de ser 100% gerente en vez de ser alguien que está con ellos, y no solamente ellos para mí.

Ahora, con las *emociones laborales* en el orden del día, creo que todo es muy distinto. Y esto es algo que sinceramente jamás imaginé en mis años de estudiante universitario, y menos de empresario experimentado, que asistió a decenas de cursos aceleradores de la innovación y el factor humano. Entonces sí se puede continuar sin saber que existe algo, pues al caminar es cuando uno se descubre con otros.

Hoy los expertos son mis colaboradores (antes empleados), los que están diariamente a mi lado y lo económicamente bueno es que no pago nada extra a nadie por esta nueva manera de relacionarnos. Y, sinceramente les digo, esta forma es genial, pues ya no son necesarios los anfitriones (líderes), y las miradas ahora persiguen propuestas de espacios donde todos valemos y todos tenemos algo que decir; grupos activos de aprendizaje y ya no los tradicionales equipos de trabajo con los capitanes de siempre.

Así es como, recién en la quinta década de mi vida, siento que puedo decirme a mí mismo –y a quienes les interese– que definitivamente el tiempo y el *compartir* con otros son los que mejor pueden enseñarnos. Y si hoy decido hacer *stop* para, de verdad, detenerme y mirar a quién tengo al lado, pues es lo que prefiero y hago, coincido en que estos nuevos aprendizajes organizacionales están todos muy relacionados unos con otros y la mayoría comprendidos desde la pura *emoción* y los *sentimientos* conexos.

Tal vez para muchos esto parezca poco serio, pero ya no lo es para mí. Hay una frase muy completa que creo desarma opiniones, creencias y mis propios fenómenos anteriores también: «Nuestras cabezas piensan donde nuestros pies pisan» (Paulo Freire, 1984).

Esta es una frase sencilla, pero expresa tan bien la complejidad de nuestra esencia como seres humanos, y lo hace de una forma tan elocuente que me fascina, pues nos muestra que todos sin excepción somos el resultado de un eterno caminar por nuestras propias vidas.

Este señor es visto como socialista, mejor no lo menciones en tu libro.

La sencillez y la profundidad de la frase es lo que me sorprendió y me llevó a citarla aquí, además porque mi hija Macarena me obsequió un libro de él. Y díganme si no es brillante para comprender que desde que nacemos ninguno de nosotros se salva de las huellas de su caminar sufriendo, trabajando, mandando a otros, viviendo de alguna forma, tal como le es posible a cada uno mientras continúa caminando y viviendo. Y si este señor es zurdo, alto o bajo, eso no es importante para mí.

Y desde los lugares caminados, cada uno a su manera, nos hacemos y construimos pensando y actuando según por dónde aprendimos a caminar y negociar desde muy jóvenes.

Christian, solamente queremos colaborar para tener mejores mercados y negocios más justos, servicios más personalizados, pero parece que a veces en el intento también nos lastimamos de gravedad y ni cuenta nos damos. Qué mal me está haciendo leer tu libro.

Estas largas caminatas por caminos tranquilos para algunos, pero sinuosos y llenos de arena, culpa y vergüenza para otros, no son otra cosa que los espacios y momentos que experimentamos en el itinerario de nuestra propia vida económica y que nos mueven sin parar de una situación o un lugar a otro, también para progresar.

Dios mío, papá, cómo esta chica de sólo quince años, del colegio equis, está compartiendo en su Instagram todo lo que tiene; su ropa (marcas carísimas), sus viajes, ¡cómo que hay gente así!

Observando desde esta nueva perspectiva los posteos en Instagram de mi hija, sus amigas y millones de otros seres únicos que hacen lo que pueden, lo que aprendieron, lo que escucharon desde sus propias historias de vida y necesidades básicas insatisfechas, creo que ya no tenemos derecho a juzgar a nadie y menos a un adolescente.

Solo caminando junto a otros y respetando los distintos territorios que existen en la vida de las personas, uno puede atisbar cómo tantas circunstancias –o estados de cosas que ayer y hoy no me gustan– tienen definitivamente muchísimo más que ver con el recorrido de la vida de cada uno de ellos, ellas y nosotros, que con el aparato celular, una red social o algún gobierno de turno.

El latino no quiere laburar. El chileno es weon. El argentino es un chanta. El funcionario público es un haragán. Los secuestradores son..., ya sabés.
No me vengas con cuentos. Argentina está como está por culpa del peronismo, ustedes por culpa de Stroessner, ellos por culpa de Putin. Además, en misa siempre se pide que Dios ilumine a los gobernantes no a los empresarios. O sea, creo que la misma Iglesia piensa como yo y no como vos.

No creo que nuestros problemas se resuelvan como nos informan desde la radio, el cine o la televisión a la par de las mejores teorías y sus avances en la misma ciencia de siempre, y menos desde las buenas intenciones y plegarias de alguna religión: y no es que no sea creyente, pero llevamos siglos rezando.

Creo que todos ya experimentamos que no es tan fácil como decir que algunos pueden solucionar todo con uno o varios planes y métodos bajo el brazo y el infaltable liderazgo de algún héroe entre ellos. E insisto que por eso todo sigue funcionando y ocurriendo tan distinto a como muchos de ellos mismos dicen soñar para esta región: con paz y justicia.

Y parece que son muchas las personas que desean solucionar todo, pero tal vez solo como a ellas les parece, conocen, y por eso lo prefieren.

Christian, permitime presentarte a nuestro candidato, el señor Fulano de Tal. Él fue presidente de la asociación equis, es abogado y cofundador de tres empresas exitosas: Alfa SRL, Beta SA y Gama SACI. Tiene un doctorado y dos posgrados, y fue además elegido el mejor fulano del año. Hasta aquí puedo leerte, pues su currículum es extenso y lleno de éxitos. Este sí hace cosas, se mueve.

Hoy quiero colaborar con el poder que también tiene iniciar procesos. Sí, uno para conocer, aprender y valorar mis fracasos. Para construir y volver a pensar todo desde cero. En otras palabras, redescubrir mis momentos económicos y laborales con las personas que siempre estuvieron cerca de mí, y especialmente con aquellas con quienes me conectaban determinados y agudos desencuentros diarios, cuando algo salía mal y nuevamente no quería escuchar sus realidades.

Sé muy bien que fui yo el que promovía la falta de escucha y sin darme cuenta con exceso de prejuicios le resté posibilidades a la comunicación. Esto es también lo que ha construido gran parte de la relación que hoy tenemos con la ineficiencia y la no calidad en nuestra empresa. Y creo que podría ser algo parecido, o incluso lo mismo, lo que refuerza mucho aquello que tampoco me gusta de otros lugares en mi país.

Siento que esta forma que tenemos los empresarios de ser especialmente económicos no ha hecho otra cosa que separarnos, distanciarnos unos de otros desde tiempos inmemoriales. Y hoy parece que ya nos domina y hasta gerencia, al punto de precisar la agenda de nuestro día a día desde nuestras relaciones comerciales con clientes y laborales con nuestros empleados.

¡Sí! Fue increíble la cantidad de reuniones organizadas por mí y mi plana gerencial, pero aun así estas nunca fueron suficientes para encontrar un solo punto de conexión verdadero; hablo de *vínculos* (emociones), que para mí son hoy los únicos que potencian y pueden permitir organizarnos con los sueños de los presentes y de los ausentes también.

Y no hablo de nuevos planes, métodos o sistemas que nos aglutinen para algo mejor. ¡No! Me refiero a la experiencia de conectarnos a través de claros y verdaderos *sentimientos humanos*, haciendo presente lo que cada uno piensa y espera del otro dentro de la misma empresa, la misma oficina, el mismo escritorio compartido.

Hay decenas de espacios de encuentro y hasta reconocidas organizaciones internacionales afirmando querer muchas cosas buenas para todos los jóvenes y adultos en mi país, pero parece que no hay tiempo para quienes piensan distinto. A veces no invitamos a quienes no nos caen bien o a quienes no conocemos lo suficiente, tal vez porque ya sabemos qué podrán decirnos. Sin embargo, si consiguiéramos hacerlo alguna vez todos juntos, creo que la circunstancia misma permitiría incluir hasta a aquellos intratables para muchos de nosotros. Sí, me refiero a los que piensan muy distinto porque sus pies eventualmente pisaron por décadas lejos de los nuestros. Así podríamos empezar lo que alguna vez ni nos dejaron imaginar.

Hoy creo que el cómo hacemos las cosas sí importa y muchísimo, mucho más que seguir leyendo y escuchando lo que parece que otros hacen de memoria, pues esto ya nos ha confundido demasiado y creo también que atenta contra nuestros genuinos deberes y derechos, muchos en falta: ser verdaderos facilitadores del Desarrollo humano y ocuparnos personalmente del efecto, actuando ahora de oficio.

Si hoy me preguntan por el cómo, respondo que sí se puede. Creo que todos juntos sí podemos y parte de ese «sí» empieza cuando reconocemos que es muy posible dar nosotros el primer paso, empezando por disolver nuestras cuestiones incómodas con ayuda, colaboración y un interés genuino por valorar (conocer) las preferencias de otras personas.

¿Disolver dijiste, Christian? Te pregunté por el cómo, o sea el plan, los pasos a seguir y vos me salís con esto de que no estamos acostumbrados a sentir con

los empleados. Vos sos una ensalada judía, alemana y griega, con razón tus
apellidos Behmak, Eulerich y Zamphiropolos.

Sí, aprendí que lo que vemos y sentimos –y que no nos gusta– puede tal vez
ser el resultado de una muy alta concentración de discursos e ideas sobre esos
mismos temas repetidos tantas veces, complejos de analizar, no complicados.

Y si aquí yo accediera a responder a los que siempre solamente piden planes y agendas y entonces aceptara planificar por otros el «cómo» se debe hacer
estaría cayendo en lo mismo de siempre, haciendo lo que todos hacen: planificando para otros y haciendo creer que todo es solamente cuestión de buenas
intenciones y haceres responsables.

Por ahora estoy más que convencido de que nadie en esta región puede
solucionar nada inmediatamente, pero –para empezar con algo distinto– el
cómo podría ser determinante para hacerlo lentamente: tal vez empezar por
disolver nuestras cuestiones, nuestras diferencias con la ayuda del lenguaje.
Esta podría ser una posibilidad, ¿o no?

Así es. Podemos empezar por diluir la tensión de aquello que nos aleja, eso
que hace que nuestros discursos sean siempre quejosos hacia otros y nunca
revisiones para nosotros mismos. Y claro que podemos hacerlo, no hay que
seguir creyendo en eso de tener que ser siempre unos santos para empezar a
cambiar lo que no funciona y de lo que somos parte.

O sea, hay problemas que no se resuelven, pero que se disuelven con el lengua-
je, conversando, escuchando, ¿eso es lo que vos querés decirme? ¡Es tan cierto
lo que comentás! Eso lo sacaste de un encuentro con psicólogos, recuerdo que
comentaste. El solo acto de conversar parece tan potente: uno se siente distinto
después de haber hablado con alguien a quien quería decir ciertas cosas y no
se animaba. Y si aquellos con quienes hablamos, son distintos a nosotros, la
experiencia es aún más fuerte para comprender juntos, pues precisamente las
diferencias permiten descubrir nuevas posibilidades desde las mismas diferen-
cias antes no aceptadas. Imagino diciéndole tantas cosas a mi jefa con la que
trabajo hace diez años y nunca me animé.

Christian, y esta sería una de las formas de caminar por otras formas en los
contextos de siempre, y que vos decís, no tienen una sola solución, ¿es así?

Parece lindo, pero suena medio complicado para una empresa, un ente multilateral y sus objetivos mundiales. Nosotros no tenemos tiempo y vos lo sabés.

Esto del lenguaje y los diálogos no lo digo yo, muchos lo dicen desde hace tiempo. Ha habido avances y otros nuevos saberes en el mundo del cómo relacionarnos para encontrarnos distintos.

Somos seres exclusivamente relacionales y muy sociales, y creo que esto se demuestra cuando parece que nadie ha logrado hacerse solo, en la soledad de su esfuerzo. Siempre estamos construyendo cosas con otras personas, juntos. Todo es mejor en compañía de quienes son personas buenas para nosotros.

El *aprendizaje dialógico* se define como el resultado del diálogo igualitario, la consecuencia de un diálogo en el que diferentes personas dan argumentos basados en pretensiones de validez y no de poder. Insisto en el aprendizaje nada dialógico que tiene lugar en el mundo laboral y organizacional, ya que es el que hoy conlleva un importante potencial de transformación social que está siendo, para mí, negativo. Por eso quiero compartir los saberes de mis esfuerzos laborales hacia nuevas *relaciones dialógicas*, que no son otra cosa que momentos y lugares que procuro habilitar personalmente y donde me ocupo primero de aprender, y ya no tanto de enseñar o explicar mis cosas a otros.

He descubierto que cuando se conversa para aprender y a ello se le suma lo que se denomina una *polifonía de voces* –concepto inspirador de Mijaíl Bajtín a los Diálogos Abiertos– distintas cuestiones se potencian.

Y con estas prácticas, un viejo pero esencial componente en las ecuaciones organizacionales del rendimiento adquiere un rol adicional: el tiempo ya no es solamente requerido y cuidado para producir o compartir prudentes como lo hacíamos. No, ahora el desafío se encuentra en aprender sobre los tiempos que las personas necesitan para relacionarse y conversar sobre todo lo que está vinculado a la actividad laboral.

Son tiempos más que nada de escucha y cuidado de esas relaciones laborales, que, una vez invertidos sistemáticamente, tienen la capacidad de preparar el terreno para sostener cualquier urgencia posterior al hacer y producir, mucho mejor que antes.

Ciertamente sigo proponiendo lo que prefiero para los haceres en nuestra empresa, pero ahora lo hago cuidando las voces de los demás; que nunca más callen lo ajeno, lo lejano a mí. Y para los que ya están pensando que entonces esto se mueve hacia lo comunitario, haciendo solamente lo que los demás quieren, les informo que no es así, pues esto nos llevaría a la quiebra.

No dejo de insistir con mis sueños y mi sexto sentido en lo que creo puede ser un buen negocio, una buena idea, un buen producto para ganar más dinero.

Y con esta nueva forma de *ser empresa*, las líneas que marcan diferencias entre las miradas de los demás y la mía se tornan extremadamente delgadas, casi imperceptibles. Y entonces, mis desafíos ya no son exclusivamente míos ni tampoco de mis empleados; nos movemos para que sea algo sinceramente de todos y repito que esto así requiere de mucho tiempo y gran esfuerzo personal.

Ya no me considero en singular y menos en la empresa, lo que pienso ya no es lo que domina en la organización y es entonces, cuando te das cuenta de lo importante que es limitarte a orientar y facilitar una co-construcción aprendiendo de nuevo el cómo se acompaña a los que necesitan.

Christian, quien necesita que se le acompañe es a vos, pero a un psicólogo.

Es exactamente esto una parte de lo que hoy siento como mucho más potente y de alto rendimiento que cualquier intención o programa regular de liderazgo en seminarios, posgrados o algún que otro modelo organizacional.

Les cuento que esta mirada es la que podemos denominar *colaborativa*, y que fue para mí lo más importante que he aprendido en estos últimos años en mi rol de dueño entrometido, al menos cuando me di cuenta de que no eran precisamente *relaciones colaborativas* las que articulaban nuestras funciones organizacionales industriales en el día a día.

Más bien éramos una red de responsabilidades aceptadas a la fuerza, entendidas sin las ganas para las tareas, instructivos y el famoso Plan Estratégico Anual.

Precisamente esto de las *relaciones laborales* es lo que desconocía y era tal vez el motivo de lo que, en dicotomía pero certero, co-producía, aunque luego los resultados no me gustaban; era mi propia circunstancia del eterno anfitrión, gerente y también de ciudadano latinoamericano quejoso por todo, casi tanto como mis colegas argentinos. En quejarse creo que a ellos nadie les gana.

Y qué increíble –y al mismo tiempo horrible– fue darme cuenta de esto, pues parece que era yo mismo quien me estaba rechazando y discriminando, y ni siquiera era consciente de ello.

Hace cuántos siglos estamos haciendo cosas similares como quejarnos, sin antes haber hecho un stop de verdad para sentarnos y ver qué necesitamos realmente los presentes y ausentes –que también pueden ser buenos o malos– al mismo tiempo, solo depende de quién observa, juzga y evalúa el espacio: el anfitrión.

Fue entonces cuando empecé a pensar que, eventualmente, conocernos un poco más unos con otros para valorarnos en función justamente de eso que decimos qué queremos hacer para otros, podría dinamizar bastante los procesos que se vienen procurando y que no funcionan más que como fines en sí mismos.

Ahora ya sé a qué te referís con conocernos mejor en la empresa. Ya no es solamente desayunar juntos o ir a estos lugares tan lindos, donde se organizan los encuentros de planificación para empresas, con dinámicas y todas esas cosas que hoy están de moda.

Hablo de lo que creamos y nos convencemos pensando que es la Solución: decretos para mandar, leyes para regular y castigar, candidatos políticos creíbles para elegir, reglamentos para multar, movimientos juveniles para esperanzar, espacios reservados en los periódicos para denunciar, eventos sobre el medioambiente para ser más ecológicos, resoluciones para organizar, impuestos para financiar, lugares tranquilos para despejarnos y pensar, y tantos otros más.

Y así, de alguna forma parece que logramos convencer (invadiendo) desinteresadamente espacios y conciencias ajenas, pero conocidas de algún lugar porque estamos más que seguros de que siempre tenemos la razón sobre cómo debemos vivir y solucionar las cuestiones para los demás. Entonces, claramente no soy el que está equivocado, son los otros los que no son tan inteligentes o visionarios como yo.

O sea, para vos, es imposible que una, diez o veinte personas mejor preparadas puedan conducirnos por donde todos necesitamos y así salir del pozo y progresar. O sea, literalmente vos no creés nada. ¿Y cómo hacen los países que están mejor?

Sin el tiempo suficiente para pensar mis respuestas desde otras preguntas que podrían llevarme por nuevos lugares, ya me están ofreciendo nuevas soluciones con forma de decretos, posgrados, expertos en diálogos de paz, programas de lucha contra la pobreza y la corrupción, reformas y mucho más.

Dicen que todos debemos seguir haciendo y ya mejorarán las cosas para los que necesitan. Sin embargo, extrañamente y pegadas a todos nosotros, continúan en el mismo lugar las mismas cuestiones de siempre. Sí, y en silencio las mismas y miles de personas en sus mismos lugares; las que nunca han participado con sus propuestas y *sentires*, pero sin embargo afirmamos que ellas y ellos son parte importante de lo que estamos construyendo como nuevas Soluciones.

Pueden ser ideas, estigmas, etiquetas o juicios las que colocamos a quienes ni tiempo hemos tenido de escuchar y menos de compartir desde la genuina curiosidad humana que, siento, todos tenemos hacia las personas que nos mueven e interesan. Por eso, todos hacemos política a nuestra manera, y eso es bueno.

Reconozco que yo nunca tuve tiempo para esto, ya que para eso existen los psicólogos organizacionales y la oficina de Recursos Humanos.

Ya sabemos cómo piensan y cómo han construido sus preferencias de vida estas personas sin tantos recursos, llamémosles que son injustamente pobres, pero es lo que verdaderamente son. O nuestros indígenas que mendigan. Ahora leyéndote ya sé cómo piensan las cabezas empleadas en nuestra empresa, según cómo han pisado en los últimos años sus lugares, llegando tarde, desconociendo sus instructivos, dejando los baños sucios. Disculpame, pero para mí siguen siendo en su mayoría unos grandes irresponsables y cachafaces.

Y esto de saber cómo ellos piensan es muy sencillo. Se soluciona con buenas entrevistas y buenas oficinas de Recursos Humanos y otros sistemas mejorados, y siendo más disciplinado, eso es lo importante. Creo que vos sos el que no está entendiendo cómo hacer lo que todos hacemos hace tiempo.

Antes de seguir, quiero decirles algo importante para mí: esto de escribir me avergüenza y mucho, y más aún al estar hoy publicado como un libro impreso en tus manos, pues también aprendí a conocer a personas que escriben pero luego hacen cosas distintas porque nunca escuchan. Creo que más que escribir, debemos hacer.

Y si hoy aquí tengo publicados mis pensamientos es solamente porque les juro que he intentado hacerlo en vivo, escucharnos y conversar para luego hacer cosas distintas y no terminar como otra partecita más de una biblioteca o librería llena de libros con buenas intenciones. Eso no es lo que quiero, pero cuando uno está tan cargado de sentires y cuestiones que duelen de verdad, necesita escupir lo que le hicieron tragar.

Tengo conocidos, contadas personas que saben muy bien de lo que hablo. Ellos me conocen y –en caso de necesidad– pueden atestiguar sobre este solitario esfuerzo de años.

Y los que no sabían nada de mis intentos, ahora irán descubriendo de qué se trató exactamente esto que quise compartir con mis colegas empresarios. Advierto que algunos ingenuos como yo podrían quedar anonadados con los relatos, pero la única respuesta es clave y se resume en una frase: ser un soñador.

Atención, que tampoco están leyendo a alguien especial, sino a un simple ciudadano, industrial con oportunidades reales de hacer cosas distintas por los privilegios que posee, y que además siente la enorme necesidad de probar algo diferente, precisamente porque ya ha experimentado antes la falta de síntesis de dos extremos –lo económico y lo social– de una relación que no ha sabido construir nada serio. Es esto lo que un día ocupó mi mente y descubrí el tiempo para «preguntarme más» y primero a mí mismo, aunque aún me falta un montón, y hacerlo solo tampoco es tan entretenido.

Parece que hoy ya puedo caminar lento sin tantas indicaciones de los letrados que he conocido, quienes siempre prefirieron empezar cosas con lo ajeno antes que con ellos mismos. Me urge mirarme y conversar distinto, *colaborativamente* con los demás, lo de ellos, lo de otros, lo ajeno, pero que está siempre muy cerca de mí.

Ojalá sume y sirva de algo este material escrito por mí, pues no me fue nada fácil condensar mis pensamientos así de variados, pero lo disfruto. Me pasa que últimamente cada vez tengo más ganas de escribir lo que siento, especialmente desde hace unos diez años.

Y a este paso es mejor que lo hagas así Christian, pues realmente nadie quiere oírte. Ya me comentaron eso por ahí.

Mi Pelota Tatá fue un primer intento escrito, y cuando ahora lo leo, desapruebo su forma. Es increíble cómo las personas cambiamos nuestra forma de interpretar las cosas con el pasar del tiempo y cómo también a veces no lo hacemos.

Y si en este libro decido hablar como hablo del *sentir*, es porque ya sé que a todos nos toca, permanentemente, de distintas formas y en distintos momentos de nuestra vida: *emocionarnos* con personas en circunstancias variadas, y en las reuniones de trabajo también.

Recuerden que no existe una sola reunión donde las *emociones* y los *sentimientos* no estén presentes para interpretar lo que vemos o nos piden los superiores, pero lo extraño es que generalmente negamos su relación con nuestros objetivos y planificaciones empresariales, pero hasta hoy no sé porqué lo hacemos así.

Los empresarios también somos seres en permanente interpretación de nuestros contextos y los resultados económicos que emergen de ellos. Aprendí que jamás existirán reuniones con opiniones y decisiones objetivas posteriores. No está mal preferir algo o que alguien nos caiga mejor, solo es importante expresarlo así.

No tiene sentido lo que pedís. ¿Cómo querés que haga público en una reunión que tengo preferencias con este o aquel gerente? O que tenemos una relación más cercana y que eso se dio nada más así. No es nada malintencionado como vos querés hacer ver. Parece que sentir está mal para vos.

Entonces tampoco pidamos lo que venimos pidiendo a otros. Bueno, de hecho, acá hago lo mismo: pretendo narrar tan solo sobre mis perspectivas, subjetivas y personales, simplemente porque siento que mis historias a lo mejor podrían servir a alguien para *emocionarse* y *sentir* conmigo. Pero por sobre todo escribo para las personas que están buscando algo nuevo (mejor) para sus vidas. Sé de muchos jóvenes –y adultos también– que están explorando algo definitivamente distinto para sus empleos y su futuro; quieren y necesitan urgente saber qué tan real es la posibilidad de construir un *vínculo seguro* entre ellos y la economía, que les acompañe en la vida y sea la razón de ser algo tan básico como, por ejemplo, una merecida jubilación después de los años de esfuerzo.

Sé de muchísimas personas que hoy buscan algo que reemplace ese simple existir de conexiones humanas inertes pero responsables en sus puestos de trabajo. No sabemos vincularnos a nada nuevo que no sean nuevos protocolos absurdamente más humanizados. Y bueno, es lo que hay para obedecer.

Estimados colegas empresarios, sinceramente creo que hay mucho por preguntarnos, re-preguntarnos y volver a pensar. Y tenemos que hacerlo antes de seguir solamente exigiendo, produciendo y vendiendo, al menos si desaprobamos la triste realidad de que solo hemos estado creciendo por esta zona del mundo, como lo hemos venido haciendo de memoria hace ya buen tiempo.

Tuvieran mis colaboradores alguna vez el puesto de gerente de producción, remunerado con los mejores honorarios posibles, o se trate de un humilde obrero soñador con salario mínimo vigente –según el Código Laboral Paraguayo o del país que sea–, hoy sé perfectamente bien que ninguno hubiera tenido el espacio de confianza para compartir como se sintieron trabajando conmigo.

Y ya que estoy en esto de aprender a aceptar que también puedo hacer *mea culpa* pero ahora sin culpas, deseo hacer un paréntesis y honrar con este libro también a ellos, mis apreciados colaboradores de nuestra organización. Y quiero referirme especialmente a todos los que estuvieron desde que se fundó la imprenta Artes Gráficas Zamphiropolos, en el año 1954. Sí, y a los que siguen y a los que dieron todo de sí, gracias a ellas y ellos hoy seguimos vivos.

Quiero aprovechar y recordar también a los que creyeron en algunos proyectos con los que he intentado que la Empresa sea el medio y no un fin en sí mismo. Me refiero a algo tan simple como el poder progresar trabajando, cumpliendo «empleado y empleador» con lo acordado. Mi primer intento con el courier, empresa de mensajería y envíos nacionales, en el que intentamos por cinco años: Post Courier (2015-2020). Luego el emprendimiento con motocicletas con una tienda de accesorios para equiparlas para viajes y posteriormente el taller mecánico que sumamos bajo el mismo techo: OKATECH (2014-2020). Y el recientemente y también acabado sueño sin cumplir de una fábrica de bollos caseros para la venta ambulante en Caacupé y llevado adelante por un gran jardinero, un guapo albañil, un plomero excepcional y un joven y emprendedor panadero.

Estoy muy agradecido a Rubén, Humberto, Gerardo, Elvina, Javier, Pedro, Nunny, José, Germán, Felipe, Alfredo, Matías, Víctor, Francisco, Walter, Cynthia,

Enzo, Miguel, Prostacio, Fausto, Rocío y tantos más, porque con ellas y ellos aprendí a darme la valiosa oportunidad de acercarme de manera distinta a la vida laboral de las personas, esta vez desde la escucha y ya no desde la posición de inversionista, heredero o del planificador sabelotodo, todas variantes populares y posibles porque son las que surgen del rol del eterno protagonista y líder emprendedor, ese que ya no quiero ser.

¿Y por qué fracasaron tus proyectos? Te das cuenta de que sos vos el problema. ¿Cuántos talleres, empresas de courier y bollerías existen y funcionan muy bien?

¿Para quiénes funcionan bien? Para los que ya se están preguntando el porqué de mis tres fracasos, les digo que será muy interesante compartirlo tal vez en otro libro, pues no será corto ni sencillo contar cada detalle en dos o tres capítulos.

Sin embargo, puedo adelantar cortito uno de los motivos: cuando el proyecto de inversión es pequeño empieza de cero y nadie te conoce. Luego si a esto sumamos que la intención del mismo es llevar a todos sus participantes –mecánicos, deliveries, vendedores ambulantes, secretarios, recepcionistas y panaderos– a un mejor lugar, entonces las cosas se ponen muy desafiantes y complejas. ¿Por qué lo digo? Porque cuando se organizan funciones, herramientas, equipos, tareas y responsabilidades para cumplir con los servicios ofrecidos y se calculan las amortizaciones y los gastos corrientes para estos productos o servicios, los números no cierran: considerando especialmente que los que participan empleados trabajarán solamente ocho horas por día, porque luego necesitan dormir otras ocho y las restantes ocho quieren hacer lo que desean para su propio progreso y bienestar.

Los gastos fijos que requiere el Desarrollo no se cubren necesariamente.

Así de simple como suena: con estas variables y criterios del bienestar como parte de la ecuación organizacional, los precios de venta de los servicios/productos son distintos a los de la competencia. He conocido decenas de mecánicos trabajando diez, once y hasta trece horas, incluso sábados de tarde en «esos talleres» que dicen que funcionan bien y tienen buenos precios. Entonces, cuando nos visitaban en el taller o pedían presupuesto se decía que éramos caros y que queríamos ganar demasiado.

Otro detalle no menor es la noción del tiempo, la puntualidad, los agendamientos con los clientes. En un taller de motos, por ejemplo, respetar el turno se vuelve crucial para la eficiencia en la atención y los servicios. Pero convencer de esto a un cliente paraguayo es casi imposible de lograr, salvo honrosas excepciones; incluso cuando sea otro empresario que ya se quejó conmigo del desorden y la impuntualidad general en esta región. Al final y para colmo, él termina siendo el más fanático de que todo sea rápido, bueno y barato, bien barato. Sinceramente con la experiencia del taller tuve frustraciones muy fuertes.

Volviendo al tema que me convoca en este libro, quiero inspirar enviando un mensaje nuevo, especialmente a los colaboradores jóvenes de las empresas, los que están activos en la economía nacional y regional, porque sé que están prefiriendo preguntar de nuevo lo que ya se les respondió con solo el derecho y suerte de tener un empleo.

Mi hijo, agradecé que tenés un empleo, pues hay tanta gente sin trabajo. Tal vez no es el ideal, pero no te vas a morir por exceso de trabajo.

Sé que son personas que están buscando nuevas interpretaciones sobre lo que les está ocurriendo, y especialmente porque veo que nadie está dispuesto a responderles de una forma distinta a las de siempre.

Ya que me pregunta y me da la oportunidad de decirle lo que quiera, le pregunto, señor, ¿qué piensa usted hacer distinto conmigo? Este es mi sexto empleo y solo tengo veintitrés años de edad.

Mucho de lo que están leyendo en este libro deviene de un ingeniero al que llevaron a ser un líder y empresario en su imprenta, pero siempre le gustaron la filosofía y los aviones.

Y bueno, es inevitable lo que tengo en mi genética materna de origen judío, los Behmack Preuss: mi madre Susana Circe, mi abuela Edeltraut Marianne, mi tatarabuela Bertha, y así podemos seguir para atrás.

Obviamente también tengo mucho de paraguayo y griego por el lado de mi abuelo Heraclio Zamphiropolos, nacido en Paraguay, con tatarabuelo nacido en Grecia. Luego mis genes provienen de Alemania. Mis abuelos paternos emigraron con sus hijos nacidos en Alemania y mi abuela materna judía igual, huyendo ambos del nacionalsocialismo y sus consecuencias, en 1951 y 1936, respectivamente.

Luego sin preguntar me hacen cristiano con el bautismo, siendo supuestamente un judío de nacimiento, quiera o no. ¡Qué ensalada de dogmas! Y eso que a mí nadie me consultó algo sobre todas estas decisiones.

¿Y quién sos realmente, Christian? Porque te noto bastante confundido. Sos empresario, gremialista, sos industrial, sos socialista o sos comunista, ¿qué sos? No se entiende tu pensamiento, y molesta.

Hoy prefiero compartir mis circunstancias productivas con una presencia ahora descentralizada –ya no como el número uno o dos–, una forma que busque *ser* una comunidad productiva que no solo responde a las reglas para hacer buenos negocios.

Verán que usaré intencionalmente las palabras re-preguntar y pensarme a lo largo del libro porque, para el objeto de este relato, pensar y preguntar lo que ya me respondieron y pensamos en mis contextos empresariales me fue muy útil, aunque siento que ahora ya no es suficiente.

Re-preguntar y pensarme me llevaron a lugares distintos, al dar cuenta de mi *existir* y *convivir laboral* con otros en lo cotidiano, político, social, profesional y en las cuestiones autóctonas y bien latinas que tenemos en nuestra realidad empresarial. Es algo así como querer saber más sobre lo que ya sabemos de nuestras inmensas responsabilidades repartidas. Re-preguntarse es volver a preguntar sobre lo que ya aprendimos de memoria: ¿Qué sabemos sobre lo que ya sabemos de ser empresarios?

¿Qué dijiste? ¿Qué sabemos de lo que sabemos? Qué raro sos.

Y cuando digo pensarme me refiero a algo parecido a re-preguntarme, es como mirarme de arriba, salir de mí mismo para ver qué estoy haciendo, para quiénes lo hago, qué sentido tiene y otras cuestiones. Es pensar primero hacia mis adentros y sus porqués.

Tal vez algunos ya se habrán dado cuenta de que con este libro insinúo la enorme importancia del lenguaje, las palabras y los significados con las interpretaciones que las personas tienen cuando hablan, los tipos de comunicación en los espacios de conversación que por años solo fui capaz de mirar como simples y agendadas reuniones, y nunca como lo que también siempre fueron: *encuentros* de puras *emociones* y *sentimientos*.

Permítanme un ejemplo para ir empezando con mis divagues: cuando expresamos algo, cuando lo decimos también construimos una realidad, esa que hemos dicho. No significa que lo que se dice se hace realidad, sino que aquello que se dice queda como lo hablado y aceptado por los que hablaron y estuvieron presentes.

O sea que si en un asado hablamos toda la noche sobre lo corruptos que son nuestros políticos y el estado general de las cosas en nuestro país, más tarde, solos en nuestra casa, nos convencemos de que el problema de la corrupción se limita a ellos y no nos implica a nosotros. ¿Sería algo así?

Y esto ocurre en asados, pero también en espacios serios del desarrollo. ¿Cuántos colegas industriales brasileños me insistieron que existen personas en su país y en toda Latinoamérica que no quieren trabajar, y también que hay personas que desean seguir voluntariamente en su misma condición de vida extrema, como pobres, desempleados, haraganes y todas esas cosas?

Son estas sentencias tan profundas y repetidas cientos de veces las que yo ingenuo también he creído y repetido de memoria. Y recién ahora comprendo cómo esto me ocurría y no hacía otra cosa que reforzar mis propios desencuentros organizacionales, desvinculando todo lo bueno que podía tener lo humano en la economía. Sí, parece que al contratar ya elegimos a quiénes etiquetar por sus conductas sin siquiera conocer los contextos y sus historias.

Es como decir que pillamos a alguien como un gran grosero, pero lo hicimos en la cancha, en pleno partido de fútbol y con su equipo perdiendo.

Cada vez me queda más claro que cuando se busca empezar cosas nuevas, conviene que estas sean compatibles con el contexto y con lo que ahí tenemos disponible. Por eso, hoy empiezo aceptando que nadie puede hacer nada solo. Necesitamos conocer un poco mejor los contextos, y una *relación laboral* regida por el Código Laboral Paraguayo ya no es suficiente, ahora la confianza con responsabilidad puede darnos lo que falta.

Y con esto, en nuestra organización de personas (empresa), estamos aprendiendo a valorar lo más importante de la productividad: el estado de tranquilidad y sosiego que requerimos y requieren las personas para cumplir con sus funciones ordenada y puntualmente, y que nos haga bien a todos. Y así es como, sin darnos cuenta, las jerarquías, las reuniones pasaron a último plano y dejaron de ser organizacionalmente vitales.

Nadie hace lo que no le gusta, ni cuando es lo que debe hacerse sea en la casa, en el tránsito, en el puesto de trabajo, y más aún en este continente sureño, cien por ciento emocional y de un «millón de amigos», como cantaba Roberto Carlos.

Con este libro propongo que, si vamos a seguir juzgando de impuntual o corrupto a alguien, lo hagamos, pero de una vez por todas pensémonos como también nosotros lo hacemos: miremos el tiempo que llevan la impuntualidad y la corrupción como formas en las relaciones que nos permiten a todas las personas vivir en contextos desordenados como son los latinoamericanos.

Generalmente juzgamos a los más débiles del sistema, pues si llegar tarde, ser desordenado o mirar mi ombligo por sobre todos los derechos fuesen los hábitos a ser juzgados, nadie quedaría exento.

El contexto determina bastante nuestra conducta y nuestros hábitos. Para bien o para mal, nuestro cerebro funciona así; desde el socializar aprendemos lo bueno, pero también lo no tan bueno (negativo) de lo que ocurre a nuestro alrededor.

Y claro que se pueden modificar las conductas que no gustan, pero esto requiere de una enorme inspiración. Además, el objetivo cumplido debe traer recompensas reales y sentido de pertenencia de algo (futuro) mejor. Obligado o presionado por una ley, un instructivo o una reunión –como hoy ocurre en nuestros contextos empresariales–, no está funcionando.

Inmediatamente me re-pregunto como parte del todo: ¿quiénes son los que inspiran hoy en nuestras empresas, nuestros países, nuestro continente? ¿O quiénes pueden estar frustrando todos los días los sueños de cientos de miles de personas supuestamente impuntuales?

No me hagas reír. Ni vos ni yo, personas llenas de privilegios y posibilidades hacemos lo que debemos, y vos, como todos los empresarios, querés que los demás sí lo hagan. Ni en la imprenta lograste clasificar la basura.

Hoy puedo confesar, lleno de convicción, que esto de mirar siempre la impuntualidad –y tantas otras costumbres nuestras– desconociendo lo propio, es casi como el muerto que se asusta al ver a un decapitado: ¿quién está peor? No lo sé.

No estoy hablando de una nueva forma de hacer las cosas. Lo mío propone una nueva forma de *sentir* lo que hace mucho ya sabemos hacer, para entonces ser de nuevo, y recién después hacer todo distinto

Les aseguro que con este libro no quiero otra cosa que aprender a valorar lo nuestro, lo latinoamericano, pero desde un lugar distinto al acostumbrado, compartiendo vivencias que asombrarán a muchos.

Y si vos sos de aquellos paraguayos, argentinos, venezolanos, brasileños, chilenos, peruanos, guatemaltecos, ecuatorianos, colombianos, bolivianos, hondureños, mexicanos, salvadoreños y toda la hermandad latina, que sienten –hace ya buen tiempo– la necesidad de ser también escuchados, y para eso también desean pensar sobre cosas distintas acerca de nosotros mismos, sentir para re-preguntarnos sobre lo que siempre fue tuyo y nuestro, estuvo cerca, ausente pero implícito, entonces te invito muy respetuoso a que sigas leyendo este humilde libro sobre mis historias, que no persigue otra cosa que escuchar a todos.

Si las páginas que leíste hasta aquí no te inspiraron de una manera distinta ni te emocionaron desde una extraña curiosidad patriótica o interés por lo valioso de nuestras comunidades, entonces sospecho que no sé escribir para vos y sinceramente lo lamento mucho, pues te confieso que mi propósito como paraguayo es muy serio y la esperanza que tengo –no importa dónde estés ni lo que hagas– es enorme y sincera: todos valemos y Latinoamérica nos necesita.

¿CUÁLES DISCURSOS IDENTIFICARÍAS COMO DOMINANTES EN TU DÍA A DÍA?

¿ACOSTUMBRÁS A VOLVER A PREGUNTARTE LO QUE YA TE RESPONDIERON?

La complejidad de las relaciones laborales

Utilizo este libro para compartir mis emociones y sentimientos siendo cien por ciento sincero. Admito que esto podrá regalarme naturalmente nuevos adversarios, pero podrán ser únicamente del pensamiento, entonces esta cuestión hoy ya no me ocupa. Pensar todos de la misma forma sí que sería preocupante.

Che, parece que recibir pensamientos, frases o ideas en WhatsApp es para leer y estar de acuerdo siempre. Si por alguna razón uno expresa su parecer y este no coincide con el de la mayoría, ya eres un opositor y un aparato. Así te ve la gente, Christian, como un aparato.

Creo que tenés que opinar o callarte a favor, como lo hacemos todos, sino siempre parecés un crítico certificado.

En todos estos años de trabajo y *convivencia empresarial* me pareció haber visto y oído que en la carrera por alcanzar el bienestar existen muchos participantes defendiendo sus propias teorías. Mientras corren ellos quieren avanzar, pero generalmente descalificando ideas de los segundos y terceros en la competencia por el desarrollo.

Pude darme cuenta de cómo funciona este modelo, clara y puramente competitivo: para que yo gane, alguien pierde necesariamente. Y al que gana le premian, le saludan mejor, le reconocen, le invitan, se sienta en la fila de adelante, recibe regalos y no paga entrada. Y los otros, ¿serían realmente perdedores, lentos, desactualizados?, o ¿tal vez no poseen aún los privilegios?, o ¿no poseen los contactos suficientes?

No, estás fallando otra vez con tu mirada, Christian. Lo importante es competir, no ganar.

¿Es así realmente? Más allá de todos estos detalles, sinceramente hoy no logro ver grandes diferencias entre los ganadores y los perdedores. Después descubro algo que es todavía más extraordinario: todos nosotros –los que pierden o los que creemos que estamos ganando– sumamos o restamos exactamente de una mismísima y sola forma, que es la de cada uno y la humanamente posible con lo que le toca. Nadie es autosuficiente en todo lo que precisa para ganar, siempre necesitamos complementarnos con otras personas, sueños, perspectivas, dificultades y creencias, seamos los ganadores o los perdedores.

Pero no podés negar que cuando ganás premios, sentís que estás algo mejor que los demás, sobresalís, te preguntan y te entrevistan. Y además para eso existen el segundo y tercer lugar. Los tres reciben premios y además podés agradecer y aclarar que no es solo tu éxito.

Por eso, hoy sospecho seriamente que somos todos, sin ninguna excepción, los que estamos sumando y también restando en esta región. ¡Sí!, pero lo hacemos sin saber, especialmente desde las inherentes limitaciones que trae creer ser siempre los ganadores, o por ahí cerca.

Estas limitaciones son formas y experiencias que incluso pueden construir algo mejor, pero dependerá exclusivamente del grupo, comunidad, colectividad o clase social a la que pertenece el que desea y propone su progreso; así, algunos seremos escuchados y otros no tanto. Y para ser oído, una buena formación es muy necesaria, aunque no suficiente.

En función de esta cruda realidad que viven diariamente miles de personas, los últimos (perdedores) podrían sentirse permanentemente anulados y discriminados, pero de la forma sensata y buena que se conoce en nuestros ámbitos.

Pero es así como debe ser: cada uno propone lo suyo para su comunidad, su empresa, sus iguales. Y justamente Dios existe para todos. Es imposible escuchar a todos y vivir todos en armonía, ricos y pobres, blancos y negros, altos y bajos. Y si alguien gana, decime vos cómo hacer para que los demás no pierdan... Es una utopía lo tuyo.

La verdad que no lo sé, pues conozco a personas que viven como los más capaces y listos para gobernar a otros, incluso les cuento, en voz baja, que hasta obispos me han tratado como un ignorante. Al menos sus indiferencias fueron sensatas y mis invitaciones por *WhatsApp* no funcionaron, pero seguramente tiene más que ver conmigo que con ellos, representantes de Jesús y de la más alta fraternidad en la Tierra.

Por eso, muy respetuoso sugiero que los letrados nos movamos un poco más hacia lo ignorante y los ignorantes tal vez entonces puedan acercarse como letrados. Ambos grupos venimos de orígenes distintos y creo que, por una cuestión de vicios, unos sistemáticamente desconocen a los otros, y viceversa.

Me di cuenta de que mi única opción era dejar de creer que únicamente soy ganador por ser empresario, y saber que también soy parte de los que hacen perder. Exactamente aquí es cuando formas colaborativas, participativas podrían habilitar nuevas posibilidades, empezando por acercarme más a los que aparentan ser los ignorantes, perdedores e impuntuales. Entonces, pude descubrir qué era lo que determinaba ese aspecto desvalido que proyectan hacia nosotros o yo hacia ellos.

Con la ayuda de psicólogos, pero por sobre todo desde una gran angustia e inquietud con los resultados organizacionales, pude descubrir la presencia de *la culpa, el miedo* y *la vergüenza* en nuestras relaciones productivas, conversaciones de gerentes, festejos anuales, reuniones semanales y otros tantos lugares de relacionamiento que nunca fueron sinceros. Sabía que algún motivo debía haber, pues nadie se calla porque le gusta cuando tiene tanto que decir.

Aprendí que deberíamos tener mucho más en cuenta a las personas, pero yo no poseía ninguna herramienta para hacerlo. Pedimos eficiencia a personas que no nos dicen todo lo que sienten, porque también nuestros propios hijos no lo hacen con nosotros. Todos mantenemos ocultas muchas cuestiones en nuestra vida, y lo sabemos.

Entonces, para las conversaciones laborales existen otros problemas o dificultades que nuestros empleados estarán dispuestos a compartir; probablemente las relacionadas con circunstancias extrañas al trabajo y no con las relaciones de ellos con nosotros, sus forzados superiores en horario de trabajo. Por ejemplo, lo que a mis empleados les preocupaba eran las cuestiones que iban por fuera del instructivo de trabajo o las responsabilidades indirectas en lo laboral.

O sea que cuando una persona me cuenta sus problemas económicos o incluso dificultades personales, cuestiones familiares con un hijo o pareja que no le gusta trabajar, lo que está haciendo es solamente evitar enfrentar lo que hace tiempo él siente conmigo y le molesta. Seguramente tiene miedo o vergüenza de hacerlo.

Chirstian, yo pensaba que las personas ya confiaban totalmente cuando te contaban los asuntos personales de su vida.

Hace tan solo unos pocos años terminé de aprender con otros sobre la importancia que tiene haber sido escuchado siempre. Siempre para mí hubo un sí, aunque luego y detrás de mí se hiciera lo contrario. Y esto es parte del desoír cotidiano que luego te hace creer que son los demás unos falsos y mentirosos que no hablan de frente. Y esto –de que los demás son el problema y no yo– naturalmente me hizo no solamente parecer sino sentirme siempre alguien que la tiene clara, y entonces tengo lo necesario para inspirar a otros: el líder y emprendedor bienintencionado.

Este fue exactamente mi caso. Y entonces sin darme cuenta eran siempre los otros quienes debían escuchar más y no tanto a la inversa. Así, este modelo de *relación laboral* desde la supuesta escucha construía solamente vínculos forzados –los que hoy tenemos entre quienes gestionan en la organización–, falsos, impuntuales y todo eso que ya sabemos. Este es otro minúsculo detalle de cómo la *convivencia laboral* no sabe dar cuenta de nuestras dificultades para el Desarrollo en la comunidad laboral.

Cada vez creo más en que nada es casual en esta vida y todo ocurre por algo. Y gracias a que preferí ser más caminante que conquistador, mis intenciones y mis tiempos bastaron para descubrir que yo también era otro letrado y ganador, y que naturalmente por Educación nadie me interpelaba.

Caminando en la búsqueda de espacios conversacionales nuevos, pude sentir varias veces a mis colegas con culpa, miedo o vergüenza. Sí, parecía como que yo les atacaba y ellos debían defenderse, listos frente a la mínima posibilidad de que pudiera mover algunos milímetros la estructura de pensamiento formado en generaciones de buenas intenciones empresariales.

Sentarme hoy a pensar con quienes piensan idéntico a mí ya no me entusiasma. Esto ocurría en nuestra propia empresa con los gerentes y en nuestras reuniones, desde ahora teóricamente distintas y organizadas según estas nuevas prácticas.

¿Teóricamente? ¿Acaso ya no se hace todo distinto en tu empresa?

Es que la costumbre de años está enquistada y realmente existen decenas de perspectivas, incluso técnicas distintas que cada invitado presente sigue trayendo a cada reunión, todavía hay mucho controladamente mudo. Ni hablar de los *sentimientos* y las *emociones* en cada uno en estos encuentros supuestamente objetivos y productivos.

Claro que los participantes hablan y opinan, pero solo lo justo y necesario para satisfacerme desde la visión y la misión –y otras políticas empresariales– que *algunos* supimos precisar.

Así es, Christian. En mis reuniones de trabajo mis gerentes me dicen lo que piensan, yo no soy dictador. Tal vez a vos te tienen miedo, a mí no.

Y bueno, ya he hecho pública parte importante de los principales temas que me ocupan. Con este libro deseo que más personas puedan sentirse cómodas con el acceso y el permiso que aquí estoy otorgando, tal vez insignificante, pero estoy satisfecho de transparentar mis intenciones. Cada uno podrá evaluar si mis cuestiones al pensarme y sentir son tan inusuales.

En serio, cambiá y modificá tu estrategia. Tu forma no colabora con tu buena intención, te lo digo en serio porque te aprecio. A mí me gusta todo lo que hace años estás buscando y que ahora leo y me entero mejor de qué se trata. Y veo que parte de tu teoría la estás incorporando lentamente a tu empresa. Che, pero leyendo te digo: «Qué arriesgado sos, sinceramente no sé cómo te animás».

El saber cómo relacionarme ciertamente nunca sumó a mi propósito de dialogar con otros colaborativamente, y menos como un sujeto agradable con quien pasar el tiempo libre. Definitivamente, mi estilo podrá ser tal vez sincero, pero serlo es apenas un detalle y jamás fue suficiente para las relaciones con personas que poseen poder y que uno no conoce tan bien. A mí me falta mayor sensatez, tacto, táctica, estrategia, *mundología*, me dijeron los expertos.

Entonces, el resto ya podrá imaginar cada uno para sí: temas inusuales, el mensajero no es agradable y para colmo no trae nada útil que ofrecer a otros y menos conoce los pasos que él mismo propone dar. Todo mal para mi público de aquel entonces, que justamente necesitaba planes y certidumbres para avanzar con los pasos agigantados que como empresarios nos caracterizan.

Tal cual, ni vos sabés lo que querés, creo que ese es tu problema. Y sabemos que los muchachos no tienen tiempo. Todos estamos produciendo, trabajando, somos parte del país que crece.

Siento que también fui así. Fui parte de esto de oír siempre todo desde las convenciones y las buenas prácticas en tantas reuniones empresariales. Reconozco que lo disfrutaba mucho, pues ¿quién no goza cuando se siente importante y parece que sabe más que algunos, y luego te legitiman con agendas, invitaciones a eventos sociales y otras cuestiones que te hacen sentir parte de algo importante que está ocurriendo cerca de nosotros?

Ese es el punto: todos queremos sentirnos importantes, valiosos con lo que aportamos, no solamente los jefes, dueños, gerentes o incluso consultores contratados. Los obreros y las obreras también, pero es mejor cuando es genuino.

Por eso, tener una postura dialógica que habilita nuevas voces en las conversaciones laborales puede sumar a otros a sentirse también importantes y a nosotros a aprender a dejar de serlo. Re-preguntarnos juntos sobre lo bueno y también lo injusto en la misma empresa habilita nuevas posibilidades. Luego lo económico y sus tabúes: cuánto ganan mis compañeros, cómo puedo saber si merezco ganar más por las horas que trabajo también son un gran tema de conversación, pero todos callan.

Es cierto. No es fácil acercarte a tu superior y conversar sobre un aumento de salario, cuando realmente uno tiene todo el derecho de hacerlo. ¿Por qué será que nos sentimos así cuando hay que hablar de eso?

Las posibilidades para relacionarnos son también diálogos con espacios para las críticas. Todos podemos ser criticados y luego también podemos aceptarlas o no, eso ya depende de cada uno. Es un tema complejo y nada fácil, pero sinceramente veo que no existe otra forma más responsable de convivir y respetar al prójimo que pidiendo ser criticados por quienes existen diariamente cerca de nosotros, y entonces saber si lo que estamos haciendo para ellos se puede hacer distinto.

Hola, Fulano, quería pedirte un tiempito para que podamos conversar. Me interesa mucho saber cómo te has venido sintiendo en estos años trabajando conmigo.

¿Hay algo de lo que hacemos juntos diariamente que yo deba mejorar o que te puede estar haciendo sentir mal?

Te consulto porque quiero abrir espacios distintos contigo, que nos permitan ser sinceros y te hagan sentir mejor en tu trabajo.

Al inicio de todo esto, seguía con la costumbre de querer explicar todo. Por fin se animaba alguien a darme una valiente respuesta a la pregunta de cómo se siente conmigo y ya empezaba a explicar todo (yo). Cada crítica que recibía la tomaba como lo que era para mí: un juicio, un examen, algo contrario a lo que pensaba o sentía, y entonces ya me sentía inseguro y necesitaba dar una explicación, defenderme.

Alguna vez fui sinceramente objetado sobre algo en lo cual me tocaba solamente una pequeñísima parte de la responsabilidad, pero igual debía comprenderlo así: desde ese pequeñísimo lugar, y no desde el lugar de otros mucho más responsables que yo. Y les aseguro que esto así no es fácil y significa mucho en las formas de nuestras relaciones laborales: alguien se está animando a decirlo y me está regalando su propia mirada sobre algo que me involucra. Ese coraje es el que debo cuidar.

Ingeniero, siempre estás en el medio de todo. Vos no te salvás, es como que vos sos el culpable de todo.

Ya no soy culpable, pero sí responsable. Y para seguir con esto de aprender a criticarnos con sinceridad y respeto, quiero compartir una imagen que representa una de las intenciones principales de este libro. Todos sabemos que una imagen puede valer más que mil palabras.

Displaced aggression (cortesia de Kwey Kway Consulting, Canadá)

Esta imagen puede darnos muchas pistas. Primero que nada, podemos tal vez entender porqué no todos buscamos ser criticados, confrontados con humildad con lo que otros piensan de nosotros.

Parece que generalmente somos también producto de puras imposiciones y estimulaciones más que de los momentos donde importa lo que los demás piensan de nosotros.

La imagen nos dice algo así como que antes de seguir opinando sobre la conducta violenta de este niño con el martillo, podríamos tal vez contemplar primero a su alrededor, su contexto y las posibles pistas sobre el origen de esa violencia; es decir, conocer mejor el entorno de las personas que juzgamos a primera vista. O incluso mirarnos a nosotros mismos, pues podríamos estar muy cerca de lo que no nos gusta en los demás.

Siento que lo que pretendés con todo esto es reducir los juicios de los actos aislados que elegimos, los que nosotros preferimos porque no nos gustan o no nos convienen.

Por ejemplo, un niño violento que lastima a mi hijo con una silla o con palabras fuertes y groseras es tal vez solo el producto, el síntoma de cuestiones que sucedieron primero en su hogar y entre sus padres.

¡Exacto! Lastimar y ser violento está mal, así como vemos en la imagen, sin embargo es lo que mejor conoce el señor, la señora (madre) o el niño, pues así les tocó convivir y así fueron estimulados desde pequeños: el padre le grita a la madre, la madre al hijo y el hijo al osito de peluche, o a su compañero de escuela. Y nosotros (adultos), que somos quienes definimos el curso de las relaciones que tenemos –pudiendo con ellas construir o destruir vidas, sueños y esperanzas en las personas–, sabemos muy bien que ningún niño nace malo, haragán, impuntual o deshonesto. En todo caso, la persona sea niño, adolescente o trabajador se hizo primero con otros y entonces empezó a comprender como *ser* violento, impuntual, o incluso a darse cuenta de que el esfuerzo no te lleva necesariamente a mejores lugares.

Entiendo, para qué ser puntual y esforzarse cuando nadie lo valora. Estas experiencias nos van construyendo de determinadas formas.

Parece que son también nuestras propias experiencias y vínculos con la impuntualidad o la violencia los que determinan nuestra forma de comportarnos con los demás. Esto ocurre en el hogar, pero también en el trabajo, y ambos nos educan, pues en cada caso aprendemos con otros.

Naturalmente, estoy de acuerdo en que debemos sancionar la conducta del niño o la de un empleado impuntual o violento. Pero atención, que ahora sugiero evaluar también a los demás implicados, y a nosotros mismos también: personas, que con discursos bienintencionados tal vez generamos relaciones que organizan los haceres para una sensación de paz, seguridad y bienestar más nuestra que de otros.

Siempre es interesante considerar de dónde podrían provenir los comportamientos que nos disgustan y las interminables ganas de usar protocolos, modelos o martillos para alcanzar lo que nos proponemos.

Prefiero dejar muy claro lo siguiente: en todos mis discursos pueden haber reflexiones que llevan a definirme como complaciente y hasta como persona que se arrodilla frente a violentos con máscaras de indefensos. ¡Pues no!

Bajo ningún punto de vista estoy proponiendo reducir o evitar las consecuencias de los actos violentos del niño o de alguna persona desordenada o impuntual solo por conocer el origen de sus dificultades personales. Más bien propongo evaluar mejor los contextos, los motivos y al sujeto mismo. Necesitamos estar mucho mejor informados, solamente así se puede iniciar un proceso dotado de mejores herramientas para aproximarnos a lo que todos preferimos: transformar a los demás sin mirarnos a nosotros mismos.

Ahora sí parece que podríamos tener nuevas formas –incómodas tal vez– desde dónde conversar sobre los motivos para las situaciones laborales que normalmente denominamos, por ejemplo, la no calidad y que podrían estar mucho más relacionadas con un jefe que solo aprendió a usar el martillo que con un instructivo de cargo incompleto.

Aprovecho este tema de las relaciones y cómo nos influyen y te consulto lo siguiente: las consecuencias de la pobreza suelen ser circunstancias que juzgamos a menudo en forma parecida, sin toda la información necesaria. Al menos nunca pude oír a las personas pobres expresarse sobre su vida, sus miedos, sus formas preferidas y aprendidas de vivir en las calles, en los suburbios, en la basura, en la miseria y con martillos también.

Te pregunto: ¿Quiénes son entonces los que producen la información que usamos para hablar de ellos y sus formas preferidas de vida?

A mí me parece que siempre somos nosotros los que hemos intentado resolverles su vida, conociendo prácticamente nada sobre cómo las viven. Y entonces aprovecho y también te pregunto, ya que estamos, ¿cómo te sentirías vos, si habiendo nacido en condiciones extremas –sin comer todos los días y con ejemplos de violencia desde el día que naciste– un día un amigo te cuenta que en la televisión en los noticieros locales insisten sobre tu propia condición de vida y, por tu bien, proponen eliminar la pobreza, obviamente con buenos y estudiados programas de ayuda?

En otras palabras, un día te das cuenta de que vos mismo representás un problema para otras personas. Te pregunto, ¿eso te traería paz para sentarte a conversar sobre las cuestiones que podrías hacer distintas, o más bien te colocaría en una actitud defensiva y agresiva, al tener vergüenza de los demás a quienes parece que hace tiempo provocás molestias?

Te doy otro ejemplo: sos un adolescente de quince años y te tocó nacer en una familia con estabilidad económica y por eso tal vez pasás más tiempo con ni-

ñeras y choferes que con tu propio padre, a quien solés oír seguido ser vehe-
mente y exigir a personas muchas cosas. Un día, vos también escuchás por
ahí que tu forma de ser es un problema para la maestra en el colegio por tu
conducta prepotente, tal vez muy parecida a la de tu papá. Te pregunto, ¿cómo
funcionarías entonces como niño en ese entorno? ¿Te traería paz y seguridad
para empezar a mejorar siendo aún niño o te colocaría a la defensiva con todos
aquellos que se te acercan sacando un martillo?

Ciertamente, lo que conversamos con sus formas y vínculos en lo familiar
y en lo laboral, también contribuye a hacernos como somos. No digo que lo
vivido sea nuestra Educación definitiva, pero influye mucho.

La imagen que les comparto es solo una simple conceptualización, real y
clara, de lo que también puede estar ocurriendo hoy en una importante reunión
de trabajo, con el objetivo de mejorar la calidad: el hombre en la imagen podría
ser yo, el gerente general o el jefe en su puesto de mando y buen anfitrión.

Muchas veces, el liderazgo así (mal) entendido es el que mejor funciona. La
imagen se asemeja bastante a la que tenemos muchos empresarios en esta región cuando gestionamos así como nos enseñaron: solo con Recursos Humanos.

Cada uno es libre de elegir dónde trabaja y cómo lo hace. Si al empleado no le
gusta no tiene que aceptar quedarse en ese lugar, nadie le fuerza. Te pido por
favor que dejes de presentar todo esto como un campo de concentración nazi.

Si el libre albedrío significa la libertad individual que solo requiere reflexión
y elección consciente, ¿desde dónde debe empezar a reflexionar este niño, y qué
tan libre podrá ser con sus elecciones para sus experiencias futuras?

O tal vez el padre y la madre contratados –y experimentando ahora mismo maltratos en sus respectivos puestos de trabajo– en una industria o una
estancia en el campo refuerzan la violencia y la Educación con ella, pero que
luego nosotros mismos rechazaremos y pediremos que la oficina de Recursos
Humanos o el Estado lo resuelva.

Yo podría estar educado desde el maltrato y luego preferir más maltrato, y entonces las relaciones violentas en mi lugar de trabajo –donde estoy
al menos nueve horas por día– podrían reforzar mi conducta violenta o de
irresponsabilidad. El hecho de que una relación laboral sea viciosa o virtuosa

dependerá mucho del tipo de vínculos que la organización refuerce y promueva públicamente.

Algo importante y no menor en la vida de muchas personas es que solo siendo violento se sobrevive mejor en lugares violentos. O siendo mentiroso se sobrevive mejor en lugares que generan mucha desconfianza. O siendo irresponsable en lugares que no me cuidan como me lo prometieron en la entrevista de trabajo.

Uff, me resuena muchísimo todo esto. Siento que lo viví en los empleos que tuve, así tal cual.

Luego naturalmente cada persona con su rol –y en función del poder que este le confiere– podrá elegir dónde *ser* y regular más o menos su violencia, mentira o irresponsabilidad: en la empresa, en el hogar, en la calle o practicando deportes con amigos.

Les doy otro ejemplo: yo podría ser una mamá educadora soltera y estar siempre consciente de mis actos (buenos o malos), intentando ser la mejor mamá del mundo con mi hijo, pero mientras tanto mi cerebro funcionará también mirando a otros para compararme y saber que lo que hago también lo hacen todos, y entonces corroborar qué está bien o qué está mal en lo que hago y cómo educo a mi hijo.

Así, sin darnos cuenta podemos corregirnos para peor, desde la maravillosa capacidad del ser humano de adaptarse al entorno, sea éste amoroso o violento. Así funciona también el cerebro.

¿Y qué sucede cuando hay personas que viven en contextos donde no tuvieron a quién mirar e imitar en una forma distinta de vivir, pero igual lograron ser distintas a su entorno leyendo, buscando, investigando, enfrentando, interpelando y lograron salir y mejorar sus vidas, arriesgando perder las preferencias aprendidas; en otras palabras, saliendo de su zona de confort –en este caso, una violenta–?
¿Acaso eso no prueba que el que quiere puede? Creo que vos estás intentando justificar todo en las personas que no son como deberían ser.
¿Será que todos hacemos lo que podemos, no lo que queremos?

Pero más allá de que eso sea virtualmente imposible yo denominaría al caso que me describen como una excepción, pues siempre hay excepciones en las reglas. Y son estos casos los que las costumbres dominantes –desde los medios de comunicación– entienden como un deber positivo visibilizar, premiar y por eso difundir como buenos ejemplos para inspiración de otras personas en situaciones similares.

Qué bueno eso, ¿verdad? ¿O tampoco te gusta?

Y claro que eso no está mal, pero la tendencia a confundirlo con la idea fija de que personas como estas, que lograron lo que nadie logró, solo hicieron lo que debían es peligrosa y hasta perversa.

He oído a personas letradas que afirman que individuos sobresalientes solo han hecho uso correcto de su libre albedrío –en otras palabras, de su libertad– y entonces supieron sobresalir en situaciones adversas alcanzando resultados positivos; es decir, fueron resilientes.

El mundo no está construido o poblado solo por personas sobresalientes. Lo que hace que algunas personas –empleados, padres, madres, políticos– hagan más que otras tiene muchas explicaciones y no solo el uso exclusivo del libre albedrío. Aclaro que estoy hablando de entender distinto lo que nos pasa y no de justificar lo que no nos gusta.

Y empezando a entender lo amplio y complejo que es todo esto de las relaciones humanas, tal vez la respuesta a muchas preguntas mías es que entonces también soy producto de mis propias experiencias y aprendizajes, aprehendidos durante mi convivir de seis años con alemanes, y antes con paraguayos.

Creo que todas estas miradas hoy me permiten algo más serio: mirar mucho más a los demás, pero desde mis responsabilidades y ya no tanto desde la culpa. Este es un gran paso.

Y parece que esto es lo que también interfiere cuando aplico mi libre albedrío: ¿lo hago desde la culpa o desde la responsabilidad que significa tener la libertad de hacerlo?

Christian, no me siento culpable de nada, en absoluto.

Al parecer, esto de reflexionar lo hacemos todas las personas desde el lugar y las posibilidades que cada uno tiene. Pero dependiendo de con quién y dónde sucede, parece que si el resultado del proceso reflexivo no es el que nosotros

–empresarios, amigos o adultos– preferimos, entonces mágica y directamente decimos que no hubo reflexión en el otro, incluso comentamos que a la persona no le interesa, es ignorante, no sabe, no quiere e incluso no es patriota.

Reconozco que aún después de todo lo que aprendí conversando con las personas que trabajan con nosotros, me sigue costando mucho esta nueva forma de relacionarme sin juzgar. Y supongo que la misma dificultad tendrán también los demás conmigo.

Hoy me pregunto, ¿cómo hemos construido nuestros vínculos en las relaciones productivas y cómo estas educan mientras trabajamos en permanente convivencia?

Y bueno, no has sabido reflexionar, no aprovechaste el libre albedrío que todo ser humano tiene. Tal vez fuiste un niño con martillo o algo parecido. Ese ya es, creo, un problema que debés tratar con un psicólogo.

Creo que sería oportuno y conveniente aprovechar este esfuerzo que hacés para componer y redactar este libro para mejorar tu reputación con tus conocidos. No te olvides de que vivís en «el país de los amigos» y necesitás seguir haciendo negocios con ellos. Mejor enfocate en ellos con páginas pulcras, esta vez de la forma que la mayoría de estas personas acostumbran y prefieren conversar y no con la forma de Christian. Debés ser sensato, moderado, prudente y evitar cada detalle que pueda molestar a los demás.

Ciertamente he evaluado bastante si corresponde que me ocupe personalmente de que determinadas personas conozcan a un Christian distinto al que les revelé allá por el 2014 y en adelante.

Sí, recuerdo muy bien ese año, cuando comencé ansioso a compartir mis incipientes cuestiones de empresario confundido.

Mi amor, vos elegís mal los lugares y momentos para hablar de cosas que solo a vos te gustan. La gente no quiere oír problemas en un encuentro que se hace para pasarla bien con amigos y comer un rico asado... ¿podés entender eso?

Así intentaba mi esposa ayudarme, pero necio –y más por apasionado que por terco– nunca la oí y así me fui aislando. Me fui volviendo ermitaño, acompañado en mi interior únicamente por mis pensamientos, emociones y sentimientos. Entonces empecé a escribir este libro, con un mensaje dirigido a mis colegas y conocidos.

Lo estuve escribiendo por ocho meses, hasta que un día decidí dejar de enfocarme exclusivamente en la comunidad de empresarios.

Entre empresarios sabemos muy bien cómo movernos; cuándo ser terminantes y cuándo flexibles y comprensivos. Por eso en algunos momentos pensé que hasta podrían empeorar las cosas si seguía insistiendo por los mismos lugares y con las mismas personas.

Así fue como el público al que estaba dirigido este libro dio un giro copernicano. Y el escribir así me condujo a decidir probar algo distinto. Qué interesante es ser consciente de que todos podemos preferir algo nuevo para nuestras vidas o también no hacerlo, frenando un montón de valiosas posibilidades. Muy parecido a cuando somos los responsables de una situación delicada y requerimos pedir disculpas, porque la persona lastimada o humillada es importante para nosotros.

Este acto, que exige responsabilidad, es una elección y no debería ser el resultado de la culpa por haber hecho algo mal, pues imaginen si todos esperásemos a sentir ganas de ofrecer disculpas para hacerlo. Muy pocas veces lo haríamos, ¿verdad? Disculparse es también una decisión con una buena intención.

En cambio, nuestra famosa Responsabilidad Social Empresarial (RSE) tiene solo buenas intenciones, pero sucede que generalmente no tiene ninguna explicación coherente que pueda justificar esta práctica como una forma transformadora en el tiempo, aun cuando es solidaria y fabulosa.

En este caso la entiendo como una sensación de culpa con sentido humano, pues creo que la organizamos desde una especie de delicada omisión.

Dios mío, ni la responsabilidad social empresarial te gusta. Esto de ayudar a los que necesitan —incluso al medio ambiente— es lo máximo. Sos un gran amargado. Llevo años ayudando a los demás.

Hoy curioseo otros espacios junto a personas que justamente no me conocen y que a lo mejor sí podrían estar interesadas en mis conversaciones y relatos de ciudadano preocupado por las relaciones humanas.

Quiero estar más cerca de la gente, sin intermediarios, consultores, apostolados o agendas programáticas.

Me interesa mucho saber qué pasaría si empiezo a compartir mi forma de pensar en lugares distintos a los de siempre; por ejemplo, con personas que viven con y desde acotados privilegios como mis propios empleados u otros cientos de miles de trabajadores latinoamericanos –plomeros, electricistas, carpinteros, jardineros, guardias, chiperos, secretarios, heladeros, maestras, bolleros, vendedores callejeros de chicles, choferes de camiones cigüeña rumbo a Iquique, yuyeros, instaladores de acondicionadores de aire, motociclistas repartidores, empleados con salarios mensuales fijos y variables, y cientos de otros trabajadores más– que viven y trabajan en situaciones generalmente extremas, pues trabajan y casi no viven.

Creo que necesito acercarme más a las personas que conviven y pisan mi mismo mapa, pero en territorios que fueron siempre distintos a los míos.

Simplemente imagino que tal vez con ellos podría descubrir mejor y más rápido cuáles son esas otras formas económicas de pensar e interpretar el rendimiento que ellos piensan, pero no les funcionan.

Esto de conversar con la gente lo veo muy plausible, pero, como dije, es esencial hacerlo desde el esfuerzo que significa alejarse de los discursos del desarrollo que nos dominan con explicaciones que, siento, solo sirven a los que hasta hoy nos explicaron ideológicamente todo.

Y este es un dato no menor en los contextos que describo: cuando nos explican algo entregando razones de porqué sucede, no olviden jamás que esa explicación, por lo general, sirve esencialmente al que explica, pero no a los que recibimos la explicación.

¿Acaso no estás explicando vos también?

Ahora bien, muy distinto sería si esto de explicarnos ocurre como un *compartir*; es decir, dentro de un proceso y un contexto que valora los sentires porque son importantes para todos y donde por eso todos somos oídos y estimados por nuestros relatos compartidos. Ahí la cosa cambia rotundamente y se vuelve algo real para que entonces todos tengan la posibilidad de avanzar.

Así, esto deja de ser ya una explicación y pasa a ser un compartir sincero de intenciones y emociones que serán escuchadas en espacios organizacionales, donde se necesita la enorme responsabilidad de hacernos cargo de lo que no gusta a los demás (críticas) pero desde una nueva confianza, algo que yo, gerente general, solo sabía entender desde relaciones y conversaciones laborales teóricamente íntimas, aunque incompletas.

Hacerlo así es muy inusual en el territorio organizacional y creo que para muchos colegas sería incluso amenazante y peligroso.

Sería como decir algo en una reunión y equivocarse en grande. Luego, como siempre, empezar a explicar, pero esta vez darte cuenta de que la explicación te sirve solo a vos mismo. Y tal vez el momento es para pedir disculpas y no explicar lo que ellos hace tiempo entendieron. Híjole, ¡qué fuerte y complejo es esto!

Triste y lleno de vergüenza propia –y a veces ajena– admito haber sido el que nunca supo cómo aceptar las críticas.

Te advertí, sos terco... Cambiá tu forma y yo te banco. Es muy cierto que necesitamos hacer las cosas de manera muy distinta. Pero ¿cuál es tu propuesta? Traé algo que no modifique mi forma de vivir. Tengo sesenta y cinco años y no quiero grandes cambios en mi vida. Aparte, ¿cómo pensás resolver el tema de la ignorancia? ¿Con la Educación?, ¿por qué no empezás por ahí?

¿Cómo puedo hacer para estar seguro de que las cosas que no nos gustan no son también nuestras cosas? ¿Y cómo enterarme de que lo que estoy haciendo o planificando en la empresa lleva realmente a todas y todos a mejores lugares en su vida?

Muchas personas me propusieron fundar un movimiento político o adherirme a alguno, pero parece que lo único claro que transmito es que ando buscando *algo* más justo y equitativo para la gente, incluso parecido a un laico devoto, el apostolado de un empresario cristiano o –porqué no– uno con ganas de aterrizar en la política partidaria, pues dicen que quiero ser diputado.

Exacto, ¿por qué no ingresás al partido equis, ese conformado con personas jóvenes? O podrías ver este movimiento religioso. Ahí hay personas que creo te van a entender. Hay empresarios muy creyentes y con fe en Dios, y seguro serán sinceros con vos, querrán al menos escucharte, me imagino.

Seguramente la mayoría no sabe que también dediqué seis años de mi vida a un movimiento de laicos, pensando que ahí podía descubrir a personas inquietas hace tiempo con las creencias versus las realidades del cristiano. Pero lo mío definitivamente tampoco era para ellos.

No busco ser un político, busco alcanzar un sueño que, por lo que he visto, no se logra desde esos lugares públicos, a pesar de que se crea que para eso están y existen los partidos y movimientos políticos. Ciertamente tengo un sueño que está escrito y empieza así:

Creo que ha llegado el momento de tomarnos el tiempo de revisar la relación que tiene cada uno de nosotros con lo que no nos gusta de nuestra ineficiencia, nuestro país y nuestra región. Soy un empresario como vos y te pido solo unos minutos...

Y en otra parte dice así:

Nadie necesita ser perfecto para compartir sus historias, pues todos aprendemos de los distintos espacios y realidades. Participo y respeto porque deseo entender y comprender, y ya no porque soy el líder, el maestro o el que sabe más, el anfitrión del espacio, el presidente de la institución o el futuro intendente de Asunción.

Las personas con poco tiempo disponible pueden ir directamente al capítulo final de este libro y leer mi sueño de forma completa. Pero si lo hacen así, todo mi esfuerzo terminaría como un simple método.

No recomiendo que lo hagan.

Les pido que sean pacientes, pues lo que intento aquí no es solo que conozcan lo que pienso, sino que lo sientan desde las andanzas y costumbres de empresarios que tenemos y que aquí comparto desde miradas inusuales. Me interesa que vean desde dónde y cómo he construido esta esperanza que está viva y que estoy seguro de que en conversaciones posteriores con ustedes y en modo colaborativo –forma de relacionamiento que trataré más adelante en este libro– podremos convertir en una esperanza colectiva.

¿SABÉS DE ESPACIOS DONDE
SE CONVERSAN
TEMAS INCÓMODOS?

¿TE INVITARON ALGUNA VEZ A ALGUNO
Y NO VOLVISTE A PARTICIPAR POR
LA PROFUNDA INCOMODIDAD
QUE SENTISTE?

El origen de mis inquietudes

El origen de todo este menjunje en mi cabeza empezó así: soñando que lo colaborativo y la economía se reconciliaban con simples conversaciones, tuyas y mías.

Disculpame, Christian, pero vos sí que soñás despierto.

Considerando que los empresarios somos en esencia verdaderos fanáticos de la innovación, sinceramente pensé que el resto vendría por sí solo, de la mano de nuestra inventiva y nuestras ganas de mejorar lo que tenemos. Pero como ya sabemos que no todo es lo que parece, por años yo también elegía innovar en mis ámbitos productivos, con consecuencias que jamás imaginé y que ya hemos tratado aquí: lo relacional sometido a lo cualitativo y productivo. Así que tampoco puedo pedirles mucho y, sin tanto que festejar y tal vez un poco frustrado de insistir en los lugares equivocados, alguna vez me dije que no debo seguir fijándome exclusivamente en empresarios dueños.

Así fui sumando otros tipos de personas a mis relatos: periodistas, gerentes, obreros, emprendedores, incluso funcionarios en el sector público, rectores universitarios, sacerdotes, decanos y profesores de facultades, y mis experiencias fueron muy parecidas.

Parece que ser oído por los demás no tiene que ver necesaria y exclusivamente con el nivel económico, intelectual, o con las relaciones de poder. Sinceramente, buenas intenciones en mis interlocutores había, pero más bien creo que la forma en que cada uno aprendió a resistir en su vida es la que hoy les permite interpretar lo que nos pasa.

Ciertamente, las cuestiones que propongo en mis intentos de conversaciones son siempre oídas como interesantes, pero inmediatamente se ven como inusuales, y eso de entrada asusta y hasta incomoda a la mayoría, más aún cuando la propuesta que traigo es ser solamente humildes observadores de lo que nosotros mismos generamos. Ahora somos nosotros los que estamos dentro de lo observado, y repentinamente se pone en evidencia la responsabilidad de cada uno en el complejo proceso del desarrollo de una nación.

Parece que todos estamos bastante comprometidos con esta cuestión, pero no tenemos muy claro el cómo, y menos el porqué.

Recuerdo bien lo impetuoso que era en mis inicios, pidiendo solamente tiempo para compartir esto que sentía respecto de lo que, para mí, estamos hasta hoy negando, evitando, dejando de mirar, desaprovechando, dejando de oír.

Y no es fácil todo esto; nunca fui consciente –hasta hace solamente unos pocos meses atrás– de que mi objetivo era titánico y, como buen soñador empedernido, no me daba cuenta.

- ¿Sos idiota?
- No, soy un soñador.

Lo que propongo es comprender juntos nuestras responsabilidades, dejando atrás nuestras culpas individuales. Esto puede cambiar nuestras posiciones unilaterales en los discursos del Desarrollo. Necesitamos ser innovadores, pero esta vez con la gestión del *sentir* en nuestros espacios económicos; sí, me refiero a un sentir que puede ser altamente productivo junto a las mismas responsabilidades que nos tocan con la Economía y el Progreso.

Sentir, ¿dijiste?

Este fue alguna vez mi desafío. Hoy, tal vez, solo un sueño ingenuo: compartir lo que uno *siente* con quienes todavía no experimentaron algo parecido no es de ninguna manera algo claro y sencillo de abordar. Creo que los psicólogos están mejor entrenados para estas cuestiones. No soy psicólogo, pero tengo a cientos de personas trabajando diariamente para mí (empresa) y que también sienten como yo, pero no sé cómo hacerlo desde otros lugares con ellos.

Ahora que lo decís de esta forma, tal vez es cierto. Todos sentimos todo el tiempo, pero nadie nos muestra cómo compartir esto junto a otros, y menos en lo laboral. Y, así como veo, este en serio es el pan de cada día en la empresa y nosotros, empresarios, solo sabemos estandarizarlo. Tal vez esto está relacionado con el desgano, la impuntualidad y todas esas cosas de las que nos quejamos miles de veces.

Creo que muy pocos podrán imaginar el dolor y la frustración que uno siente cuando es consciente de que la gente no te acompaña, pero sí te sonríe y te aprueba socialmente; sinceramente es muy doloroso. Así aprendí que es muy importante considerar siempre y primero el sentimiento y las preferencias de la persona que tenemos delante de nosotros, especialmente cuando se escucha porque la persona te confía.

Recuerden que lo que uno siente no tiene ni siquiera por qué ser comprendido –me refiero a ser entendido de la forma que prefiero– o, todavía menos, aprobado por personas que son distintas a nosotros.

Esta es hoy una parte de mis mejores saberes. Antes solo tenía información y conocimiento traídos desde ciudades como Düsseldorf, Frankfurt y Berlín; realmente nada que fuese mío al cien por ciento. Esto podría ser lo que me llevaba a buscar las Soluciones afuera, en vez de explorar las posibilidades que tenemos adentro. Por ejemplo, recrear nuestras dificultades organizacionales con la calidad –con los miembros de nuestras propias comunidades productivas– permitió construir nuevos significados para las palabras calidad y productividad.

A propósito de estar leyendo todo lo que leen, por favor, no se les ocurra imaginar este libro, y menos a mí, como la voz de la experiencia que tiene lista la metodología para resolver nuestras cuestiones productivas y de país.

Nosotros, sector privado, tenemos la solución para la enfermedad de la que vos hablás, incluso hace mucho tiempo. Lo que pasa es que la gente, los gobiernos de turno, los ignorantes y otros haraganes no hacen su parte y nosotros tampoco podemos hacer todo solos. Por eso tenemos nuestros espacios reservados en los periódicos; cada tanto es necesario zarandearlos.

Ahí explicamos clarito cómo son ellos los culpables de lo que no estamos logrando. Grabate eso en la cabeza.

En todo caso, encargate vos de que alguien vea a toda esta gente violenta, corrupta, impuntual y desordenada; incluso ahora se sumaron a la lista los secuestradores.

A mí me parece que las distintas soluciones que venimos ofreciendo tienen buenas intenciones, y eso está bien. Pero el alcance que necesita cualquier plan para nuestro país, región o empresa es imposible de configurar entre unos pocos. Los reclamos, quejas y plagueos en distintos momentos y lugares en esta región ya son de larga data, multidimensionales, y requieren de nuevas comprensiones.

Así es, nuestros dramas locales son regionales: similares de comunidad a comunidad, de empresa a empresa y hasta de gobierno a gobierno en Latinoamérica. Nuestros problemas se reproducen, se imitan, se falsifican, se heredan, se sostienen, nos guste o no.

¿Y vos pretendés conversar? ¡Dios mío! Vos querés hablar sobre todos los temas y eso no se puede.

Ya se están encargando de resolver las cuestiones importantes, incluso la educación ya va a tener pronto su reforma, no seas tan negativo.

Primero necesitamos nuevas y mejores políticas de Estado. Y pienso mucho sobre todo esto, y me siento libre al hacerlo, pues así ayudo desde donde puedo y me conviene. Justamente ayer entregué un buen monto de dinero a un outsider político que se presenta como libre candidato a concejal para el municipio de la ciudad de Asunción. O sea, hago cosas.

Aprendí que hacer lo que uno decidió no significa necesariamente ser una persona libre, pues escoger y dirigir nuestra forma de reflexionar debería llevarnos a actuar de la manera elegida (pensada), y esto no se ve a menudo. Sabemos que no es una tarea fácil para nadie y requiere de determinados privilegios, como la libertad de hacerlo.

Pensar, decir y hacer lo mismo es tal vez hoy mi más grande desafío como empresario y ser humano.

Me vas a disculpar, pero yo hago lo que quiero, soy libre. Es cierto, yo no uso el doble check azul de WhatsApp, pero por otras razones que a nadie le incumben. Mi gente en la empresa debe confiar en mí, soy el jefe. Nada tiene que ver que no quiera que los demás sepan que ya he leído su mensaje de WhatsApp pero luego yo pido la confianza de ellos hacia mí. Yo nunca les fallé. Vos mezclás todo. Justamente por eso ahora trajimos una persona que está trabajando la confianza en la empresa. Es un consultor que me cuesta millones por mes. Eso, por ejemplo, lo hago exclusivamente por ellos, mis empleados.

Hoy soy mucho más consciente de las prerrogativas y el alcance que estos minúsculos detalles tienen en mis roles de empresario y de ciudadano: son determinantes y vienen marcando los límites de nuestra eficiencia y pudiendo potenciar hoy destruyen.

Naturalmente, al no saber muy bien antes sobre esto, poco y nada podía hacer de forma distinta por aquellos tiempos. Por ejemplo, comprender el alcance de mis decisiones en función de las responsabilidades con los sentimientos generados en las personas que tenía a mi lado; esto fue algo inusual, incómodo y por eso transformador para mí.

No obstante, un día mi sorpresa fue aún más grande. Sucedió que finalmente fui consciente por mí mismo de que esto de ser responsable siempre estuvo mucho más allá de ser un filántropo de oficio, y en momentos nacionales y complejos como inundaciones, quemazones, sequías o incluso la pandemia de Covid-19 aún más.

Definitivamente, no se trata solo de organizar donaciones, regalar a los que necesitan en circunstancias determinadas o incluso trabajar *ad honorem* por ellos durante todo el año, ¡claramente no! Esto está bien, pero sostiene y refuerza el mismo modelo que les llevó a esos lugares de damnificados, de no poder valerse por sí mismos.

Continuando con el origen de todo esto, reconozco ser todavía un ingeniero demasiado cuadrado para muchas cosas, tal vez por haber sido educado en una familia con ancestros germanos. Por ahí dicen que soy un «paraguayo alemán cuadrado». Y es cierto, pues mi formación universitaria reforzó aún más la cuadratura de mis círculos. Pero ¿saben qué? Por suerte, pude comprobar que lo de ser cuadrado y rectilíneo no solo se limita a los alemanes. Sentir es pensar circular o cuadrado, no se puede alterar tan fácilmente. No es tan sencillo, pero se puede: modificando el cómo pensamos y sentimos, pero mejor si es en compañía de otros.

Todas las personas somos, en determinados aspectos de nuestras creencias y profesiones bastante rectangulares, incluso cuadradamente necios con las propuestas que surgen de ellas. Por ejemplo, haber estudiado en Suiza, Harvard, Buenos Aires o la vida misma nos haya forzado a aprender, luego ya creemos que nuestras formas y teorías son las mejores opciones para aproximarnos y solucionar lo que nosotros mismos y otros necesitamos.

En otras palabras, nos aproximamos siempre profesionalmente, solo con lo que a nosotros nos parece necesario desde nuestros propios juicios y valores. Y, así haya recibido mi diploma en la ciudad que fuere, o no, yo pensaré seriamente que todo tiene su fórmula cuadrada para instalarse como Solución en este mundo, en mi empresa o en mi pequeña oficina. Entonces, proponer *mejorar* implica siempre juicios anteriores, generalmente sin la presencia de todos los participantes que tal vez nunca sintieron (pidieron) eso, dejando de ser entonces La Solución, al menos como la define el diccionario: respuesta eficaz al problema, duda o cuestión (RAE, 2021).

Eficaz significa que produce el efecto esperado, que va bien para determinada cosa. Pero como no pidieron todos lo mismo, tal vez no es lo más esperado. ¿O sí?

Hoy ya no importa mucho cómo fue que aprendimos a resolver casi todo de forma cuadrada, pues generalmente aparecen maneras mejoradas en torno a redefinir el cuadro, sus ángulos rectos y los recursos requeridos para las nuevas soluciones. Hoy se recogen mucho mejor los datos con aplicaciones móviles *(apps)* que pueden incluso diagnosticar nuevas necesidades in situ y online, que generan nuevos requerimientos y nuevas capacitaciones para alcanzarlas, que serán transmitidas nuevamente como la última tecnología. Y con la demostración –que ahora es online– la retroalimentación es más fresca y todo se vuelve más real y convincente.

Y los problemas van teniendo una solución. ¿Vos ves o sos de los que no desean ver nada?

Ojalá fuera así de fácil y tan metodológico. Para mí, estos mensajes con forma de noticias positivas ya no son del todo completas; por eso incluso algunas son mentirosas y de cuentistas. Claro que puede haber (y de hecho hay) miles de formas, ropajes y modos de hacer esto que acaban de leer, pero fíjense que siempre son etapas cortas y no largos procesos que someten a todos por igual. Y las transformaciones sabemos que son muy complejas, y entonces hasta una reingeniería de procesos o una Agenda País se esbozan como simples *haceres*, pues tiempo no hay.

Hoy para mí esto es espantoso. Siempre te traen nuevas formas vendibles con nombres en inglés y sus expertos o casos de éxito detrás. Solo es cuestión de que ellos preparen e incrusten eso en el momento de una crisis o simplemente para el futuro próximo, uno más humano y atractivo, y «listo el pollo» como se dice.

¿No te interesa hacer un curso de auditor o coaching? Eso te va ayudar. Ahora ser coaching es lo máximo, así como fue en su momento tener la certificación ISO y el cuadro este, de mando gerencial, ¿te acordás?, el Balance Score Card. O incluso el mismo organigrama que hasta hoy usamos con nosotros arriba y los demás abajo. Eso creo que fue moda también en su momento, allá por el año 1920. Che, qué increíble, hasta hoy seguimos usando estos modelos llenos de jerarquías.

Tal vez los que alguna vez trabajaron en grandes, medianas o pequeñas empresas pueden ir dándose cuenta de que más que nada me estoy refiriendo a cuestiones transversales a la organización. Esto supone algo bien distinto a lo tradicional jerárquico, administrativo, productivo y comercial. Imaginen círculos, rizomas o nubes para describir las oficinas con nuevas formas de relacionamiento.

Y tampoco tiene que ver con el management[1], incluso ese de tipo progresivamente humano que hoy nos presentan como buenos cambios en los haceres desde las oficinas de recursos humanos.

Lean por favor el significado de management, que saqué de Wikipedia en pleno año 2021. Ahí tal vez comprendan un poco mejor porqué y cómo los empleos llegaron al punto de ser considerados simples recursos y, como tales, se espera que sean mejorados mecánicamente, pues alcanzar los objetivos es más

---

[1] El Management es la disciplina científica que tiene por objeto el estudio de las organizaciones, constituyendo una sociotecnología encargada de la planificación, organización, dirección y control de los recursos (humanos, financieros, materiales, tecnológicos, del conocimiento, etc.) de una organización, con el fin de tomar el máximo beneficio posible. Este beneficio puede ser social, económico, dependiendo de los fines perseguidos por la organización. A través de su desarrollo se logra la supervisión y coordinación de las actividades laborales de otras personas, de manera que sean realizadas de forma eficiente y eficaz.

importante que los propios recursos, al menos durante los periodos de tiempo (laboral) en que se aplica esta sociotecnología.

Díganme si esto que leyeron no es inquietante. Y es tal vez gracias a esta sociotecnología que el management pide que se gestione por separado lo que siempre fue una sola cosa (personas-recursos-trabajo); es que tenemos poco tiempo y entonces los despidos, las sanciones por llegadas tardías, los cumpleaños, los aumentos salariales o las renuncias firmadas en blanco se gestionan como cosas que pasan con el recurso (humano).

¿Y qué querés? ¿Que yo, gerente de producción o dueño, haga eso personalmente? Para eso existe el jefe de Recursos Humanos, él estudió Psicología. Tenés que administrar mejor tu tiempo, en serio te digo. Enfocate en lo que es importante.

Tal cual, no conocía verdaderamente a mi comunidad laboral, y menos aún tuve tiempo para escuchar sobre el origen y las historias de sus miembros, nada menos que mis empleados.

¿Podría entonces estar hablando de la gestión de los talentos desde nuestra oficina de Recursos Humanos, ahora con un nombre más nuevo y rimbombante: Talento Humano? Quiero seguir siendo sincero y mi respuesta a esta pregunta es un rotundo no.

El talento es una capacidad o una aptitud en la persona y entonces será siempre una consecuencia de factores que están desde mucho antes, enquistados. Estudiarlos y clasificarlos exclusivamente nunca será suficiente. Descubrimos que todos tienen talento, pero generalmente están apagados o medio encendidos, pues no se conversaron nunca las cuestiones detrás, que existen desde hace muchos años.

Es lo mismo que tener como iniciativa estratégica esto de que el cliente es el rey. Un cliente bien atendido y que además se sienta rey será apenas la consecuencia de circunstancias internas organizacionales mucho más complejas y generalmente atendidas, pero nunca conversadas en total confianza en las organizaciones; y con conversar me refiero a habilitar espacios donde solo escuchamos lo que las personas tienen para decirnos, sin excepciones. Entonces, enfocado en lo que no se ve, se logra lo que sí se ve: el cliente como rey.

Como pueden ir leyendo, hoy todos y cada uno de los encuentros con confianza colaboran para ir actualizando mi origen como empresario renovado en su *ser*. Me toca esforzarme por ser un orientador, un facilitador de relaciones humanas y no como antes puramente técnicas del papel, la tinta y el management. Este es al menos el primer paso que estoy dando, y les cuento que es muy lento pero gigante.

Pronto se volvió tan visible –de forma natural, así como de la nada– la importancia de la convivencia en nuestros espacios y relaciones laborales diarias y esto sigue siendo para muchos de nosotros en la imprenta muy complejo de aceptar.

Empecé a darme cuenta de tantas cosas como que mis reuniones de trabajo siempre estuvieron repletas de *emociones* y *sentimientos* productivos con vínculos conectados por todos lados, de los cuales, naturalmente, nadie se animaba a hablar. Esta es una señal de que si bien la empresa está viva y llena de eventos y detalles que miman a nuestra gente, también hay silencios por todos lados. Es como una especie de vida organizacional asistida artificialmente, en estado de coma inducido para que naturalmente la organización con cuerpo de empresa nunca muera.

Supongo que nadie querrá discutir respecto de que todos vivimos en eternas relaciones con otras personas y este entendimiento –antes enseñado como algo simplemente mecánico de personas que se hablan, comunican y así trabajan– es lo que hoy tiene un significado tan distinto para mí: mi *ser haciendo* es ahora mi consigna.

Y fíjense que a este nuevo origen mío lo he pensado en algún momento como algo repetible para mis colegas, incluso pensé en volverme un consultor con propuesta en mano y un maletín estandarizado; pero no puedo, pues me falta aún muchísimo y, además, ellos (mis futuros clientes) aún no lo *sienten* como yo.

No obstante, como buen tecnólogo, imaginaba que por las dudas sería mejor si tengo preparado un resumen ejecutivo que quepa en una página A4 o en una sola diapositiva para una presentación *PowerPoint* efectiva, como corresponde a todo emprendedor que prefiere el éxito en su idea. O tener un mensaje claro de tipo *Twitter*, corto y conciso, al estilo del *elevator pitch*[2], para quienes saben hacer las cosas y no pierden su tiempo.

---

[2] El *elevator pitch* es para mí una forma injusta pero moderna de presentar una idea de negocio. Si no sabes sintetizar tu intención tampoco pidas ayuda. Yo lo interpreto así.

Me vas a disculpar pero si realmente sos bueno, deberías poder sintetizar tu idea. Vos sos demasiado extenso.

En las empresas se insertan ideas ajenas que nadie necesita. Es algo así como meter muebles a la habitación de tu hija o hijo solo porque para vos son más prácticos, cuando realmente ellos no lo pidieron, pues las necesidades de tus hijos son totalmente otras.

La gente que trabaja conmigo no puede saber qué necesitamos como organización. Ellas y ellos están en el día a día y no pueden pensar. Para eso estamos nosotros, los gerentes, que sí sabemos y estudiamos.

Qué interesante fue ser conscientes de la cantidad de personas que viven su día a día en esta región, viviendo como pueden y cómo, en estas condiciones extremas, poco y nada pueden ellas sumar al valor agregado que las empresas buscan y publicitan a veces antes de tenerla. Podría yo gerente tener el mejor sistema de gestión de calidad, innovación o inclusión en la empresa, pero igual no cambiaría esa situación límite de mis empleados, la de vivir atrapados en su día a día.

Para eso tenemos nuevos modelos, justamente que miran ya lo social. ¿Conocés B-Corp? Informate y dejá de quejarte por todo. Está todo dicho e indicado, buenísimo es, ¡probá y dejá de ser tan negativo! Todos hacen lo mismo, les funciona y les va mejor.

Es cierto que las cosas van mejor, pero para quiénes exactamente. Me preguntaba eso, y la verdad que hasta hoy no sé muy bien qué ni cómo responder, más aún cuando me enseñaron que las decisiones las debo tomar yo solo o con algunos invitados, porque el resto solo sabe vivir su día a día.

A lo mejor es así como finalmente he aprendido que nosotros, seres humanos –algunos con más libertades que otros– también funcionamos asincrónicos a los planes que tienen los demás cerca de nosotros.

Es entonces cuando prefiero que esto que empezaron a leer no sea precisamente eso: nuevamente un plan, un interés sincronizado, un objetivo, un supuesto desde mi certeza que se aplique a como dé lugar donde nadie lo pidió. ¡No! y basta de creer que lo bueno para uno es siempre y necesariamente bueno para todos los demás.

Quiero que esto sea primero solo un cuento maravilloso sobre cómo aprender de nosotros mismos, personas con costumbres tan peculiares que vivimos y existimos por esta región sureña, exótica y pobre del mundo.

Necesitamos hacer un gran esfuerzo para vernos a nosotros mismos como los personajes afortunados en este fabuloso cuento económico que contiene historias de esfuerzos y sacrificios ajenos para avanzar, o tal vez solo para sobrevivir en el día a día.

Algunos de los que leyeron el borrador de este libro me dijeron que no creen que todo esto que expongo sea solo una cuestión latinoamericana. Sin duda, somos muy parecidos a parte de Europa, nuestro origen: Portugal, España, Italia, Grecia, y podría seguir citando a otros países cercanos muy parecidos a nosotros, o nosotros a ellos. También ocurre en el primer mundo.

Volviendo a nuestra región y no obstante a nuestros ancestros, también hemos heredado un continente maravilloso y muy rico en saberes autóctonos, y esto también desde sacrificios injustos y silenciosos que sospecho ni siquiera hemos podido conocer y menos *sentir*.

Es casi costumbre, desde nuestros orígenes coloniales, el poco esfuerzo por *ser* y *vincularnos* con los demás. Y parece que esto es lo que ha permitido solo minúsculos avances en términos humanos para una mayoría que no existe en los planes más que como componente auditable, resultado de entrevistas previas o posteriores, todo online.

Así comprendimos el trabajo, el esfuerzo, los empleos, los salarios, y entonces insistimos de la misma forma porque hoy creemos que todo lo que hacemos es muy bueno, justo y económicamente bienintencionado para otras y otros.

¿Acaso vos hablarías con la verdad así tan rápido y expresarías lo que sentís en una reunión que no pediste o en una en que te convencieron para tenerla? Por ejemplo, una encuesta de satisfacción estructurada con personas que entrevistan y que vos nunca antes viste en tu vida, que traen en sus manos formularios que completar y en el cuello tienen gafetes colgados, todos vestidos de forma similar y con un mismo discurso, que dan vueltas y vueltas porque desean saber más de vos y tus preferencias.

Y... sinceramente, yo no lo haría. Algunos hombres o mujeres presos como dueños de su libertad me dijeron:

«Cada uno responde lo que puede y quiere, pero al menos hacemos algo y todo ocurre a la par de una carrera por la innovación que también urge y que debemos acompañar; al menos eso dictan las culturas lejanas a la nuestra, y se dice que ellos están mucho más avanzados en este planeta. Hay que seguir intentando. Yo administro prioridades, urgencias. No me pidas que haga magia. ¡Fuerza!»

Tal vez por eso mismo será que cuando las empresas y/o gobiernos necesitan organizar, reconstruir y cambiar sus peculiares circunstancias –como la no-calidad, la Educación, la no seguridad, la no justicia, la poca infraestructura, la no vivienda, la no paz– siempre prefieren los discursos foráneos y mejor si son de Europa o de América del Norte, en lugar de optar por los nuestros. Sí, hacerlo desde nuestro propio saber comunitario nativo, resultado de la historia de nuestras propias consecuencias por acción u omisión de siglos y siglos, pero también honrándonos en el proceso.

Sinceramente creo que mucho tiene que ver con intentar formas distintas de *relacionarnos* en nuestro mundo mercantil, laboral y político partidario también. Yo creo que nuestras relaciones son una muy buena alternativa para empezar inmediatamente algo completamente distinto.

Sigamos las empresas con lo de siempre. Es decir, creando nuevas y reales fórmulas locales de progreso, con efecto nacional, desde la inventiva privada con emprendedores y con orgullosos inversionistas generando más empleos y sucursales, pero por favor que esta vez todo apunte a lograr nuevos vínculos laborales en esos lugares.

¿Cómo me siento trabajando desde hace quince años con el mismo salario, el mínimo vigente en mi país?
Señor Christian, decime vos cómo puedo construir con estos sentimientos nuevos esfuerzos. ¿Tengo verdaderas posibilidades al alcance de mis manos, cuando en ningún lado dice de qué forma esto está organizado para que yo pueda influir en mi salario?

Aprendamos a ser pacientes con el nuevo desafío de dejar como una consecuencia al crecimiento (que seguro ocurrirá, así como ocurrirá con nuestra incipiente democracia). Ambos son únicamente los medios que buscan transparentar el proceso hacia algo mucho más grande: un Desarrollo más justo.

Desarrollarnos con equidad. ¿Cómo lo hacemos? Oportunidades para comunidades que se autodeterminan podría ser una buena posibilidad, un buen comienzo, planificando con la participación de todos.

Necesitamos urgente dejar de ser eternamente un país en vías de desarrollo *for export* y blanco de mejores fondos (no reembolsables), porque ya no somos dictadura: hoy, sí podemos decidir y desarrollarnos por nosotros mismos, ¿o aún no?

Señor, ya que está comentando de la democracia, yo diría que en las seis empresas donde antes trabajé me trataron bastante parecido a la dictadura de Stroessner, y eso que hace rato supuestamente se acabó la dictadura en el Paraguay. ¿Cómo explica eso?

Les aseguro que todo lo que necesitamos para este nuevo origen que propongo está justo a nuestro lado. No necesitamos traer nada de afuera, y menos a nuevos y costosos anfitriones para los procesos. Pero eso sí, requiere de una enorme capacidad para generar más preguntas que respuestas. O empezar con lo inusual, tal vez pedir disculpas in situ.

¿Pedir disculpas? Pero si nosotros no hicimos daño a nadie, no lastimamos. Nosotros generamos progreso y yo me confieso cada dos meses, pido perdón por mis actos, y además soy parte de un movimiento apostólico y romano.

Desde el confort de nuestra vida han transcurrido siglos en Latinoamérica y lamentablemente hemos desperdiciado todo ese tiempo y recursos sin siquiera haber reflexionado sobre ello.

Y aquí necesito hacer visible algo de nuestro origen, pero tomándolo con pinzas, pues conocidos míos españoles me han refutado apasionados: los latinoamericanos jamás hemos sido orientados ni entrenados para aprender a co-construir con quienes convivimos, y más aún cuando ellos (los demás) son distintos a nosotros. Hasta hoy, nadie lo siente necesario y por eso no ocurre, menos desde que fuimos conquistados hace quinientos años.

Imaginen este simple pero profundo ejemplo: muchos crecimos en nuestros hogares, cerca de personas importantes para nosotros, seres generalmente femeninos en quienes adultos y padres depositamos lo más valioso que tenemos: nuestros hijos y su Educación. Me refiero al servicio doméstico que, a pesar de todo y por alguna extraña razón, no comparte con nosotros la misma mesa, aunque todos los domingos vamos a misa a escuchar sobre uno de los más grandes transgresores de las tradiciones sociales a la hora de compartir: Jesús de Nazareth, quien justamente compartía la mesa incluso con ladrones, prostitutas y leprosos.

Creo que, como ejemplo vulgar, esta costumbre familiar latina –pero también de muchas otras culturas– basta para delatar a esta región entera por su desatención con la inclusión social-humana, que creo es precisamente lo que ha venido restando y discriminando por siglos nuestro origen, nuestros pueblos y su gente, colocando un claro ingrediente negativo que nadie pidió sobre nosotros y nuestras tontas reglas de convivencia, que trascienden todo, lo laboral también, y hoy más que nunca.

Así es como se nos ha venido insistiendo por siglos, desde modelos externos que invadieron lo único que tenemos. Por eso, hoy pienso que los latinoamericanos hemos aprendido a convivir únicamente con los que son bien parecidos a nosotros. Para todo lo demás existe solo una coexistencia sensata, amorosa y bienintencionada, aún cuando muchísimos de ellos representen y cuiden nuestros intereses; por ejemplo, las mujeres del servicio doméstico o nuestras mismas empleadas y empleados en la empresa.

Como dice Humberto Maturana, somos seres especialmente emocionales que, en el mejor de los casos, hemos aprendido a utilizar la razón (desde causas y motivos preferidos) para justificar, sostener o defender nuestras reacciones, emociones, sentimientos y preferencias de vida.

Hoy queda más que demostrado para mí que lo que sentimos tiene el mismo peso que lo que decimos, o incluso más, pero no somos aún capaces de aceptarlo totalmente en la economía, los libres mercados, y menos desde los puestos de mando de la función pública.

Creo que la economía –con la calidad de sus empleos– da cuenta de nuestros entendimientos y atraso en esta región, y en varios sentidos. Esto representa, sin embargo, enormes posibilidades, pero que las organizaciones desaprovechamos al insistir en solucionar todo para el mercado, los clientes y el progreso de las sociedades.

Parece que siempre estamos viendo hacia afuera, sin mirar primero hacia adentro: sigo con la inercia de las decisiones que tomaron otros mucho antes que yo, en función de experiencias que alguna vez habrán calificado de exitosas, pero que hoy no podrían resistir un solo análisis de *bienestar humano*.

Veo a nuestro modelo actual obsoleto, totalmente desfasado con el *sentir* ajeno. Así vienen conviviendo nuestras razones financieras del Empleo y la Economía, tan dispares de las *emociones laborales* que hacen y guían a las personas en sus puestos de trabajo.

Fulano, sos un malagradecido. Se te dio todo y nos dejás de un día para el otro.
¿Cómo podés avisarnos hoy que desde mañana ya trabajarás en otro lugar? Te
pido perdón, pero retirate de mi oficina, ahora. ¡Desagradecido!

No tengo dudas de lo que siento, pues veo perfectamente cómo nos está yendo con el desarrollo ajeno; tampoco sé cómo hacerlo perfecto, pero no me cabe la menor duda de que cada vez se vuelve más urgente iniciar procesos imperfectos, pero más humanos que técnicos.

Y miren que han pasado ya doscientos once años de nuestra independencia, pero parece que seguimos igual que en los tiempos de dominados y dominantes. A lo mejor por eso nuestro continente sigue siendo un destino tan exótico para muchos europeos, quienes en sus genes siguen buscando tierras cordiales y benevolentes que conquistar y apalabrar, como lo hicieron sus ancestros exploradores; aunque he visto que hoy prefieren callar habiendo huido de su democracia imperfecta también.

Pero son doscientos años ya, ¿qué hemos estado haciendo en todo este tiempo?
La verdad que me hacés pensar. Fijate que hace poquito el mismísimo exrey
Juan Carlos II decidió huir de España, ¿te enteraste? Sin avisar nada se fue.

De que algo venimos haciendo muy mal ya no me cabe ninguna duda, y es cuando más terco me pongo para sostener mi forma particular de aproximarme a nuestra realidad de país y región, y opinar sobre un rey.

¿Viste, Christian? Vos querés tener la razón.

Para mí, el desafío que tenemos de enfrentar esto que no nos gusta está más en nosotros –y en nuestros propios e íntimos micromomentos de coexistencia diaria con los demás habitantes de nuestra tierra, empresa, oficina, mesa de trabajo– que en colosales programas de inclusión programada, organizados desde enormes pactos y planes para el bienestar, desarrollo, innovación y crecimiento con integración regional, y patrocinados por galácticos organismos y agendas multilaterales, por supuesto con la buena fe de todos ellos y nosotros.

Un ejemplo de acuerdo con las mejores buenas intenciones y proyecciones de bien (futuro): como industrial, para mí el MERCOSUR fue una gran esperanza, pero exportar productos impresos a nuestros vecinos Brasil y Argentina sigue siendo una hazaña.

¿CÓMO SERÍA PARA VOS CONVERSAR DESDE LA RESPONSABILIDAD Y NO LA CULPA?

¿QUÉ TAN INUSUALES SON TUS CONVERSACIONES CON GENTE A QUIEN CONOCES?

Los genes educan

Parece que lo que ocurre es que nuestros sueños y estrategias apuntan demasiado lejos, y entonces no estamos para ver a los que nos necesitan justo a su lado. Son realmente muchas las personas con las que nos relacionamos diariamente para construir cosas y sueños en nuestra vida. No prestamos mucha atención a que todo lo hacemos siempre junto a otras y otros, y, aun así, esto de necesitarnos mutuamente para convivir, colaborar para avanzar –reconociendo que entonces las diferencias nos hacen útiles– es algo que los métodos, estándares y formas preestablecidas anulan.

Para mí es urgente generar espacios para aprender esto por nosotros mismos, in situ junto a esas personas. Y a esto lo considero hoy de lo más importante para los desafíos en la vida profesional.

En este sentido, al re-preguntarme sobre tantos tecnicismos y costumbres laborales que me guiaban descubrí otras cosas, hoy valiosas para mí. Sinceramente, no sabía la cantidad de circunstancias humanas que se generan desde los vínculos que producimos diariamente mientras trabajamos. Casi siempre todo nos delata como los seres humanos emocionales que somos.

Me puse a investigar, y así me toca reconocer lo poco que sabía sobre nuestra propia naturaleza *relacional*, nuestra esencia de seres sociales; sí, esto de que las personas también *lo hacemos* en la relación con otras personas y que es incluso parte de nuestro funcionamiento biológico.

Recién ahora –y precisamente con estos nuevos saberes– puedo sentir distinto y entonces reacciono más cuidadoso cuando veo cosas que no quiero para mi vida y mi trabajo, o para nuestros clientes. Naturalmente estas existen igual, y precisamente por eso hoy me relaciono primero con el contexto, la persona en su quehacer laboral inmediato y todas las posibilidades que devienen, y con lo que no me gusta también; ya no más las aproximaciones acompañadas de estandarizaciones que solo saben cuantificar, cualificar y pronunciarse desde lugares preestablecidos muy arriba.

Ahora conozco un poco mejor algo fundamental en la conducta humana: todos somos seres 100% biológicos (genes) pero también 100% sociales (experiencias).

¿Cómo 100% y 100%? Eso da 200% en un mismo total. Sería, en todo caso, 50% biológicos y 50% sociales.

Matemáticamente sí, pero para mí esto no puede ser 50 y 50. Esto es más fuerte que un cálculo meramente racional, y por eso creo que es 100% y 100%. Somos 100% genética y 100% experiencia, y la última activa, influye y determina a la primera.

En un encuentro al que asistí una vez presentaron el gen humano como candados. Y a nuestras experiencias con otras personas –el convivir desde que nacemos– como las llaves que van abriendo esos candados. En otras palabras, activan el gen; y así es como los acontecimientos y nuestras circunstancias de vida también construyen nuestro espíritu, sensaciones, preferencias, carácter, personalidad, experiencias, miedos y muchísimo más; lo positivo pero también lo dificultoso para cada uno.

Sencillamente, la potencia de una experiencia relacional es incalculable en la vida humana, y la capacidad intrínseca del gen en nuestra evolución hace que el resultado tenga para mí que superar el 100%. Como ingeniero que soy, nunca nadie me explicó esto, y antes lo habría rechazado, pues matemáticamente no es racional, y menos lógico.

Lo que debemos llevarnos de este mensaje es que esta compleja relación del gen y las experiencias humanas puede ser maravillosamente virtuosa o complejamente viciosa, y nosotros, portadores, jamás darnos cuenta.

Cualquiera se da cuenta cuando alguien es malo, egoísta y no piensa en el otro; por ejemplo, una madre que envía a sus hijos a pedir limosna o los abandona para ser adoptados. Por favor, te pido, aceptá que sos compasivo y que querés justificar la maldad de los demás.

No niego que haya personas que aprovechan sus circunstancias en detrimento de otras. Que las hay, las hay. Pero así como ellas y ellos pueden ser vivarachos, sospecho que todos de alguna forma aprovechamos las oportunidades que se nos presentan, y cada uno lo hace como puede.

Hasta el momento en que la persona puede decidir libremente, no escapa a *ser* el resultado de sus propias experiencias desde el día que nació.

Y, atención, que esta historia de activaciones puede tener para muchas personas su origen en procesos de disfrute y, en otros, sufrimientos para existir. Y como dato les comparto que en el informe del ejercicio 2020 de un organismo multilateral y mundial decía que, hoy día, uno de cada dos niños en el mundo es maltratado en cualquiera de sus formas.

¡Atención! No sé si se percataron de lo que acaban de leer: sea a través de internet, en la guardería o en el mismo hogar, el 50% de los niños del mundo están siendo maltratados. Ahora díganme ustedes, ¿qué tipo de experiencias están activando cuáles genes?, y estos a su vez ¿qué emociones y sentires en el 50% de los niños en el mundo? Y con ese antecedente en sus historias, ¿cuántas de estas niñas y niños sentirán culpa o vergüenza más adelante en sus vidas, cuando no deberían? ¿Qué cicatrices invisibles y profundas dejan este tipo de experiencias en las personas a tan corta edad?

¿Ves que las estadísticas no son subjetivas y que hasta vos las usás? ¿Te das cuenta?

Podemos leer y sentirnos íntimamente, pero seguir adelante como gallinas involucradas, sin detenernos y haciendo cosas y cosas para solucionar. Otra posibilidad sería leer la misma estadística, inquietarnos e inmediatamente buscar formas distintas de entenderla, comprenderla con otros. Podemos recrearla en la comunidad más cercana a nosotros –como la laboral– de una forma más humanitaria: compartir esa misma noticia pero desde un lugar distinto esta vez pensando entre todos (colaboradores, jefes, gerentes, proveedores, vecinos) de qué manera nuestra actual *convivencia laboral* y relación mercantil dan cuenta de un no a la violencia.

Pero Christian, nosotros no tenemos niños contratados. O sea, trabajo infantil no promovemos, entonces creo que no somos nada violentos.

No niego las estadísticas, pero más allá de lo que estas dicen, nosotros adultos podemos primero conversar al respecto, escuchar y, por sobre todo, comprender con otros lo que está ocurriendo desde las responsabilidades de cada uno y no tomarlas solamente como objetos y herramientas informativas. Ojo, creo en las estadísticas, pero no me cabe ninguna duda de que las podemos usar de modos muy distintos.

La posibilidad de una comprensión diferente de los datos de una estadística nos muestra que hay otras formas de disparar sus temas; por ejemplo, la realidad de la violencia en la sociedad (doméstica), y por consiguiente en la empresa o en el aula de un colegio.

Pero estamos leyendo sobre violencia infantil y vos mezclás con violencia laboral. Sos un desastre, en serio buscás la quinta pata al gato. Violencia en la empresa no tenemos, y punto.

Sí, hemos empezado leyendo sobre la violencia infantil, pero esta también puede encender, disparar conversaciones sobre todas las formas de violencia empresarial y de mercado: recordemos la imagen. Así podemos buscar nuevos compromisos con las oportunidades de conversación que brinda el Empleo para hacer frente a la violencia afuera pero también dentro de las empresas.

Volviendo al tema de nuestros genes, esto de que funcionamos como seres según los contextos, relaciones y las conductas de las personas cerca de nosotros ocurre para mí en función de dos de los tres periodos de tiempo en nuestra vida: nuestro sellado pasado y nuestro amplio presente. Al futuro lo dejaremos para más adelante.

Ciertamente, para algunas personas su presente puede ser distinto, expedito, y entonces tal vez sea la gran oportunidad de compensar, arreglar, superar su pasado marcado por maltratos, inseguridad y otros bemoles. En (casos) «presentes» como estos, la oportunidad que se vive es positiva y lleva a la persona a fortalecerse con el desafío que, repito, puede o no ofrecerle la vida; algo así como resiliencia.

Para estos casos ayuda mucho un espacio de reflexión. Ahora se le llama así, pues es un lugar muy personal, donde vos con el psicólogo podés abrir espacios para compartir cuestiones que te afectan profundamente y no tenés con quién compartir. Pero creo que vos ya sabés de esto, pues por años fuiste al psicólogo.

Así es. Reconocer que uno necesita ayuda fue y será siempre útil y también necesario. Por ejemplo, un joven trabajador que fue abandonado por su propia madre para ir a trabajar a España podría, con ayuda, desaprender la historia de abandono –nada positiva para él– inculcada por su madre. Mientras tanto, para un gerente como yo, el antecedente ni siquiera existe en mis reuniones de trabajo con esta persona, y entonces le recrimino irresponsabilidad; en otras palabras, abandono a sus funciones laborales.

Pero la mamá se fue para trabajar, no para vagar. El hijo no puede juzgar a su mamá y afirmar que lo abandonó.
Pero ahora que dije esto, me escuché a mí mismo, y sin darme cuenta estoy juzgando el sentimiento del hijo, del que ni idea tengo. Tal vez, el joven ya construyó su propia idea sobre la responsabilidad con los demás. Sabemos de muchas madres que no supieron cómo hablar con sus hijos de su partida obligada a España.

¿De qué manera se fue de la casa esa mamá? ¿Qué dijo al irse? ¿Qué hay del padre? ¿Quedó el joven al cuidado de personas que él prefería? ¿Le compartieron algunas de todas las decisiones tomadas por y para él, y en tan delicado momento? ¿Se despidió la madre personalmente o la abuela tuvo que mentir por algunos meses o años, sin siquiera estar de acuerdo?

Atención, porque aquí viene lo maravilloso: más adelante en su vida, este mismo joven podría conectarse con otras y mejores circunstancias, gracias a los nuevos lugares de relacionamiento que irá teniendo en su vivir con otros; por ejemplo, en el empleo, siendo valorado como persona, desde el valor que le dan a su tiempo, el que él invierte para hacer lo que le gusta: trabajar y esforzarse buscando su desarrollo para superarse a sí mismo, y tal vez sacarse la espina por el abandono de su madre.

Y eso ¿cómo lo podemos gestionar ya que no somos psicólogos? Vos entendés que somos empresas, no fundaciones, ¿verdad?

Cuando este joven obtenga su primer empleo, tal vez solo trabaje para superar su situación económica. O a lo mejor inconscientemente también podría estar buscando ser valorado como persona, ya que su madre no lo hizo con él, por la necesidad de trabajar y otras cuestiones. Aquí les estoy compartiendo otra forma de ser resiliente, intentar salir adelante solo, algo que también se aprende y, como vemos, su puesto de trabajo y su jefe podrán ser de enorme ayuda para él: orientadores, contenedores afectivos en su delicada juventud. Ambas cuestiones pueden aportar muchísimo a su vida.

Ahora entiendo. Pero sinceramente lo que pedís es muy complejo. ¿Quién va a estar con todas estas cuestiones en las empresas y los puestos de trabajo? ¿Qué jefe o dueño te va a dejar hacer esto? Dejate de macanas.

Esto de tener la capacidad de sobreponerse a períodos de dolor emocional y situaciones adversas en la vida no es tan sencillo de aprender, pues también he visto con mis propios ojos que para muchos adultos su pasado fue demasiado fácil o tremendamente arrollador, y entonces hoy su presente lamentablemente ya está sometido, enredando totalmente su vivir laboral y social, incluso publicando con ansiedad todo en las redes sociales. Probablemente ya no tengamos acceso sencillo al pasado, y menos con la ayuda de un terapeuta, pues para muchos al psicólogo van solamente los locos.

Hijo, sos muy joven para ir al psicólogo. ¿Qué problemas podés tener vos con 19 años? Yo tengo 55 años y nunca fui.

Y así, miles de presentes y pasados conforman hoy los hilos conductores de muchos *modus vivendi* y *operandi* que nosotros juzgamos, mientras las personas trabajan forzadas, estudian presionadas y así luego pedimos que vivan y produzcan para el Paraguay que se desarrolla.

Algunos han elegido inconscientemente desde las preferencias de sus mayores y otros, como resultado del destino por el simple lugar donde nacieron. No sabemos mucho de esto, y entonces seguimos insistiendo y juzgando a ellas y ellos como los culpables e irresponsables. Y las acostumbradas etiquetas sirven aquí de mucho para explicar lo que solo se puede comprender junto a ellos: la pobreza, la ignorancia, la haraganería, la irresponsabilidad casi genética, la inutilidad o las ideologías. Cada una de estas preferencias explican algo a cada uno así como lo prefiere escuchar.

Fue increíble cómo, incluso escribiendo este libro, me quedó más claro que mucho de esto y aquello que voy relatando está muy conectado con mi ser empresario y la generación de abundantes puestos de trabajo.

Para mí, esto que venimos haciendo es mucho más que lograr hacer buenos negocios o ser la mejor opción para generar Valor Agregado, acompañando con nuestra responsabilidad que quiere ser social desde la empresa, la RSE. Y siento la necesidad de escribir así sin medias tintas, porque formo parte de una minoría con enormes posibilidades en este continente. Para bien o para mal, mi modus vivendi desde que nací –con mi biología y mis relaciones– ha contribuido más a promover mi bienestar que a perjudicarme, pues quiera o no, mi contexto –con sus privilegios y relaciones– ha forjado buenas oportunidades para mi vida.

Sin embargo, para otros –que son la mayoría en esta región–, la suerte no es ni por asomo parecida a la mía. Con ellos, creo, no tenemos cercanía ni conexiones más que las estrictamente laborales: nada sé de la intimidad de ellos en función de mis intereses económicos.

Cuidado con creer que porque un trabajador nos comparte sus cuestiones particulares, las relaciones en nuestra organización van por el mejor camino.

Justamente te iba a decir eso. Tu tema llega tarde para mí. Nosotros hace rato tenemos muy buenas relaciones con la gente en nuestra empresa. Nada nuevo lo que me contás.

Suficientes experiencias en la *convivencia* de las personas –como el del joven y su madre que escapó a trabajar a España– no están aportando herramientas para los contextos productivos junto a nosotros, y no los conocemos.

La falta de paz y la inseguridad en los empleos son cuestiones muy presentes en el mercado laboral latinoamericano. Imaginen trabajar diariamente sin saber qué será de nosotros en una semana, un mes o un año. Parece que negamos el futuro de otros cuando al nuestro lo cuidamos.

¿Qué? ¿Paz en el empleo? O sea que para vos las empresas no tenemos paz, ¿eso insinuás? ¿De qué estás hablando? Vos mezclás todo. Ya sé a qué te estás refiriendo y te digo: que nuestra empresa tenga como costumbre despedir a los empleados antes de cumplir los diez años nada tiene que ver con confianza o falta de compromiso con ellos. Yo estoy hace ya más de quince años, pero soy gerente, de confianza de los accionistas, por eso sigo acá; bueno, de uno de ellos, tampoco pidas Disneylandia. Son políticas. Bueno, son imposiciones, te reconozco.

El sosiego, la confianza y el valor que tiene una vida tranquila –y que experimenta una persona cuando se encuentra entregando a la economía y a la empresa ese tiempo trabajando– es incalculable. Y cuando este trabajo se remunera de forma buena y justa, su significado mejora, porque no todo es dinero en esta relación.

La vida de un trabajador se diluye en actividades económicamente sociales o socialmente económicas. Yo las defino así. Y ambas significan muchísimo más que el cumplimiento de algún contrato laboral (económicamente social) o visitar un parque con la familia (socialmente económico).

Debido a la precisión con que algunos me estarán leyendo –porque este tema así relatado es muy delicado e invita a lo inusual–, prefiero ser más claro con el significado que para mí tiene esto de socialmente económico o viceversa: considero que lo económico (el Empleo) necesita urgentemente ser una extensión virtuosa en la vida de las personas, tal cual hoy ocurre con las actividades extralaborales y «elegidas» por las personas en sus comunidades.

Una muy simple ecuación –pero que nos cuesta imaginar en los demás– es la de aceptar que el día tiene veinticuatro horas. Trabajamos ocho horas, dormimos ocho horas y querríamos dedicar las ocho horas restantes a aquello que consideramos importante para nosotros y nuestra íntima política con la economía. Pero esta es apenas una forma de expresar lo que podemos repensar con el empleo y lo social de cada uno.

Necesitamos sintetizar lo económico con lo social desde un nuevo enfoque con compromisos que apuntan a re-considerar «lo relacional» en los puestos de trabajo. Ya no gestionar al por mayor, como un simple criterio generalizado que demuestra crecimiento y buenas intenciones patronales. El resto de todo lo social que cada empleado tiene y construye (desea) en su vida será de otra índole y eso cada uno deberá ver por su cuenta. Nosotros podemos ser muy buenos ejemplos para el cometido: activando estas formas, participando del proceso.

Pero no sucede tan así y menos naturalmente: lo económico va por un lado y lo *social-personal* (en lo económico) va por otro. Y es exactamente entonces cuando el modelo actual habilita la posibilidad de gestionar como algo altruista y amoroso, algo innovador y romántico, cuando en verdad es una sola cosa, una «relación circunstancialmente laboral», una necesidad básica del ser humano, nada más. Pero ya existen formas y formas de hacer esto que leyeron, incluso como certificaciones internacionales que luego se publican en etiquetas y otras presentaciones de productos y servicios.

Creo que ahora cada uno puede atisbar por dónde va la mano y cómo esto no puede comprobarse y demostrarse tan fácil, con formas y métodos pensados por otros y menos cuando los empleados nos comparten solamente aquello que prefieren, porque no les es embarazoso.

Teníamos –y naturalmente seguimos teniendo en nuestra organización– a muchas personas trabajando desde la *culpa*, el *miedo* y la *vergüenza*, sin paz, tranquilidad y sosiego. Y yo, necio y desesperado, queriendo solucionar todo sin antes re-preguntarme sobre lo que estaba ofreciendo (nuevamente) con la frente en alto y en nombre de la economía, el gremialismo empresarial, las metas del milenio, la industria nacional y un mundo mejor.

Y entonces, según tu propuesta ¿de qué depende cambiar esto? ¿Cuál es la solución?

No tengo la fórmula, pero sospecho que hay formas alternativas para aproximarnos a ella. Soluciones como tales no hay, sino (supongo) estaríamos en un lugar muy distinto del Desarrollo. En este sentido, para cientos de personas en Latinoamérica mucho depende del lugar donde han nacido. Duele decirlo, pero siento que ya es hora, pues no es culpa de nadie y sí responsabilidad de todos.

¿Queremos realmente comprendernos para coordinar nuestras responsabilidades de forma distinta?

La verdad que no lo sé. Me da miedito. Siento que podría perder cosas que tengo, de mis esfuerzos. Mejor dame un poco más de tiempo y yo te llamo. De cualquier manera, yo ya estoy colaborando en varias iniciativas sociales, así que, por ese lado, tranqui.

Esto de soportar o disfrutar según el lugar donde uno ha nacido es una característica que define muy bien a países como los nuestros en Latinoamérica; comunidades enteras en la eterna vía y transición al desarrollo.

La cantidad y la forma en que las oportunidades para el bienestar humano se ofrecen a los habitantes de los países –y de la misma forma a los empleados de una empresa– son criterios determinantes para discernir de qué manera las comunidades privilegiadas dan cuenta de la responsabilidad con que administran recursos humanos o seres humanos.

Tal vez la gestión responsable con el Desarrollo sólo podrá construirse en función de puras *relaciones humanas* y nosotros no lo sabemos. Y entonces, las oficinas de Recursos Humanos nunca serán completas, pues no somos los medios para lograr nada, sino fines en sí mismos.

Cada persona es un mundo y cada una de ellas en el rol de empleado y empleada también. Este es otro de los nuevos entendimientos fuertes en estos últimos años de mi vida empresarial. Y al repensarme –y escribiendo todo esto–, tengo esperanzas de poder contribuir proponiendo nuevas miradas que inviten a conversar este complejo contexto económico que claramente no es el más adecuado para lo que soñamos. Tal vez por eso, sin saberlo, insistimos en compartir y publicar que somos los que más cumplimos con las leyes, la Constitución Nacional y hasta consumimos lo que nosotros producimos. Pero realidades hay varias y podrían estar también en otros lugares a los que nunca hemos asistido como invitados; podemos empezar por aceptar sentarnos en espacios incómodos para ser preguntados y a quemarropa.

Señor, este es mi cuarto empleo y tengo solo 25 años. Ya que abrió este espacio de conversación tan extraño para mí y que nunca antes experimenté, como joven me animo y le digo que una y otra vez no me he sentido valorado en los empleos anteriores, pero yo necesito trabajar. ¿Qué piensa usted hacer distinto conmigo en su empresa? Y si usted es igual a los demás, ¿debo aceptar todo forzado por la necesidad que tengo?

Uff, recuerdo ese momento como si fuera hoy. El sentimiento de abandono que me compartió ese joven refuerza el modelo de asignación de oportunidades en Latinoamérica: el sistema se ordena por sí solo con el lugar donde has nacido. Es perverso, pero funciona. Fíjense en mi caso: afortunadamente y desde muy joven mi lugar de nacimiento fue el primer paso para la construcción de lo que soy hoy. Así es como el vivir de muchas personas jóvenes es ya la crónica de un sinuoso soportar anunciado y, por sobre todo, uno que luego será neciamente juzgado.

Es muy cierto que no todos nacemos con las mismas posibilidades, pero depende también de cada uno. Cada uno elige lo que desea, ¿o no es así? Cada uno tiene lo que merece. Y si no te pagan el salario que deben, tenés que denunciar en la institución correspondiente que en Paraguay se llama Ministerio de Trabajo, Empleo y Seguridad Social. Viste el nombre que tiene, ellos son los responsables de la seguridad social.

El conocido discurso de autoayuda que «si la persona quiere, puede» no es tan sencillo como me enseñaron. Hoy lo entiendo distinto y por eso es parte importante de mis ensayos y experiencias como facilitador, cuando pretendo evaluar a todos con la misma vara: todos tenemos aptitudes distintas, porque también tuvimos experiencias diferentes.

He oído a muchos conocidos –con una especie de «autoridad moral» y desde naturalmente sus propias experiencias–, acusando a los que no logran lo que deberían, alegando simplemente que son fracasados los que así desean seguir viviendo. Yo también pensaba que se trataba de un mal uso del libre albedrío o haraganería y otras etiquetas que se utilizan bastante para marcar a los «recursos» que no producen porque no son responsables con sus vidas.

Hoy tengo un poquito más claro que no todos mis privilegios tienen necesariamente una causa u origen mecánico. Mi vida tiene muchas excepciones y no precisamente desde la meritocracia. Distinto es el caso de una empresa con utilidades extraordinarias por la venta y explotación de una buenísima patente de invención, pero que para lograrlo antes ha invertido millones y millones.

Y bueno, Chrsitian, vos invertiste tu tiempo, viviste solo muy lejos de tu casa tan joven. Creo que te lo merecés también.

Para mí, el momento de confort que hoy tengo, posee más bien una lógica desde la genealogía: es algo así como la herencia de sutiles contextos (oportunidades) desde grandes esfuerzos anteriores, merecidos o regalados, no lo sé exactamente. Podría tratarse también de un modelo social –de relaciones, influencias, insinuaciones, poderes, amistades y cadenas de favores–, trazado sobre el sistema económico elegido y que opera como el único medio posible para avanzar, consensuando instituciones, organismos multilaterales y mercados.

Entonces encaja perfectamente con algo que leí hace poco sobre la meritocracia en WhatsApp. Decía así: «Tanta gente con talento sin contactos y tanta gente con contactos sin talento».

Yo creo que, lastimosamente, los genes (intenciones) sociales que alguna vez tuvo la Economía han mutado para algo no tan espectacular y justo: hoy esta ciencia no pasa de ser una leyenda divina para sus fans, que siguen siendo miles.

Se sigue creyendo que esta seductora técnica podrá solucionar casi todo, pero desde el esfuerzo y transformación de otros o algunos; una creencia verdadera y también válida en todo el mundo. Pero, en sus eternos intentos de solucionar lo que otros necesitan, el tiempo transcurre y mientras no nos pongamos de acuerdo sobre cómo repensar entre todos esto que no funciona, la suerte o la falta de esta sigue campante, definiendo al menos el patrón y modelo de familia donde millones de niños latinos nacerán, socializarán y se educarán como puedan, con las enormes diferencias que esto significará en el futuro cercano de cada uno de ellos. Sus maestros de escuela o universidad poco y nada podrán hacer con los martillos que cargan desde sus casas. Y la leyenda continúa, como dirían mis queridos amigos olimpistas.

Ya que hemos estado hablando de los efectos de socializar, trabajar y otros procesos mandatorios que acompañan el convivir humano, quiero aprovechar este capítulo para, de una forma sucinta, profundizar mejor un concepto que, diría, está manoseado por las buenas intenciones que acompañan siempre a nuestras autoridades nacionales, a nosotros empresarios y empresarias y a filántropos en general: me refiero a la palabra y concepto de Educación.

Humildemente creo que le estamos dando un uso contraproducente a esta palabra y entonces a su significado también. Pero así nos han enseñado. No tenemos palabras propias. Siempre son ideas, signos que aprendemos y luego los repetimos con otras personas: las tomamos porque ya existen así.

El uso inconveniente que le damos tiene que ver, creo, con el cometido que soñamos para ella, y que para mí es hasta perverso a nivel regional, entreverando su definición con la de otra palabra fundamental en el mismo proceso: Formación.

O sea que formar no es sinónimo de educar, ¿o si lo es?

Para mí hoy las diferencias entre los verbos *educar y formar* son enormes. El majestuoso y complejo acto de *hacernos* con otras personas se entiende también como *educar(nos)*. De hecho, se dice que a la Educación la traemos desde el hogar. Por eso, cuando observamos al niño de la imagen a continuación, creemos que le falta una buena Educación, ¿o tal vez le falte solo Formación?

Aprendí –porque así me enseñaron– a usar ambas palabras como sinónimos cuando en otras culturas –con sus tradiciones, idiomas y lenguajes respectivos– no se emplean así. Y tal vez sea precisamente por eso que en esas sociedades se construyeron contextos distintos a lo largo de los siglos, no lo digo solamente por eso, pero de alguna forma intervino. Entonces sus ciudadanos hablantes hace tiempo ya entendieron el significado de determinadas palabras –claves para el desarrollo–, de formas muy distintas a nosotros, hispanohablantes.

Vale aquí la pena mencionar que nuestro cerebro comprende el significado de una palabra a partir del significado generalizado que tenemos del concepto detrás de la palabra. Entonces el concepto, uno convenientemente generalizado, es el único que garantiza pleno entendimiento y/o comprensión. En sus escritos sobre Educación, León Tolstoi dice que la dificultad que los niños tienen a menudo para aprender una palabra nueva no se debe a su sonido, sino al concepto al que la palabra se refiere: «Casi siempre hay una palabra cuando el concepto ha madurado» (Tolstoi, 1903).

Por eso, para mí existen sólidas razones para sospechar respecto de lo que hoy comprendemos por Educación. No son solamente los significados, correctamente diferenciados desde las acepciones en el diccionario de la Real Academia Española, los que nos guían, sino también –y a lo mejor con mucha más incidencia– la mezcla y unión de buenas generalizaciones, convenciones y conversaciones formales e informales que tenemos o producimos diariamente sobre esta palabra, reforzadas con publicidades, discursos e informes respecto de cómo no funciona precisamente nuestra Educación.

Y te diré que funciona un desastre. Estos ministros y los maestros, un despropósito total.

Para mí, en los países de habla hispana la palabra educación asocia significados innecesarios, confundiendo a neófitos como yo. En el rigor de una conversación medianamente seria, yo creo que *formar* y *educar* deben ser tratados muy separadamente, lo antes posible.

Dicen que a modo de ejemplo basta un botón y entonces les comparto que el nombre del Ministerio de Educación en países de habla germana es distinto al que conocemos nosotros de la lengua española, castellana. En Alemania esta institución tiene el nombre de *Bundesministerium für Bildung, Wissenschaft und Forschung*, (traducido al español como Ministerio Federal para la Formación, Ciencia e Investigación).

Podré conversar –y lo he hecho– horas y horas con educadores que discutirán esto, pero tal vez insisto solamente porque tengo el entendimiento y pensamiento de un alemán al haber vivido ahí por cinco años. Y en función del uso generalizado que la lengua alemana le da a la palabra es que propongo conversar sobre nuevas posibilidades para esta palabra.

A los educadores les reconozco que cualquier proceso de Formación *educa* y también que la Educación nos forma: todos estamos de acuerdo si les digo que cuando una maestra de escuela cumple con su función de *formar* –transfiriendo conocimientos específicos, como los matemáticos, químicos, literarios y otros más–, también educa: si lo hace gritando o amorosamente, estamos siendo formados y a la vez aprendiendo que el amor o la violencia son formas para lograr objetivos.

Ahora, la pregunta clave sería: ¿De qué podemos hacer responsable a esta maestra, sabiendo que la *convivencia* del alumno por fuera del espacio y momento escolar supera con creces el tiempo en el aula que ella organiza? Entonces, estas experiencias externas a la escuela o universidad pueden perfectamente contrarrestar, compensar o, para peor, reforzar el «grito y la violencia» como formas para avanzar, y laboralmente también.

Por lo tanto, ¿dónde ocurren estos procesos tan complejos (educación y formación)?, ¿quiénes producimos permanentemente Educación? y ¿quiénes cumplen su trabajo de docentes con la Formación gratuita y universal?

Para más información aquí les comparto las acepciones, significados:

---

formación[3]: nombre femenino.

1. Acción de formar algo: *la formación de un glaciar; la formación del Estado moderno;*
2. Nivel de conocimientos que una persona posee sobre una determinada materia: *tiene una formación lingüística y literaria muy sólida, por lo que puede llegar a ser un gran filólogo. preparación;*
3. Desarrollo intelectual, afectivo, social o moral de las personas como resultado de la adquisición de enseñanzas o conocimientos: *no hay que desdeñar el papel de la escuela en la formación integral de los niños; los museos prestan una ayuda indispensable para la formación de los ciudadanos.* Educación.

---

[3] *Diccionario de la Lengua Española, RAE. Ver: https://www.rae.es/*

educación: nombre femenino.

1. Formación destinada a desarrollar la capacidad intelectual, moral y afectiva de las personas de acuerdo con la cultura y las normas de convivencia de la sociedad a la que pertenecen: *la escuela se ocupa también de la educación en valores; cursos de educación para adultos; la educación tendrá por objeto el pleno Desarrollo de la personalidad humana en el respeto a los principios democráticos de convivencia.*

2. Conjunto de disciplinas, especialmente escolares, que tienen como fin el Desarrollo del cuerpo mediante la práctica del deporte: *los niños tienen clase de educación física dos veces a la semana.*

3. Transmisión de conocimientos a una persona para que ésta adquiera una determinada formación.

4. Conjunto de habilidades o conocimientos intelectuales, culturales y morales que tiene una persona: *tiene una educación muy completa; perteneciente a una familia aristocrática, adquirió una excelente educación y sucedió a su hermano.*

Las definiciones de nuestro diccionario (Real Academia Española) colocan para mí una línea innecesariamente delgada entre los significados de formación y educación. En las acepciones de la palabra *educar*, observamos cómo se mezclan ambos significados haciéndolos sinónimos: la Educación que construye un ser humano a lo largo de su vida y la educación que promete una universidad cuando promociona sus servicios educativos en las redes sociales, periódicos y en la televisión, pero que al final son más compromisos formativos que otra cosa.

Finalmente las calificaciones son para las formación no para la Educación.

Hubiera sido fantástico que el *educarnos* no ocurriera todo el tiempo y desde el día en que nacemos. Entonces el director de una escuela o una prestigiosa universidad podría asumir la responsabilidad por la Educación de sus egresados. Esto sería realmente un pensamiento mágico y la salida perfecta de todas nuestras dificultades.

La verdad que ahora que lo compartís así yo reconozco que cuando los empresarios nos referimos a esa educación que necesita nuestro país, no nos referimos precisamente a que nuestros jóvenes sepan más de matemáticas, in-

formática o literatura hispana. No, siempre nos referimos a que como nación podamos alguna vez compartir también otros valores y costumbres que otras naciones tienen y que, parece, son los que facilitan mucho las cosas.

Vos que viviste en Alemania sabés que los alemanes son uno de los primeros en Europa, muy buenos por su disciplina, puntualidad, limpieza, organización pero también porque el suizo, finlandés, alemán, noruego te dicen lo que piensan y en la cara. Y puede ser tu jefe o compañero de trabajo, pero te dice. Y eso se aprendió desde niño y se reforzó en distintos lugares. Entonces, una escuela lo que puede, con suerte, es apenas reforzar estas conductas. Sin embargo, hablamos de educación y lo primero que queremos es opinar sobre los maestros y el Ministerio que los organiza. Qué mal apuntamos, che.

Lastimosamente debo decirles que la incidencia de nuestras casas de estudios en el «educando latinoamericano» –o de cualquier parte del mundo– fue y será siempre mínima en términos relativos, ya que nuestras transacciones con otros seres humanos y los contextos en los que convivimos son las constantes y variables que nos marcan y nos *educan* mucho antes de ingresar a una escuela, y al salir también.

Ahora bien, lo que podemos hacer las empresarias, empresarios y otros formadores de opinión con nuestra ansiedad por ayudar a organizar la vida de los demás –mejorando su Educación– es en todo caso vigilar que el Estado garantice una buena formación –actualizada a los avances de las ciencias y las nuevas tecnologías– en escuelas, colegios y universidades. Luego lo más importante es que nosotros *empresarios* y *adultos* acompañemos el proceso educacional de estos jóvenes al dar cuenta de que la disciplina, el orden, la no violencia, la transparencia, la sensación de seguridad y claridad en nuestras formas laborales refuercen lo experimentado por ellos.

Esta es la forma en que la sociedad, la empresa, la calle, un encuentro de amigos, el día a día de cada uno educa sin parar; sea como nos imaginemos acerca de los alemanes o como lastimosamente hoy viene sucediendo en mi país. Por eso creo que la Educación es otra cosa totalmente diferente a lo que nosotros tenemos aprendido, y solo sería posible organizarla y planificarla articulando innumerables instituciones, algo complejo y, creo, nunca antes visto en ningún país desde una sola institución.

Utilizo el término «innumerables» porque me refiero a todos los espacios determinantes en el proceso que *educa* al niño, un joven o un adulto. «Todas las experiencias de vida educan, incluso el dejar pegadas esquelas en una nevera (heladera) promueve comprensiones distintas del alfabetismo» (Sven Nickel, 2011).

Entonces, hasta el momento en que cualquiera de nosotros –con o sin suerte, dependiendo del lugar donde ha nacido– puede tomar el control total de su vida y entonces ser capaz de cambiar el contexto en el que se educó cuando socializaba con otros mejores o peores en su entorno, el cerebro ya ha incorporado cientos de experiencias y millones de sinapsis han sucedido; con ello, gran parte de lo bueno o malo de ese periodo de vida ha activado nuestros genes, abriendo o manteniendo cerrados algunos candados.

Y para eso se habla de educación formal e informal, ¿no sabías eso? Tarde otra vez tu aporte, Ingeniero.

Seguramente se han acordado definiciones orientadas a sostener los significados y acepciones de nuestro órgano rector, el Diccionario de la lengua española (RAE), no lo sé. Lo que sí sé, y podríamos incluso usarlo como tema de conversación respecto a las confusiones, yerros y desórdenes, es que esto ha generado en nuestras conversaciones serias y también informales cuando hablamos de una cosa (Educación) pero nos referimos a otras.

Atención, que no estoy afirmando que no podamos reescribir nuestro futuro con procesos de *convivencia* que nos eduquen distinto en nuestras propias empresas, pero para que esta posibilidad sea real, ahora sabemos un poquito mejor cómo y porqué será bastante más largo y sinuoso este recorrido que solo exige mejores maestros, escuelas y universidades, o al menos del resto nunca se habla.

¿Y qué querés? ¿Que ahora nosotros, empresarios, nos exijamos reconociendo que la mayoría de los empleos hoy no educan precisamente de la mejor forma? No seas pues tonto.

Con toda esta información parece que ya no será solo una cuestión de libre albedrío o de mejores ministros de formación (educación) en los gobiernos. Millones de personas ya están *educadas* y así programadas desde su nacimiento, con enormes dificultades para incidir –tan fácilmente– sobre el control de las variables que intervienen en sus vidas con injusticias o privilegios porque nacieron aquí y no allá.

Pensándolo bien, podríamos hacer magia y conseguir que existan instituciones que hagan el duro trabajo de educar a los jóvenes, pero entonces serán los adultos quienes tendremos que asistir a sus clases, pues somos nosotros los que determinamos la naturaleza y potencialidad de nuestras relaciones con ellos.

La Educación no está sola; influyen el poder y los privilegios. Esto no termina aquí, pues con la distribución desigual de oportunidades para el Desarrollo el legado es demasiado fuerte y profundo en Latinoamérica. Y en nuestras organizaciones empresariales naturalmente esto está presente por osmosis: me pregunto qué y cómo educamos cuando preferimos determinadas cuestiones porque otras no conocemos.

Es que sería incómodo trabajar con un travesti. No sé cómo hacerlo, pero ahora que leo todo esto siento que es muy necesario, y te juro que lo haría, pero ya no porque estuviera impuesto por una ley de inclusión.

Dar cuenta no es lo mismo que rendir cuentas. Ambas acciones se hacen en público y buscan hacernos responsables de lo que hacemos, pero «dar cuenta de algo elimina la jerarquía de aquellos a quienes se les rinde cuenta. Dar cuenta es colectivo y busca solo mejorar lo que tenemos para el bien de todos y por igual, incluyendo al que se anima a hacerlo, el que da el primer paso y lo reconoce frente a otros que pueden ser veinte, quince, tres o uno. Por ello, dar cuenta públicamente de los *haceres* en nuestra imprenta requirió de mucha valentía – y primero la mía. Me hice de fuerzas para reconocer que nunca se tiene toda la valentía que se requiere. Y yo que me jactaba de bienintencionado. Tener buenas intenciones no significa hacer lo mejor para todos.

Che, muchas gracias por tu ayuda con el pedido que hice en tu imprenta. Terminaron en tiempo récord. Por favor, quedo a tus órdenes si puedo serte útil cuando tengas dificultades con tu línea celular. Yo ahora trabajo en la empresa de telefonía Equis, pero estoy viendo de ir a la empresa Zeta, pues acá nadie te escucha, aunque somos una empresa de comunicación con varias certificaciones y galardones.

Esto de poder decir lo que pensamos y sentimos parece una tontería y más un derecho que un privilegio, pero en Latinoamérica, y desde su inequidad intrínseca y de siglos, expresar lo que preferimos cuando experimentamos actos que para una minoría son injustos, es aún –para la gran mayoría de nuestros pueblos– un desafío y un inalcanzable privilegio.

Hoy soy consciente de que estas y otras prerrogativas con las que algunos suertudos nacemos son enormes hándicaps para otros cerca de nosotros. Y, para peor, pude darme cuenta de que –sin importar el ámbito o nivel sociocultural al que pertenecemos– ocurre algo interesante: a mayor posesión de estos bendecidos privilegios, menos tiempo hay para conversarlos en detalle.

Parece que hemos preferido ser prácticos y económicos con nuestras fallas, intentando solucionarlas rápidamente y sin tanta conversación, pues a la empresa se viene (o nos vamos) a trabajar.

Hoy entiendo que fueron numerosas las dificultades mientras trabajábamos en la imprenta, instaladas en nuestra organización como parte del día a día, pasadas por alto.

Así es, ofrecer empleos es mi total confianza hacia ellos. Por favor te pido que dejes de dar vueltas con todo esto.

Era yo mismo quien no sabía construir con las personas contratadas en la empresa, pues solo sabía exigir a genes y candados no alineados. Tampoco sabía, pero hace siglos nuestros antepasados estuvieron activando nuestros genes con esto de la desconfianza en el propio «puesto de trabajo» y el efecto sobre nuestros agraciados colaboradores cuando reciben presentes como la mochila escolar o se les festeja el cumpleaños, pero saben muy bien que no confiamos del todo en ellos. Esto es íntimo y muy profundo, pues –creo– cualquiera de nosotros sabe lo que se siente cuando se desconfía pero igual te regalan algo.

¿Qué querés que haga si ellos, apenas te das la vuelta, ya se van al baño por más de treinta minutos? Son muchas personas las que trabajan acá y nuestro software nuevo está buenísimo, pero solo me avisa eso: que pasaron más de siete minutos y la persona no volvió a su puesto de desarrollo; perdón, me confundís todito; quise decir puesto de trabajo.

¿CUÁNTAS FALLAS SE EVITARÍAN
SI EN TU ORGANIZACIÓN (EMPRESA)
TUS COMPAÑEROS SE ANIMARAN A HABLAR
SOBRE LO QUE SABEN DE CÓMO MEJORAR SU TRABAJO?

NO ANIMARSE A HABLAR TIENE MÁS QUE VER CON
¿LA FORMACIÓN O LA EDUCACIÓN?

Somos complejos, no complicados

Supongo que se habrán dado cuenta –por la forma en que converso cuando escribo– de que con estas páginas no estoy haciendo otra cosa que procurar relacionarme contigo. Hoy prefiero hacerlo así: sincero y decidido, desde lo que te permita tu *ser* conmigo y luego el mío con este texto escrito. Interpretaremos muchas cuestiones probablemente distintas, lo sé, pero ambos podemos buscar saber más sobre el otro –evitando juzgarnos como primera posibilidad–, pues escribir e interpretar las páginas de este libro habrá sido solo el inicio de cada uno.

También tengo presente que hay muchas personas entusiasmadas como vos, que hace tiempo son parte de algún proyecto que quiere mejorar lo que ya tienen. Me refiero a que siempre estamos activando en comunidad y junto a personas en quienes confiamos en lo laboral o con nuestra propia familia, alguna comisión de trabajo, voluntariado, tal vez un colegiado, movimiento religioso o incluso económicamente como parte de un proyecto profesional de vida para ganar más dinero.

Y sean estos u otros los espacios donde nos permiten participar con nuestras esperanzas de un mundo mejor –con o sin los permisos o privilegios para ser parte o decidir en ellos– todos pertenecemos a sistemas de personas, comunidades que nos contienen como partes valiosas.

Estos sistemas son grandes como el mercado que contiene a las empresas, los clientes, los trabajadores, los contrabandistas, los proveedores, la evasión y tantos más. También hay villas, sectores marginados de la población o un barrio abierto –pues ahora los hay también cerrados–, o todo un pueblo o la ciudad capital de un país, todos son sistemas abiertos, pero también cerrados.

Me pareció entonces necesario ser mucho más cuidadoso con el hecho de que siempre y sin excepción soy solo un trozo o porción de algo mucho más grande en esta vida. Así, todos nosotros somos parte de estos sistemas incluyendo el económico. En este último somos un conjunto de personas con intenciones (laborales) muy distintas: industriales, maestros, personal de blanco, eternos soñadores, familias, sacerdotes, prostitutas, importadores, narcotraficantes... cada uno haciendo lo suyo a su manera y valioso para sí.

Finalmente aprendí que yo existo contenido en algo todavía más vasto; solo no represento mucho o casi nada. Paraguay en América del Sur, América del Sur en el mundo, el mundo en nuestra galaxia, y así sucesivamente.

Y, contemplando todo el panorama de esta forma –tal vez más comunitaria, inclusiva y colectiva– creo que muchos de nosotros hoy no podríamos ni por asomo asegurar conocer toda la información que describe a nuestras comunidades y nuestros hábitos en ellas. Me refiero al sector privado y su sistema económico-laboral.

Nosotros a los empresarios los vemos de distintas formas. Hay cosas buenas pero también otras muy fuertes para repetirlas aquí.

Somos una comunidad muy especial, transversal a todas las citadas anteriormente y que aglutina a muchos de nosotros con roles, poderes y privilegios bien distintos.

Sí, esto también significa hablar de la fuerte realidad de cientos de miles de personas, contenidas como nosotros en el mismo sistema laboral y económico. No somos todos exactamente iguales, pero nuestras dificultades son necesariamente parecidas. Y este modelo de vivir enlazado a la Economía, trabajando, significa de alguna forma estar también diariamente *juntos*. Sería como lo mejor que sabemos hacer (comunitariamente), con lo que nos enseñaron para *existir* en tiempo y espacio, nada más que eso.

Y así, orgulloso, *existía* yo en el propio sistema económico de mi empresa. Sinceramente mi deseo nunca fue el de anular a alguien cerca de mí, pues los empresarios somos sensatos y también convivimos al estilo de la (horrible) frase que dice: «Cada uno para sí y Dios para todos». Y bueno, quizás con esta página leída ahora al menos sabemos que el acto de existir sin deseos de anular a otros cerca de nosotros no es otra cosa que la forma más básica de *estar* con otras personas. Diría que simplemente coexistimos y es la forma más rudimentaria de vivir y trabajar, para lo cual no se necesita llegar a acuerdos con otras personas, pues realmente no convivimos, compartimos pero no nos comprendemos.

Me viene a la mente un ejemplo que, creo, ilustra esto que describís: sonrientes los gerentes, los jefes y los empleados en el festejo por el día del trabajador.

En este, mi mundo empresarial lleno de sueños, festejos y muchas personas, tenemos un «sistema» que impera y es muy particular con esto de existir junto a otros: el Mercado. Naturalmente, este conjunto de normas y procedimientos mercantiles no será necesariamente el más inclusivo, pues deviene de modelos altamente individualistas en los que nos mostraron por décadas que solo es necesario existir uno al lado del otro. Esto incluye saludar, ser simpático, regalar en fechas importantes, firmar (no) acuerdos y algunas otras cosas gratificantes y no tanto. Nadie será muy distinto al sistema que le contiene, ya que él nos educa diariamente. Dime con quién andas y te diré cómo eres.

Entonces, la famosa frase de Descartes: «Pienso, luego existo» es bien individualista. Solo necesito pensar y ya puedo existir, solo o con otros.

Somos económicamente muy complejos de entender, operando al parecer en total dicotomía, pues mientras planificamos el «desarrollo», sin saber estamos anulando a otros en el mismo intento. Pero sobre esto no se conversa jamás en voz alta, porque siempre se hizo en nombre de algo que tampoco hoy me convence pero es ley: la «sana competencia». Tal vez por eso es que primero fuimos personas buenas y sanas que procuramos sistemas empresariales saludables, pero luego nos mimetizamos con el contexto, la necesidad, la desorganización del entorno y urgidos solamente sabemos «existir» en modo automático.

Nuestras organizaciones están construidas naturalmente a nuestra semejanza y al contexto que nos rodea: espacios de encuentro formales autorizados por ley y donde peleamos sensatos «todos contra todos», porque esto además es sano.

¡Qué contradicción! ¿Qué tienen de sanas las experiencias que me compartiste sobre imprentas que en solo cinco años crecieron lo que ustedes lograron en treinta, con los correspondientes despidos y todo lo que eso significó para ustedes?

Por eso se dice que los sistemas (Empresa y Mercado) –así como nos enseñan a existir o subsistir en ellos– no son otra cosa que vivas y apasionadas prolongaciones del *ser* y *hacer* humano y empresarial. Y parece que no hay nada de qué asustarse que no sea de nosotros mismos.

Generalmente el muerto se asusta del degollado.

Probablemente esto es medio complicado de imaginar, pues cada uno estará pensando que los sistemas mercantiles fueron y son siempre así en todo el mundo. Y tal vez sí, pero hoy creo que no tiene por qué seguir siendo de este modo, más aún cuando vemos clarito que justamente de esta forma, tan poco sana, el modelo no sabe llevarnos a ningún lugar mejor. Bueno, yo aquí me estoy refiriendo al progreso y bienestar de la inmensa mayoría de seres humanos contratados en este mundo, sujetos de derecho, pero sin nosotros haber tenido jamás el tiempo para llegar a todos ellos; es decir, coordinar el progreso colectivo.

Esto me fue muy complejo de aceptar, porque yo mismo soy parte del sistema que requiere ser observado de formas distintas y, para ese sublime momento, yo seguro habré preferido salir de él; al menos eso hice muchas veces.

El observador fuera de lo observado es un viejo truco que utilizamos hasta hoy, no te hagas el desentendido. Al no estar nosotros dentro de lo que analizamos, las reflexiones para juzgar a otros se hacen mucho más sencillas. Por eso es que podemos salir tan convencidos de algunos espacios de conversación, tan satisfechos de haber cumplido la misión del bien común.

Y ya que estamos con esto de los sistemas –y todos pertenecemos a alguno de ellos–, analicémoslos solo un poco más. Un sistema complicado es, por ejemplo, un avión o una licuadora. Estos no son otra cosa que la suma de muchas partes sin vida propia que funcionan bastante bien hasta que una parte falla mecánicamente; es decir, ocurre algo que tiene una causalidad lineal (la famosa relación causa-efecto). Solucionarlo es cuestión de reparar o cambiar alguna pieza y el sistema continúa exactamente igual.

Las diferencias son enormes cuando el sistema es complejo y ya no solamente complicado, pues sus partes están bien vivas e incluso mutan y se transforman periódicamente. Cada partecita del sistema –sea una persona, un grupo de personas, una familia, un partido político o incluso el Poder Legislativo de un país– se comportará como todo buen sistema complejo: de manera impredecible, abierto a estímulos y no lineal, diferente a las funciones mecánicas del avión.

Estas son algunas de las razones por las que los componentes de los sistemas complejos suelen cambiar de opinión o hasta de creencias. Pueden modificar la forma o incluso el fondo de lo que dijeron, y es seguro que, en el contacto con otros miembros del mismo sistema –y a partir de la genuina evaluación de nuevos hechos–, se actualizarán otra vez a nuevas posturas, inadmisibles para nosotros, no para ellos.

Así, algunos se enojarán, serán felices, otros empezarán a sentir miedo, hambre o frío, algunos podrán conspirar y otros preferirán simplemente retirarse muy enojados, y no habrá jamás una sola razón mecánica que explique esto que ocurre con nosotros y ellos.

Y pensar que, sin embargo, siempre buscamos explicar mecánicamente lo que hacemos y decidimos, cuando en el fondo son nuestras preferencias, gustos y elecciones las únicas razones, pero no sabemos cómo decirlas.

Los sistemas que funcionan con personas siempre fueron muy interesantes, y el político es un ejemplo. Todos sabemos que cuando muchos individuos responden y se alinean a un mismo dogma, uno que busca hacer el bien común desde la política partidaria, las personas prefieren directamente afiliarse al sistema, al partido político que mejor les represente dentro de su propia línea de preferencias y argumentos personales, pero siempre con las explicaciones racionales que devienen exclusivamente de esas mismas preferencias.

Ocurre que estos complejos sistemas partidarios no están solos en el escenario político: se encuentran en un sistema –aún más complejo y abierto– con otros parecidos pero muy distintos; todos con ganas de hacer el bien, con buenas propuestas políticas desde sus propias creencias y movimientos de antaño. En los famosos procesos eleccionarios, suele ocurrir algo interesante con estos sistemas y por ello deseo recrearlos un poco más: todos son muy responsables con los sueños de un país mejor, incluso alineados a la voluntad y la necesidad de su gente. Conforme pasa el tiempo y el día del voto se acerca, algunos candidatos necesitan ayuda y para eso requieren llegar a acuerdos para que se vean sensatos y políticamente correctos para los votantes. No les queda otra que hacerlo de forma apresurada, pues para largos procesos de escucha los espacios y los tiempos ya no dan.

Así es. No hay mucho tiempo para conversar cuando las intenciones vienen de dogmas distintos. Entonces, no queda otra que proceder de la forma (públicamente) más correcta posible. Y así, seguramente bienintencionados, pero también llenos de otras menudas e inevitables intenciones (ocultas), historias y pasados no tan felices en sus respectivas comunidades y sistemas, todos se alinean al nuevo objetivo que es común cuando es forzado y empiezan las entrevistas y el burumbumbúm, con grandes titulares detrás: «Frente Común, Diálogo Nacional, Concertación para el Progreso» u otras denominaciones posteriores de supuestos logros colectivos.

La buena intención está, pero los procesos para comprendernos no llegan ni a empezar y entonces son profundamente incompletos. Por eso, los famosos diálogos nacionales son para mí ejemplos vivos de despropósitos del bien común.

Y desde los derechos de algunos y la falta de acuerdos con otros, los espacios son de poca escucha y las cuestiones de cada uno ya no se tratan como se debe, sino como se puede. Así todo se va complicando pero nadie lo percibe, y entonces los desafíos del diálogo nunca empiezan. Hacia afuera todo parece sencillo y fácil de solucionar para ganar las elecciones. A darle manija a esto y más adelante veremos cómo pulimos nuestros enormes desacuerdos.

Toda esta complejidad en los sistemas –que no son licuadoras ni aviones– existen en todos lados. Se da en nuestra vida, empresas, familias, grupo de asados, barrios, pueblos, ciudades y países enteros. Es obvio que no atañe únicamente a la política partidaria y sus actores políticos, aunque así quieran enseñarnos insistiendo una y otra vez por los medios de comunicación.

Lo que ocurre es que tal vez de estos casos sí nos enteramos mucho mejor, por ser temas y cosas públicas. Y es fácil creer que son solo ellos, pues son políticos de mucha experiencia quienes con sus programas de gobierno nos hacen creer que sabrán gestionar como nadie todas nuestras complejidades sociales.

Y lo más grave y perverso de esta forma es que ellos lo hacen todavía bienintencionados, convencidos desde la fundada creencia en figuras individuales, porque dicen que algunos están mejor preparados que otros; y escuchar esto de determinados candidatos jóvenes, en pleno siglo XXI, me hace llorar.

Presentan como simple lo más complejo de todo: el plan de gobierno. Y no lo digo únicamente porque los objetivos y propósitos sean difíciles de alcanzar, sino porque los procesos de escucha, los acuerdos e interpelaciones necesarios para orientarnos a todos (por igual) nunca empezaron, ni dentro ni fuera de sus partidos, y menos con quienes luego deberán negociar sus acuerdos: los funcionarios de distintas instituciones y partidos.

Yo simplemente veo que no construimos nada cuando no somos capaces de consultar a todos los involucrados, con quienes tarde o temprano necesitaremos sentarnos cara a cara para articular los procesos elegidos y requeridos.

Planificar para la diversidad de comunidades sigue siendo ciertamente un tremendo desafío político y tal vez tecnológico, pero interpelarnos primero a nosotros requiere ser distinto a lo que estamos acostumbrados.

¿Y cómo podemos hacer entonces?

Si yo supiera y lo propusiera, entonces sería más de lo mismo. Aun cuando esté lleno de buena voluntad y honestidad, las transformaciones requieren otro tipo de estadios comunes. Y en este sentido, veo triste que los mismos sistemas y sus individualidades existen como formas de propuesta en toda la región.

Es ahí cuando siento que tenemos más similitudes que nos están hundiendo que diferencias que pueden salvarnos.

En la gran mayoría de las empresas funcionan las relaciones —o sea, el tráfico de relaciones— y en las instituciones públicas me imagino ocurre lo mismo,

pues son también empresas, solo que mucho más grandes, gigantes, y cam-
bian de jefaturas y gerencias, con suerte cada cuatro años.

En la industria en la que trabajo, la hermana de mi patrón tiene sus preferi-
dos. Son dos informantes muy importantes para ella y su hermano, y a quie-
nes se les paga mucho mejor. Te pregunto, ¿qué gano yo con nuevos esfuerzos
en esa empresa?

¿Conocés eso de la famosa escoba que cuando es nueva barre bien? Yo me sien-
to esa escoba. Estoy hace solo seis meses y sinceramente ya no tengo ganas de
barrer. Solo queda enfocarse en la parte de mi vida que está antes y después
del horario de trabajo. Duele decirlo, pero así me pasa a mí. Estoy buscando
un nuevo empleo, pero no sé si será distinto.

Y así es como en todos lados hay cuestiones que no se hablan ni conversan de forma distinta. Tal vez por eso hoy «sin querer queriendo» tenemos desaprendida la noción de la necesidad de *convivir* con lo distinto; directamente todos nos negamos a la verdadera y potente posibilidad de ser la comunidad de personas que podríamos llegar a ser.

Lastimosamente y desde la pura individualidad, cada uno aprendió a defender únicamente sus derechos, inflexibles pero con la frente en alto. Lo hacemos por haber aprendido lo contrario a las reglas básicas de convivencia humana. Nunca será posible convivir en armonía sin acuerdos que contemplen/ tengan en cuenta los derechos de otros, de todos.

Y déjenme decirles que esta complejidad de la que tanto hablo empieza precisamente con nosotros mismos y en el primer y más complejo de todos los sistemas habidos y por haber sobre la tierra: nuestro cerebro.

El complejo mecanismo de este sistema vivo produce contenidos y actividades bien complejas que se traducen en conductas humanas nada transparentes y menos certeras.

Mucho de esto ocurre debido a la maravillosa capacidad que tenemos de pensar una cosa, pero luego comunicar sutilmente otra, pues no nos sentimos del todo seguros para expresar lo que verdaderamente creemos respecto del otro o la circunstancia; tal vez por miedo o vergüenza, no sabemos.

Y así hay muchísimas cosas que sentimos y que nos gobiernan. Luego aparece alguien que es amigo, jefe, gerente o un conocido que nos pide que expliquemos nuestra conducta y naturalmente no sabemos cómo hacerlo, entonces mentimos sin darnos cuenta, pues se requiere responder con alguna justificación racional y no emocional.

Desde nuestras preferencias (que serán siempre íntimas), decidimos mantener muchas cuestiones bien ocultas, pues el miedo, la culpa o la vergüenza nos determinan a hacer o no pública nuestra verdadera intención. Entonces, desesperados empezamos con el supuesto pensamiento racional, y lo hacemos para cumplir con el pedido de justificar nuestras emociones, eso que preferimos y que finalmente es lo que está por debajo o encima de todo lo que hacemos; pero atención, que todo debe parecer siempre más técnico que humano y frente al jefe en la empresa, en mi partido político o en la institución pública, ni qué decir.

Bueno, a excepción de mi espacio terapéutico con mi psicólogo una vez por semana. Ahí puedo ser yo mismo aunque, esperá un momento, creo que tampoco lo cuento todo. Qué confusión la mía.

En todos estos lugares sentimos y nos emocionamos, pero igualmente sigue siendo mejor mantener oculto mucho de lo que no estamos seguros de compartir. Y esta costumbre que tenemos los latinoamericanos de mantener las cosas solo para nosotros, evitando siempre decirnos lo que realmente valoramos, no es para nada prometedora para los sueños que todos decimos tener con otros para esta región.

Christian, cada uno tiene su historia y no podemos estar ventilando nuestras cuestiones personales. Nadie quiere ser público de la forma que vos proponés.

Es muy cierto que las historias de nuestra vida son importantes, íntimas. Y, como ustedes, yo también tengo hitos que marcaron profundamente mi vida y que, mirados en perspectiva con respecto a lo que soy y hago hoy, dan sentido a la célebre frase del filósofo francés Jean-Paul Sartre: «Somos lo que hacemos con lo que hicieron de nosotros».

Por supuesto que yo también me pregunto seguido qué hicieron conmigo para que hoy sienta lo que siento, o me emocione haciendo lo que hago, escribiendo este libro y otras cosillas que me gustan y distraen, como pasear en motocicleta o interesarme por otras formas de resistir la vida. Pero estoy seguro de que algunos a los que conozco insistirán y dirán que yo soy solo mi libre albedrío y tengo lo que merezco.

Ahora que decís, esto me resuena. O sea, me hace eco y es increíble cómo nos construye y reconstruye a cada uno de nosotros todos los días nuestro convivir con los demás, nuestro conversar y pensar nuestras ideas con otras personas. Y qué interesante también es ver cómo cada uno va respondiendo a su manera y muy íntimamente a los estímulos que sin embargo el contexto produce de la misma forma para todos.

Y sí... por eso permitirse mantener ocultas las preferencias personales no está necesariamente mal y, atención, no debemos sentirnos culpables por eso.

Yo hago públicas mi lucha contra la pobreza y mis ganas de tener un país mejor, pero tampoco me pidas que cambie mi vida por eso. Tampoco puedo hacer público que yo, sinceramente, le tengo miedo a la gente que trabaja en la calle, o que yo pienso que hay personas realmente ignorantes, de menor nivel que yo, pero no sé cómo decirlo y te juro que quiero ayudarles a todos.

Nunca he dudado de las buenas intenciones de tantos conocidos míos. Sin embargo, la cosa se pone fea y las dificultades aumentan cuando estas personas desean o se consideran líderes elegidos y preferidos porque afirman públicamente perseguir y querer enfrentar cuestiones que son colectivas, del bien común. Es ahí cuando para mí la circunstancia cambia totalmente y el ocultar cuestiones –no importa cuáles– ya no es un tema menor, al contrario.

Los seres humanos interpretamos un acontecimiento de diferentes formas y un ejemplo es el Desarrollo. Todo depende de las preferencias personales que cada uno posee y construyó a su ritmo y velocidad a lo largo de la vida.

Yo soy y siento ser un líder y quiero ayudar. Y vos mismo dijiste que primero sentimos y luego razonamos. Yo no puedo ser totalmente transparente, pero sí creo que somos la única especie en el reino animal que razona.

Qué extraña forma de razonar tenemos, ¿verdad? Y las respuestas racionales de siempre, parece, ya no son completas para seguir usándolas tan fácilmente por aquí y allá. Esto se debe a los avances en la neurociencia cognitiva, que estaría acelerando nuevas preguntas para mirar nuestros haceres racionales y los contextos en los que siempre nos emocionamos.

«Las emociones enriquecen nuestra vida mental. El estudio científico moderno de las emociones solo resultó posible una vez que estas se colocaron al mismo nivel de los demás procesos cognitivos. Desde este punto de vista, representan el marcador más básico, automático y rápido para guiar la aproximación a lo que nos gusta y el alejamiento del peligro, dolor o frustración. Por tal motivo, son consideradas como detectores de relevancia de los estímulos y los eventos, en términos de su significado para el individuo.

Asimismo, empezamos a conocer que, en la resiliencia, un concepto clave es la «reevaluación», es decir, la posibilidad de reinterpretar el sentido de los estímulos negativos con la consecuente reducción de la respuesta emocional». (Manes y Niro, 2018)[4].

En otras palabras, esto significa que podemos cambiar nuestra manera de sentirnos si cambiamos la manera en que pensamos.

Pero Christian, ¿quién te dijo que yo quiero sentirme distinto? ¡Pero! Lo único que faltaba, que toques mis sentimientos, eso no lo permitiré. Yo quiero seguir viviendo feliz, disfrutando de mi vida, viajando y ganando dinero con el sudor de mi frente y de los que trabajan para mí.

Escuché respuestas parecidas y me preguntaba a mí mismo si yo también conseguía las transformaciones que mi conducta necesitaba solo porque mi esposa me lo propuso y porque eso es lo mejor para mí: dejar de fumar, cambiar el tono de mi voz, ser puntual, ser ordenado, pensar y decir lo mismo, aumentar de peso o elegir comportarme diametralmente distinto al entorno que me rodea, opinando algo que, sabemos, nadie apoyaría.

¿Son estas tareas sencillas para nuestro cerebro? ¿Las haría yo mismo? Parece que no. Conozco a tantísima gente que ni la disciplina para hacer ejercicios diariamente tiene, y eso sería en favor exclusivo de su propia salud. Y así es como nos

---

[4] *Manes, Facundo y Niro, Mateo (2018). El cerebro del futuro. Paidós.*

pasamos exigiendo muchas cosas a otros –generalmente a los más vulnerables y débiles– solo porque determinadas teorías o sistemas lo afirman, pero cuando la transformación apunta y nos mira a nosotros, parece que el plan requiere nuevas revisiones: observar desde afuera lo observado.

Me vas a disculpar, pero yo conozco personas que lograron salir de la pobreza... No me vengas con cuentos chinos. El que se propone lo logra, lo consigue.

Seguramente los hay, pero recuerden que lastimosamente el mundo no está hecho de personas excepcionales que logran todo lo que se proponen, como Batman en sus películas, Superman o algunos pobladores originarios guaraníes que lograron un título universitario en Paraguay (a los que, incluso, ni sabemos cómo les va realmente con esos logros).

En Paraguay, Brasil, Chile, Bolivia, Guatemala y tantos otros países del mundo las comunidades están constituidas por personas con historias y realidades muy fuertes de vida. Personas con hambre, frío, falta de espacio en habitaciones donde duerme toda una familia y otros factores de estrés permanentes para el cerebro, pero procurando, con el sacrificio que ellos conocen, milímetro a milímetro, mantenerse donde están, subsistiendo con lo que saben hacer y no otra cosa.

Aunque no lo crean, estas también son formas en que las personas aprenden a *preferir* sus vidas, pues es lo que hacen desde que nacen. Y es entonces cuando no entendemos los razonamientos ajenos, que en verdad son *sentires* y *emociones* de determinadas comunidades de personas que mendigan y hacen otras cosas raras para nosotros, no para ellos.

O sea, ¿ellos prefieren arriesgarse, pasarla mal? ¿Y de dónde vienen estas marcadas diferencias? ¿Por qué algunos pueden y otros no?

Quiero nuevamente aclarar, para los que sin darse cuenta tal vez ya opinaron y entonces juzgaron sin tener toda la información, que aquí yo no estoy proponiendo justificar a nadie, menos a la pobreza o a la riqueza, ambos con sus delincuentes. No. Lo que sí estoy tratando es de hacer presente el escenario completo, pues el show tiene muchos entretelones, actores, protagonistas y productores, pero el estreno se hizo hace siglos.

Esto no es tan sencillo como identificar a la dictadura en el Paraguay hablando únicamente de Alfredo Stroessner; eso no sería del todo responsable, pero obviamente es lo más sencillo de hacer, culpándolo a él solamente.

Él es el culpable de la cultura del miedo que tenemos. Él fue el número uno en esa época, así como Hitler.

¿Un culpable con muchos responsables? Son demasiadas cosas de nuestro contexto las que determinan nuestro cerebro e influyen en él: rumores sobre torturados, maltrato y violencia familiar suelen ser incentivos de la conducta humana para que luego, de la nada, decidamos un día ser valientes y esforzarnos por alcanzar una buena y civilizada conducta social.

Otro ejemplo sería trabajar desde muy jovencito varias horas por día, mucho más que las ocho horas legales; y hacerlo sin recibir el reconocimiento por el valor de esas horas adicionales regaladas desmotiva, frustra y condena de por vida la intención que un trabajador joven tiene cuando regala motivado su esfuerzo, su vida a terceros.

El famoso uso de la violencia para *educar* también es un fuerte opresor que desincentiva, que deja cicatrices de inseguridad para toda la vida de los educados. Por eso, los encuentros familiares con conversaciones en la mesa que no suben de tono, o los espacios de diálogo en familia cada equis meses se convierten en ejemplos vivos de cómo aproximarnos al otro que piensa distinto; una buena manera que permite acuerdos que se convierten para sus miembros en ejemplos reales de lo bueno que tiene el diálogo y la convivencia familiar, a pesar de las diferencias.

También tenemos la pérdida de seres queridos, que golpea y nos replantea valores y nuestra propia existencia.

Finalmente, otro factor en las experiencias personales no tan positivas y muy comunes de un empleado en Latinoamérica es la necesidad (forzada por el contexto laboral) de aprender a resistir la soberbia, la violencia de los superiores. Esto directamente no permite convivir, sino sobrevivir en el puesto de trabajo. Así aprendemos de nuestros superiores a negar sistemáticamente el reconocer y pedir disculpas como un método para mejorar la eficiencia, la productividad en la empresa.

Este modelo autoritario instalado en Paraguay obviamente desmotiva y además hace perder toda credibilidad en la *convivencia laboral* como un espacio positivo en la vida de las personas, donde podríamos aprender tantos valores que sumarían justamente al Desarrollo Humano.

Otro caso muy autóctono son los conceptos y relatos que se eligen durante la conversación para un despido laboral injustificado y burdamente inventado, porque realmente solo faltan seis meses para que se cumpla la estabilidad laboral y es eso lo que realmente deseamos evitar.

Imaginen ahora de cuántas formas distintas esta experiencia de negociar los años de esfuerzo invita, enseña y educa a los miembros que aún siguen en esa *comunidad laboral* y que saben que tarde o temprano deberán comercializar el valor de lo que hicieron por casi diez años en esta particular organización que evidentemente prefiere involucrados y no comprometidos en sus filas.

Todo es negociable. No te hagas el santo. Esta gente vive con la billetera vacía, algún familiar enfermo y cobrar un dinero así es mejor que el préstamo rápido y fácil. Che, hablando de eso, qué muchas ofertas de préstamos recibo diariamente en el celular. Por lo visto es un negocio muy rentable.

Entonces y finalmente ser «amado y valorado» sin importar nuestra antigüedad, lo que somos o a quién debemos, nos fortalece y puede transformar todo. Y así podríamos citar centenas de macro o microsucesos cotidianos en la vida de todos nosotros que impulsarán o bien frenarán fuertemente nuestro obrar hacia algo mejor, sea que queramos una empresa más eficiente, un país más honesto, una familia más unida, bajar de peso o una nación educada distinta. Sin embargo, repito que no es tan sencillo como decir que solo es cuestión de buena gestión, obediencia, libre albedrío y actuar en consecuencia y ya todo será distinto. Para mí esto es en el mejor de los casos una opinión correcta, pero no proyecta la circunstancia completa de quienes no tienen nuestros privilegios, pues parece que el contexto que tenemos podría ser parte importante del deseo que nos mueve o consuela.

Sí. Como dijimos, el entorno (contexto) en forma de superiores y jerarquías, padres, familiares, amigos o el mismo mercado requiere ofrecer elementos positivos, que inspire con ejemplos reales, alcanzables, salvo que nuevamente seamos necios pidiendo solo excepciones excepcionales: motivarse, inspirarse, esforzarse y exigirse sin la necesidad de estímulos externos; todo un lujo.

Empieza a haber evidencia científica de que la toma de decisiones en el ser humano no es necesariamente un proceso lógico, racional. La emoción facilita en ese proceso muchas cosas. Por lo tanto, son también nuestras experiencias de vida –algunas citadas más arriba– las que nos edifican con una personalidad desde el carácter y temperamento que posee cada uno, y así tal vez como una persona y miembro fuerte o débil de alguna comunidad, colegiado, etc.

Qué introvertido es este muchacho. Ya le hablamos varias veces, pero él no cambia. Vamos a tener que despedirlo.

Sí. Las relaciones que pudimos haber tenido siendo solo entendidas desde lo que otros se imaginan de nosotros, puede ser perverso. A veces nos acusan o apuntan con el dedo como lo que ellos creen de nosotros: ignorante, raro, alemán cuadrado, creído, socialista, zurdo, ansioso, monotemático. Y así es como también todo suma o resta en la comunidad que nos está educando y conteniendo mientras socializamos, siendo acusados o promovidos desde la relación que otros construyen con nosotros.

Dependemos muchísimo de estos y otros factores socioculturales para los cimientos de nuestra Educación.

Tal vez todo esto que leen ahora les ayuda a comprender conmigo que nosotros somos seres muy complejos de aceptar a primera vista, aunque sucede lo mismo con los que conocemos hace mucho tiempo; si no díganme cuántos amigos, amigas o jefes que creímos que conocíamos muy bien, pero sin embargo, nos sorprendieron repentinamente con decisiones inauditas para nosotros, pero no para ellos.

Esto puede pasar y no podemos enojarnos por eso, ya que nuestro comportamiento es humano y funciona muchísimo más sintiendo que razonando: recuerden que nadie con el poder de elegir hace lo que no le guste, aun cuando sea lo que debe y corresponda con el instructivo; amén de que ese que no hizo lo que debía tendrá siempre la mejor justificación virtualmente racional. Las explicaciones sirven solo para el que explica.

Por otro lado están los que no son generalmente escuchados. No tienen el poder y por eso necesitan hacer lo que no les gusta, ya sea por apuro económico o por pura supervivencia; algo muy común en Latinoamérica.

¿Y cómo creen que harán lo que les pedimos?

Y aprovecho para compartir algo cortito pero profundo: ayer, veinticinco de enero de dos mil veintiuno, cargué combustible en una estación de servicio sobre la ruta PY02 de Paraguay, en el kilómetro cincuenta aproximadamente. El joven de veintitrés años que me atendió trabaja así: 24 horas los lunes; libres los martes; 24 horas los miércoles; libres los jueves, y así sucesivamente. No haré comentarios al respecto, pues me dan ganas de vomitar.

No importa si yo tengo el privilegio de elegir no hacer lo que debo o si mi circunstancia me obliga a hacer lo que no quiero, ninguno fortalece el Desarrollo. Por el contrario, esto está muy relacionado con prostituir nuestras relaciones, engendrando todo tipo de conductas inapropiadas, agresivas, respuestas innecesarias y otros eventos que hoy desaprobamos con vehemencia y siempre públicamente.

Entonces lo que me pasó, lo que sentí, lo que sufrí, me podrían estar afectando y mucho en mi puesto de trabajo. Luego puedo mirar a nuestro alrededor y tal vez comprender con otros un poquito mejor a las personas –que también sintieron su pasado y hoy les toca estar frente a mí– así como ellos son y no como yo prefiero que sean, incluso en términos productivos.

Aquí me refiero precisamente a nuestros colaboradores en el día a día del trabajo, pero también a aquellas personas que generan sus ingresos al costado de los semáforos de nuestra ciudad, o a tantos albañiles o campesinos trabajando de sol a sol. También a quienes se ofrecen a cuidar mi auto cuando estaciono, o a las personas que encontramos en la política, en las cárceles y en otro tipo de espacios donde compartimos momentos y micro-momentos, y donde tal vez oímos y vemos cosas que no elegimos.

Recordemos entonces muy bien que todas estas personas tienen también sus propias y muy legítimas historias, alegrías y heridas de vida. Nuestra identidad es un producto social-relacional construido con los años y las conclusiones que tenemos sobre quienes somos. Lo que para cada uno significa la justicia, el amor o el esfuerzo, no es resultado de un proceso individual en nuestra mente. No.

A lo mejor por eso nunca podremos ser solo personas que cumplimos tareas y responsabilidades frente al rigor de distintos sistemas que gestionan nuestras relaciones obligatorias en organizaciones productivas, mercados, lucros, salarios, certificaciones, objetivos, metas, planificaciones, matrimonios, amistades, puestos en la función pública, etcétera.

Tal vez, primero somos seres con cientos de historias y emociones vividas que llevamos no importa a dónde vayamos ni lo que queramos ser o alcanzar y, en segundo lugar, elegimos cumplir o no lo impuesto, fallando en nuestras obligaciones y expectativas que el mismo sistema al que pertenecemos coloca diariamente sobre todos nosotros y sin descanso.

Siempre alguien espera poco o mucho de cada uno de nosotros y es desde esta relación que responderemos con lo que sabemos hacer y sentir; es decir, nuestras formas preferidas de vivir.

Definitivamente, también soy fruto de mis mezcolanzas culturales y aquí están leyendo eso: andanzas de un ingeniero alemán cuadrado, de un paraguayo soñador confundido, de un apasionado por las motos, del eterno industrial incomprendido, del dueño accionista autoritario y entrometido, del convidado de piedra, del esposo y papá errante, del anfitrión sabelotodo que compartía únicamente desde sus propias creencias verdaderas en cordiales desayunos de trabajo, del gremialista empresarial con sus eternas opiniones correctas sobre el crecimiento y el desarrollo económico, del empresario con empresa familiar y, finalmente, las historias de un ciudadano educadamente postergado.

¿Cómo? Que a un humilde trabajador desconocido lo posterguen, entiendo, pero a vos, empresario importante, no te creo. Nadie te postergó a vos. Vos te postergás solo.

Sí. Más adelante compartiré testimonios inolvidables que también me construyeron en mi historia personal adulta, y en particular la del empresario apolítico con ganas de hacer mucha política fuera de la tradicional, la partidaria y que parece no resultar.

Se dice y me aseguran hasta hoy que el buen empresario siempre genera puestos de trabajo y riqueza en sus países y la región. ¿Será esta también la forma en que hemos estado haciendo política no partidaria?

En todos estos sistemas complejos tuve vicisitudes con decisiones que me llevaron más al error que a los aciertos, pero entendiendo que son estos aprendizajes y no otras victorias mecánicas las que agregaron el verdadero valor a mi vivir, me permitieron *educarme* al sutil estilo latinoamericano y hoy me llevan a escribir todo esto.

Finalmente, eligiendo hoy hacer lo que prefiero junto a otros que están obligados a hacer lo que no desean, anhelo estar compartiendo sentires y vivires.

Lo que decimos, pedimos y exigimos en estos sistemas complejos siempre dirá más de nosotros mismos que lo que hemos dicho. Cada mensaje, cada palabra, cada espacio reservado nos delata de arriba hasta abajo, ¿lo sabían?

¿QUÉ CUESTIONES CREÉS
QUE NO TIENEN UNA SOLUCIÓN RÁPIDA?

¿EN CUÁLES DE ESAS CIRCUNSTANCIAS
TE VES COMPROMETIDO
Y EN CUÁLES INVOLUCRADO?

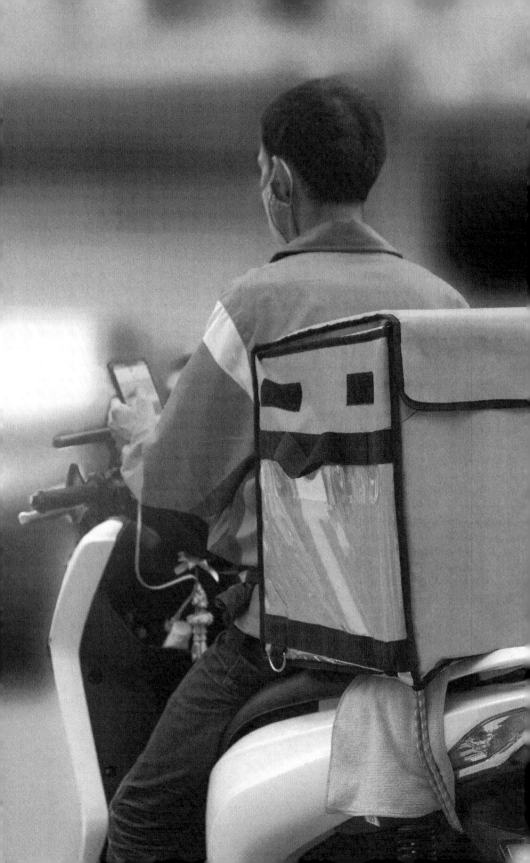

¿Existe una verdad?

¿Cuál es la verdad? ¿Y si la tuya no es la misma que la mía? Qué hacemos, ¿vale la tuya o la mía? Así fue como me llamó la atención la importancia que puede tener sentir inseguridad, dudar con otros en nuestra vida. No siempre tiene que ser algo feo o negativo el dudar, el no saber qué hacer con la verdad de otros. Esto no fue una casualidad, pues escuché sobre un filósofo de nombre Søren Kierkegaard (1813-1855).

De acuerdo con su planteo, la angustia es un disparador de otras emociones que pueden, a su vez, habilitar la toma de nuevas decisiones en nuestra vida; es decir, la incertidumbre como sentimiento intenso puede desencadenar grandes cambios en nuestras posturas e interpretaciones de la vida, lo que nos pasa, lo que no nos gusta, lo que pedimos a otros y no entendemos.

Las experiencias especialmente desagradables o las amenazas de una desgracia o peligro inminente nos obligan a reflexionar y tomar decisiones en la vida, y a veces incluso a no hacerlo.

Y si se ponen a pensar, es cierto, y tal vez es por eso que generalmente evitamos estos momentos –o a las personas que nos vinculan con estas situaciones desagradables, pero que solo conversando pueden llevarnos hacia nuevos lugares del pensamiento– porque nos enfrentan con realidades que no queremos aceptar, reconocer y menos recrear.

Las reflexiones de este filósofo son para mí sensacionales. De hecho, una de ellas me dejó muy confundido cuando la escuché. Kierkegaard postula que «la verdad es la subjetividad». Y oír esto por primera vez me enredó totalmente.

Pero, lo que dijo el filósofo este no puede ser cierto. Verdad hay una sola y debe ser objetiva. ¡Jamás puede ser subjetiva, o sea, depender de cada uno! Vos leés y escuchás todas estas cosas, y de ahí viene tu ensalada en la cabeza, que realmente ya es preocupante.

Te digo más: justamente por culpa de los que no aceptan ni entienden las explicaciones sobre las verdades que sí existen hay todas estas guerras y problemas en el mundo. La gente, es muy cabeza dura, no quiere entender.

No fue nada sencillo desagregar o desarmar esto de que la verdad es algo muy personal, muy subjetivo. Yo escuché sobre este filósofo por primera vez en un pódcast de filosofía, pero ese día no podía acompañar tan rápido las explicaciones de Darin Michael McNabb, un profesor americano que enseña Filosofía en la Universidad de Veracruz, México. Su pódcast La Fonda Filosófica es espectacular, porque aterriza la filosofía a lo cotidiano para que sea útil para todos.

Digamos que en este, mi recorrido de caminante, aprendí sobre la importancia de valorar las distintas verdades que viven las personas. Sí, hoy sé que son exclusivas de cada una de ellas. Y en este sentido de lo múltiple y diverso en la vida de todos, generalmente cometemos el grave error de juntarnos únicamente con personas que tienen las mismas creencias que nosotros; y así, el que piensa de otro modo es un traidor, un impostor e incluso el demonio encarnado.

—*Tampoco así. Cierto, no me gusta la forma de pensar que Fulanito tiene, pero no le odio por eso, te lo juro por mis hijos.*

—*Y, seguramente no, pero te cuento que se nota muy fácilmente que vos evitás toda posibilidad de pensar o hacer cosas junto a él, y no considerás nada de lo que dice.*

—*¿En serio me lo decís? ¿Eso se ve de afuera? No me daba cuenta.*

—*Eso y mucho más.*

Fíjense que ya hace mucho tiempo que este filósofo danés planteó cuestiones importantes para colaborar con esto de las verdades, las creencias, nuestras libertades y las responsabilidades de cada uno en todas ellas y, sin embargo, por aquí y por allá –y desde muy niños– nos siguen inculcando muchas cuestiones como únicas verdades que parecen simples, pasan a ser válidas para todos y luego ni se discuten.

Un ejemplo sería creer que lo que hace una persona contratada al cumplir con su instructivo de trabajo estará bien o estará mal dependiendo de cómo lo ejecute.

Y así es. Algo puede estar bien o mal. Siempre hay una forma correcta de hacer las cosas, y para eso existen los instructivos de trabajo: para hacer bien el trabajo.

Y si lo que hizo un trabajador no está bien para él porque antes nadie le consultó, ¿cómo son entonces los instructivos de trabajo: correctos o incorrectos?

¿Que avise si él tiene una forma mejor de hacerlo, decís? Aunque ahora con todo esto que me compartiste, veo que los empleados hacen lo que ellos saben con lo que pueden desde lo que vienen experimentando en el trabajo y el ambiente laboral que yo les ofrezco.

A lo mejor muchos de ellos aprendieron solos. Esa persona que hizo mal su trabajo tiene la creencia de que no está bien preguntar tantas veces al jefe, pues va a parecer un tonto y un inútil frente a él. El empleado sabe muy bien que no está cumpliendo de la mejor forma con su instructivo o función, con su trabajo, pero tiene miedo de hacerlo de otra manera, y prefiere arriesgarse.

Si Kierkegaard aún viviera y vos le compartieras lo que hoy aceptás y defendés como tu verdad objetiva y absoluta de vida, él la colocaría de cabeza, proponiéndote buscar primeramente la relación subjetiva entre la persona que expresa la verdad –por ejemplo, vos– y el vínculo que guardás con esa verdad.

El filósofo dice que las verdades son objetivamente verdaderas para quienes subjetivamente las pronuncian; por eso, no importa tanto lo que objetivamente se afirma, sino la relación que esto guarda con las historias y emociones que fortalecen el compromiso relacionado con esa, (nuestra) verdad. Entonces podría ser totalmente comprensible el defenderla a muerte, cada día más, sin oír a otros.

Si una madre sufre violencia de su esposo en el hogar y desde muy niña una de las hijas experimenta toda esa violencia hogareña, participando incluso ella misma en los episodios, más adelante y ya de adolescente, ella irá terminando de construir su propia verdad sobre los varones y la violencia en la vida de las mujeres. Luego, apenas ella descubre que tiene el control de su cuerpo y su vida, prefiere confiar más en las mujeres.

Esta es la verdad de la niña, objetiva y subjetivamente verdadera. Conociendo su historia, su verdad tiene mucho que decirnos. Sin embargo, muy seguido ocurre que una verdad puede estar perfectamente vacía y ser hasta indiferente con lo que se postula, con lo que se ve que hacemos. ¿Recuerdan esto del compromiso del chancho con el desayuno y la gallina que solamente estuvo involucrada?

Les comparto otro caso: soy un buen cristiano, cumplo con los rituales –ir a misa, desear ser ministro de eucaristía, me confieso, comulgo y mucho más– y además participo activamente en apostolados para el bien común. Y luego con la frente en alto hablo de verdaderos actos filantrópicos, pues estos salvan vidas y cambian la situación de muchas personas necesitadas, personas pobres de mi país.

Ahora bien, al buscar una relación de compromiso directo con la verdad del cristiano –como nos enseñó Jesús en la tierra– encontraremos a varios comprometidos, pero solamente con conceptos o valores como el valioso tiempo que donamos. O los recursos financieros –que incluso están expuestos al conocimiento público– cuando donamos dinero o especies, y la misma comunidad religiosa lo sabe y lo valora justamente como una muestra de aceptación de la verdad cristiana.

Ciertamente, esto es mejor que nada, y yo lo apruebo así porque también lo hice de esta forma por años. Sin embargo, es un ejemplo de una típica verdad objetiva, pero con ideas subjetivas, tal como plantea Kierkegaard.

Alguna vez habrás participado de charlas, capacitaciones, voluntariados o incluso efusivos discursos de líderes en función de las verdades que ellos prefieren, y al escucharles sentimos que esa verdad es única, real y cada vez más veraz. Pero es ahí cuando también podemos analizar la intensidad y la pasión del compromiso subjetivo del disertante con la verdad que promulga en esos lugares. Y no doy este ejemplo para juzgar a los cientos de líderes que tenemos, sino más bien para contemplarnos a nosotros mismos, mucho más críticos con nuestras verdades.

Lamentablemente, casi nunca tendremos la posibilidad de conocer todos los pormenores respecto del compromiso de las personas con sus verdades, y entonces todo aparenta ser siempre algo bueno, al menos para los que creemos todo lo que vemos o nos cuentan.

La competencia es lo mejor que existe, porque saca lo mejor de cada persona, de cada empresa, de cada sociedad. Ahora bien, si vos me preguntás sobre las consecuencias que tiene hoy la competencia en nuestro propio país, te diría que ese ya no es asunto mío. Menos aún cuando insinuás que precisamente esta forma de vivir compitiendo es lo que deja a muchos rezagados en el camino porque no tienen las herramientas para competir. Yo sinceramente ni conversar quiero contigo. Vos no valorás los esfuerzos que hacemos los empresarios.

Permitirse creer en otras formas puede ayudar a valorar distinto lo mismo de siempre. De hecho, con una perspectiva kierkegaardiana me fue mucho más sencillo comprender lo que ocurrió recientemente en el mundo con el coronavirus. Ocurre que el Covid-19 fue inmediatamente algo único y válido para todos, una sola verdad, objetiva y subjetiva.

Asimismo, sin distinciones y en casi todo el planeta se tomaron medidas extremas con poquísimas personas que se opusieron, al menos al inicio de la pandemia, allá por marzo del 2020.

Todos sabemos perfectamente bien que este virus por lejos no es el único que mata; sin embargo, repentinamente esta verdad (el virus) estaba presente literalmente en todos lados y la posibilidad de infección con él era universal: pobres y ricos, judíos y cristianos, sabiondos o ignorantes, todos podíamos contagiarnos. Y es por eso que mágicamente la verdad se volvió una sola para la gran mayoría de las personas en el mundo: subjetivamente la misma para cada uno –desde el miedo–, objetivamente mortal para todos sin distinción.

La mala noticia es que lastimosamente son excepciones los casos donde una sola verdad es tolerada de forma idéntica por todos en este mundo. Y sucede solamente cuando todos aceptamos ser idénticos (todos podemos contagiarnos sin distinción), en función del análisis subjetivo como individuos frente a la verdad.

Y que ocurra esto en otros contextos de nuestra vida es muy difícil, pero si ocurriera más seguido, gran parte de las dificultades mundiales hoy tal vez ya no existirían, pues la mayoría lo encararía de una forma coordinada, colectiva, especialmente casi todos de acuerdo, como se hizo con el Covid-19.

Imaginen ponernos todos de acuerdo con las personas que nacen y viven en condiciones extremas y ya no solo querer eliminarlos, sino desear compartir para comprender de nuevo la definición, y para colmo hacerlo unidos desde una sola verdad, objetiva y subjetiva. Tal vez de esta forma hace tiempo ya hubiéramos comprendido distinto las formas de vida que aprenden otras personas y que nosotros elegimos etiquetarles con el nombre de pobres, marginados, delincuentes, etcétera; ¿no lo creen?

Mucho se habló de los cambios a los que nos indujo este maldito virus en lo personal y laboral. Yo espero que, a partir del Covid-19, en Latinoamérica *aprendamos juntos* a valorar (nuevas) miradas que nos permitan ver más y mejor al que tengamos enfrente, y hacerlo desde nuestras propias emociones y voluntades, sin la necesidad y mala costumbre de esperar amenazas, leyes, huelgas, violencia, iniciativas sociales, imposiciones de derechos ajenos o incluso la mortalidad de un virus.

Un ejemplo que se hizo muy visible fue la vida de las personas que trabajan con sus motos, diez y más horas por día como deliverys, sin protección para sus cuerpos ni póliza de seguro ni de accidentes. Estas personas trabajan así hace años pero recién con el Covid-19 fue que esto se hizo presente gracias a las redes sociales, aunque solo por unos días. Lastimosamente, hoy todo continúa igual, salvo honrosas excepciones con empresas que lastimosamente no pueden ofrecer más empleos porque el mercado con la *sana competencia* no lo permite.

Con este libro deseo justamente reforzar y sostener miradas con enfoques productivos pero humanos, de responsabilidad colectiva, más allá de la pandemia, pero también mucho más que los de tantos movimientos con voluntariado social que ciertamente desean hacer el bien, pero como parches. Hablo de contribuir entre todos para hacer más visibles los distintos lugares donde hace tiempo justamente se confirma que también estamos haciendo daño a las personas con sus emociones y esperanzas de vida.

No me pidas estar analizando cada cosa que hago. Ciertamente cuando mis hijos piden delivery, somos parte de lo que ellos viven con las formas que ese empleo exige. Pero también es cierto que les damos trabajo al pedir comida para cenar en casa. Yo creo que vos sos muy negativo.

No somos solamente eso que nos enseñaron hasta el hartazgo: mujeres y hombres que razonan lógicamente para resolver problemas con el cumplimiento de métodos certificados, planes de algún gobierno, inversión privada u organismos multilaterales con deseos supranacionales de un planeta mejor, más justo, inclusivo. Somos muchísimo más que eso: primero sentimos y luego nos retroalimentamos de infinitas maneras, y desde nuestras emociones y los sentimientos que nos tocan, creemos cada día más en lo que hacemos; sino miren cómo el mundo se alteró completamente en apenas semanas cuando todos sentimos y creímos en el miedo al virus, a la muerte.

Analicen con calma qué actividades de la semana son las que ustedes realizaron mejor porque así lo prefirieron, en tiempo y con la mejor automotivación. Tal vez son esas en las que ustedes creen y por eso llevan adelante desde el puro *sentir*, sin que nadie necesite exigirles nada. La intensidad y la pasión del compromiso subjetivo con esa actividad es simplemente única, la que prefiere y disfruta cada uno.

Es por eso que yo hacía muchas cosas objetivamente correctas, pero subjetivamente las regulaba según mi conveniencia. Y por eso quedaban vacías en función del compromiso de estas con mi vida y mis intenciones empresariales. Entonces yo era un gran chancho hacia afuera, pero una pobre gallina hacia adentro. Y esto no está mal, es lo más humano del mundo, a todos nos sucede: decimos una cosa y hacemos otra.

O sea, comprar un producto porque es nacional o generar transacciones económicas de algún tipo o forma, no significa necesariamente que estamos haciendo cosas buenas.

Desde esta clara y no nueva circunstancia –la de que todo en esta vida ocurre y se transforma según las preferencias íntimas de cada persona–, ¿por qué será entonces que algunos ciudadanos, accionistas, outsiders de la política, empresarios o jefes seguimos insistiendo contra viento y marea con pretender controlar las creencias y el comportamiento de las personas cuando les exigimos productividad, puntualidad, esmero, honestidad y mucho más?

Parece que queremos asegurar la calidad de los servicios que prestamos, pero también queremos controlar el mercado, a los contrabandistas, a los secuestradores en Paraguay, a los trabajadores de la calle, a la inseguridad y hasta algo tan complejo como es la Educación.

Christian, pero qué antipatriota hay que ser para vivir del contrabando, ¿verdad? Gente contrabandeando en la frontera, y pensar que es un paraguayo como vos.

No está mal ni bien creer en lo que uno prefiere; lo único urgente y necesario sería empezar a escuchar y valorar también a los que creen distinto, pues de lo contrario la olla puede explotar. Yo he luchado personalmente contra el contrabando y en nombre de la Unión Industrial Paraguaya, y sigo haciéndolo, pero ahora lo entiendo muy distinto y por eso me interpelo primero a mí.

¿CUÁNTAS VERDADES EXISTEN Y CON CUÁLES TE SENTÍS MEJOR?

¿TE PARECE UNA BUENA ALTERNATIVA SEGUIR CREYENDO QUE LO BUENO PARA VOS RIGE NECESARIAMENTE PARA TODOS CERCA TUYO?

Los fundadores de
nuestra imprenta.

¿Quién soy realmente?

Antes de seguir, creo justo y muy necesario compartir una parte de mi historia. Todo sucede por algo, y vivir tantas experiencias a favor y en contra solo me ha fortalecido, aunque también debilitado.

Mi historia es la de un paraguayo y sudamericano bendecido, y creo que es precisamente esta condición de vida el combustible interminable que me empuja a seguir y me movió a escribir una vez más lo que antes intenté conversar sin éxito con mis colegas empresarios.

Y no es lo mismo hablar y que nos oigan en vivo a que en algún momento posterior ustedes lean lo que yo pensaba y no les pude compartir en persona. Este libro es una copia –lo más fiel posible– de todo lo que pienso, pero las interpretaciones que de ella se hagan serán siempre íntimas y yo ya no estaré ahí para escucharles.

Siento un profundo compromiso por agradecer y retribuir todo lo que la vida me ha dado y me sigue dando, y en esto ando desde hace ya buen tiempo. ¡Muchas gracias!

He nacido en una familia que me ha facilitado bastante la vida, justamente en un país donde a la mayoría de mis compatriotas definitivamente se les complica todo. Este insignificante pero potente detalle heredado –sumado a no ser uno de los 2.800 millones de personas que viven con menos de USD 2 al día en el mundo– es prueba suficiente de que debo ser y comportarme como un agradecido por mis privilegios. Además, demuestra lo afortunado que fui en el sorteo del lugar donde se nace en esta vida.

Y como si esto fuera poco, también me dieron la gran oportunidad de poder formarme fuera de la región: un lujo de elegidos en países como el mío.

Fueron cinco años y algunos meses más de vida en Alemania, financiados por nuestra propia empresa industrial gráfica, un emprendimiento familiar en su tercera generación. Posteriormente, el destino me dijo «adelante, por favor» y sin esfuerzo alguno obtuve –apenas terminé mi carrera en el año 1995– un puesto de trabajo en la misma empresa.

Ahí se ocuparon personalmente de guiarme hasta convertirme en el principal tomador de decisiones, patrón, jefe, dueño, director, líder y, si se podía, un dirigente en la Unión Industrial Paraguaya (UIP). Y, por supuesto –y como corresponde en las empresas familiares–, el cargo lo recibí, más allá de merecerlo o no.

Estaré eternamente agradecido, pues a la organización la recibí funcionando y, como si esto no fuera ya suficiente, la empresa ya disfrutaba de renombre, trayectoria y clientes de primer nivel. Gracias, abuelos Edeltraud y Heraclio. Gracias, mamá y a mi difunto tío Ulises.

Me estoy refiriendo a Artes Gráficas Zamphiropolos Sociedad Anónima, una empresa familiar iniciada en el año 1954 por mis abuelos del lado materno. Por un lado, mi abuela Edeltraut Marianne Behmack Preuss, inmigrante judía. Su familia completa huyó de los nazis a Paraguay, en 1936 y vinieron a radicarse a un pueblito de nombre Yegros, en el departamento de Caazapá, Paraguay. Y, por el otro, su difunto esposo Heraclio Zamphiropolos Torres (1908-1994), nacido en Paraguay, pero con antepasados griegos, dos generaciones antes.

Nuestra empresa cumplió este año sesenta y ocho años en el mercado nacional, y somos más de doscientas familias las que vivimos de este evolucionado sector de la industria de la comunicación, inventado por los chinos y no por el famoso Johannes Gutenberg.

A partir de un evento crucial que me sucedió casi nueve años atrás –y que compartiré capítulos más adelante– comprendí que para que esta empresa perdurara en el tiempo debían suceder muchas cosas, aunque la mayoría estaba contenida en dos grandes procesos que yo debía habilitar y luego facilitar −ya no dirigir y menos liderar−: primero, debíamos dejar de ser la empresa familiar tradicional latinoamericana, esa donde únicamente hablando con los accionistas, sus parientes o algún gerente se puede avanzar en los asuntos que son importantes. Por otro lado, debía redistribuir mi poder y mi autoridad de gerente general y patrón en la mayor cantidad de personas que se pudiese. En otras palabras, alejarme de la creencia latina de que solo mis ojos de patrón engordan al ganado.

¿Estás seguro? ¿Vas a dejar algo así a la deriva, el esfuerzo de tus abuelos y luego el de tu mamá y tu tío. Solo el ojo del amo engorda el ganado.

Para que todo esto pueda cumplirse en tiempo y forma, se requería algo fundamental que tenía que ver conmigo mismo: yo debía modificar mi forma de *ser empresario*, detener inmediatamente mi proceso, ese que tenía nada menos que diecinueve años de aprendido a la perfección y que reconozco me hacía sentir poderoso en la empresa y en sus contextos.

Mis primeros cinco años en nuestra industria me acompañó muy de cerca Ulises Zamphiropolos, mi tío y único hermano de mi madre. Fueron años muy duros, exigentes y con muy poco descanso para mí. Yo trabajaba de lunes a lunes, y aquí quiero que me permitan nuevamente compartir una historia.

Recuerdo que habían pasado dos semanas de mi regreso definitivo a Paraguay y mi mayor preocupación en ese momento era cuánto iba a ser mi sueldo mensual, cuánto dinero tendría para gastar al mes. Conociendo a mi tío, una persona que vivió para trabajar y no tanto para vivir −al menos hasta los sesenta años−, gastar dinero era un crimen y la austeridad exagerada era una característica familiar (y también mía, aunque he hecho esfuerzos por mejorar).

Joven, recién llegado nada menos que de Alemania y aparentemente el tercer ingeniero con especialización en la industria gráfica en Paraguay, yo obviamente imaginaba buenos ingresos mensuales para mí. Reconozco que sentía mucha vergüenza de sentarme y preguntar por mi remuneración, así que esperé que llegara fin de mes y la sorpresa ese día fue enorme para mí: Gs. 680 000, equivalentes a USD 331 al tipo de cambio en aquel entonces. Y, como referencia, el salario mínimo vigente en ese año (1996) era de Gs. 450 000.

No lo podía creer. Tanto esfuerzo para ganar solo 33% más que el salario mínimo de mi país.

Naturalmente, necesité mucho valor para hablar con quien en ese tipo de encuentros era más el ingeniero Ulises y el patrón que mi tío Uli. Fui y le hablé miedoso sobre el dinero que estaba recibiendo, cuando realmente mi cuestión era cómo me sentía con eso. Para todo él tenía siempre una salida y me dijo que yo estaba equivocado. Me aseguró que mi salario no era de Gs. 680 000. Yo dije que sí era ese y que podría mostrarle el recibo que firmaba cada mes.

Christian, estás confundido. Tu salario es de casi seis millones de guaraníes al mes, pero tal vez tu sueldo sea Gs. 680.000. La diferencia se te descuenta, pues hay que recuperar la inversión que se hizo para mantenerte en Alemania durante cinco años y medio. Es justo que devuelvas.

Cada evento que sucedía era único y algunos me frustraron muchísimo. Recuerdo otra experiencia fuerte que tuve y que fue definitiva en mi proceso de deconstruir esos valores incorporados más por mi educación alemana que por mi formación universitaria allá. Mucho me sucedía –y a toda velocidad– en función de una inercia de existir diariamente como jefe y dueño en la empresa. Al menos ya me consideraba el gran proveedor de empleos, techo y comida para tanta gente.

El evento del que les hablo tiene que ver con un espacio, un lugar importante que se utiliza mucho, justamente como ejemplo de ser o no un pueblo educado: los baños.

Era septiembre del año 1995, de vuelta en Paraguay y cuando corrían las primeras semanas trabajando en la imprenta, recuerdo tan bien que mi primer día mi madre me mostró feliz mi escritorio y un mueble que hacía juego en granate y gris. También me dio las llaves de un baño exclusivamente para mí. Tanto no llamó mi atención, pues ella y mi tío siempre tuvieron su propio baño en la imprenta, no lo compartían con los demás, salvo con clientes exclusivos.

Pasaron algunas semanas trabajando y me tocó circunstancialmente entrar al baño en una de las áreas de producción. Y quedé anonadado, pues había letrinas y no inodoros, además de suciedad y olor inmundo.

Inmediatamente y desesperado fui junto a mi tío Ulises y le dije de la enorme vergüenza ajena que sentía con eso que había visto. Él, avezado en nuestras costumbres y educación latinoamericana –y con la misma experiencia que yo de haber vivido también varios años en Alemania–, me autorizó sin dudar a renovar totalmente este espacio de aseo y necesidades fisiológicas, decisión que sinceramente me sorprendió en él, pues comprometía gastos.

Y así lo hicimos: un mes después e incluso con una pequeña ceremonia y como la gran cosa, entregamos el baño remodelado a los empleados con espejos, toallas de tela –pues no había papel desechable en ese entonces–, basureros, pintura, todo nuevo.

Para mí el caso estaba cerrado, pero para Ulises recién empezaba el cuento. Como se dice, sentado esperó dos meses y parado frente a la puerta del baño en cuestión, me hizo llamar.

Mirándome con una cara que nunca fue de mi agrado y que usaba en casos similares a este, me dijo:

«Sobrino, te educaste en Alemania pero ahora vivís y trabajás en Paraguay».

Nunca olvidaré ese día, su rostro, mi desengaño y el cuestionamiento a mí mismo por haberme esforzado tantos años educándome allá lejos para venir a ver y sentir esto.

Sí, me acuerdo. Dos meses después los baños estaban muy sucios, el papel higiénico usado alrededor de los basureros, la toalla ya ni estaba. Las puertas vaivén todas escritas con groserías. Qué mal te hizo.

Pasaron muchas cosas en mis primeros quince años de vida laboral, muchísimo. Naturalmente que en ese primer tiempo tenía que darle la razón en todo: el tío Uli siempre ganaba. No sabía muy bien cómo, pero no estuve haciendo otra cosa que aprendiendo «aceleradamente» la cultura del trabajo en Paraguay –hoy diría de toda Latinoamérica–. Había heredado mucho sin saber y ya era un Ulises calcado a mano alzada.

Pasaron muchas cosas, miles, para que luego, muy lento, empezara a darme cuenta de que si no quería terminar juzgando a las personas, necesitaba aprender otras formas de relacionarme. No quería seguir creyendo que solo el patrón es el que sabe y puede mejorar lo ajeno.

Pero es así, Christian, aceptalo. Yo también quisiera delegar más, pero no se puede. La gente te falla.

Sí se puede, pero antes debía honrar los saberes aprendidos en esos años con Ulises. No era tan sencillo. El desafío era nunca descuidar nuestro origen y continuar con lo que se empezó en 1954, pues mi madre y mi tío eran la segunda generación, luego de mis abuelos. El esfuerzo de todos ellos, me consta, fue enorme, y yo debía cuidarlo muy bien.

Empezaba a comprobar que estas y otras peculiares formas que tenemos los latinoamericanos de organizarnos laboralmente no eran exclusivamente nuestras y de los baños; incluso llegué a oír más de una vez que en algunas empresas se cobraba a los empleados una especie de peaje por el uso de inodoros, pues no saben cuidar, y se necesita dinero para mantenerlos.

Así es como todo iba más hacia el coexistir que hacia el convivir laboral, y siempre sin darme cuenta. Sentía que nuestra comunidad podía querer esbozar una nueva forma de *ser* y *estar* en su empleo, más suelta y con confianza, sin ser juzgado, pues nadie es bueno para todo, pero todos son muy buenos para algo.

Sentía que mi propuesta necesitaba un nuevo factor común; uno más participativo (colaborativo) que considerara a los que siempre estuvieron a mi lado, pero con muchos miedos y vergüenzas.

Yo interpretaba que todo esto así mezclado estaba de alguna forma relacionado con mi intención de perdurar como organización otros 68 años más. Y con lo que yo sentía –y sin saber aún qué forma tenía–, me fui dando cuenta de lo contundente de nuestros procesos industriales en la vida de las personas cerca mío. Todo a gran velocidad, pero repletos de experiencias con miedo, culpa y mucha vergüenza. Lo de seguir con mi figura y rol del gran organizador (Gerente General) empezaba a hacerme mucho ruido. Claramente yo necesitaba formas nuevas, de raíz profunda y de transición lenta.

¿A qué te referís, con honrar? Me vas a decir que no te gustaba ser el número uno, el cacique.

Digo «honrar» porque si hoy requerimos algo nuevo no significa que lo anterior estuvo mal; al contrario, vivimos en tiempos distintos y necesitamos transformarnos. Ahora se trata de mirar y hacer desde todos los lugares de la organización con procesos marcados por una presencia de anfitriones muy distinta.

La consigna para mí empezaba a ser un poco más clara: alejarse prudentemente de los modelos tradicionales y autoritarios, esos que son propios de nuestra cultura y que nos enseñan a valorar así, aun cuando promuevan solamente lo ínfimo de cada uno.

Hoy recién comprendo por qué la gran mayoría de las empresas creemos funcionar mejor cuando somos exclusivas organizaciones impuestas con modelos que buscan y se sostienen desde estandarizaciones metodológicas, instructivos de trabajo programados, manuales de procedimientos elaborados, como lo hace la ISO y tantos otros que se pusieron de moda.

Christian, ¿entiendo mal o vos estás insinuando que nosotros y las empresas no funcionamos, sino que sucedemos como organización? Es decir, las cosas ocurren espontáneamente y no según los protocolos. La verdad que ya me hacés dudar...

Perdón, este capítulo es para hablar de mí y me he ido de palabras con nuestra organización Zamphiropolos, pero mi yo y mi historia no existen sin ella.

Continúo entonces escribiendo sobre mí y comparto aquí otra bendición: mi familia, que junto a mi esposa Rocío hemos formado. Tengo una compañera maravillosa, que aparte de ser una psicóloga excepcional, es madre de nuestros tres maravillosos hijos. Y que precisamente mi esposa y compañera de vida sea psicóloga de profesión es otra bendición, pues aparentemente seguiré necesitando apoyo... probablemente para siempre.

Broma de lado, hoy tengo comprendido que sinceramente es muy importante tener al lado mío a una persona con quien conversar, y por sobre todo para ser escuchado y respondido desde otras ciencias.

Probablemente, si yo también hubiera seguido la profesión de psicólogo o tal vez antropólogo o filósofo, hace tiempo habría comprendido algo tan esencial como es que las personas siempre prefieren lo que les gusta y con lo que se sienten mejor, y que esto nunca se compensa solamente con buenos salarios, un instructivo de trabajo autografiado, o en reuniones con «desayunos de trabajo» y participación de algunos jefes pero todos los gerentes.

Pero no podemos invitar a todos. Somos demasiados en la empresa.

Hoy es definitivo que en nuestras planificaciones y presupuestos anuales, las personas generalmente harán lo que sienten. Esto es totalmente humano y fue muy importante para la comprensión de mi vida personal y laboral.

Aceptar esto requirió casi cinco años. Luego otros cuatro años adicionales para que lo aprenda y comparta a nuestra propia organización que, al ser con fines de lucro, insiste por inercia con desconocer su condición de ser primero un espacio del *ser* y luego de *hacer* impresos, como catálogos, libros, revistas y todas esas cosas de papel.

Con paciencia –y evitando debates– mi esposa siempre escuchaba mis plagueos semanales sobre los meteóricos intentos que yo hacía por organizar a las personas y sus vidas, aplicando torpe y forzadamente las mejores reglas decantadas desde las buenas prácticas de la industria y el management internacional.

Pero vayamos primero a mi niñez, pues no todas fueron bendiciones en mi vida. Yo diría que hasta los catorce años todo fue relativamente perfecto. Pero en ese año los tiempos se complicaron bastante para mí y mi familia. Más allá de si lo merecíamos o no, los tres hermanos sufrimos bastante a partir de un evento judicial que les tocó enfrentar a mis padres en el año 1985, durante la sofisticada dictadura de Alfredo Stroessner. Me refiero al caso de evasión de divisas relacionado con el Banco Central del Paraguay.

Con toda la parafernalia que implica tener problemas con la Justicia en un país donde los métodos para que se haga justicia se rigen según quién es el acusado, los amigos disponibles y otros, para mis hermanas y también para mí sucedieron demasiadas cosas en muy corto tiempo, y en un momento especialmente sensible de nuestro desarrollo como niñas y adolescente respectivamente.

En esta etapa del desarrollo de mi personalidad, yo buscaba a mis padres y, como varón, especialmente a mi papá. Y el mío no estaba disponible. Bueno, debo ser sincero y aceptar que ciertamente estaba los martes, jueves, sábados y domingos, de 7:00 a 17:00, en un lugar que no era precisamente agradable: la Penitenciaría Nacional de Tacumbú.

Fueron varios años de sufrimiento, y cada día de la semana era particularmente único en sucesos negativos para nosotros. Recuerdo muy bien que, en ese entonces, los días pasaban muy lentos para mí.

Prefiero no relatar los momentos sufridos con mi papá, mi mamá y mis hermanas durante esa etapa de nuestra vida. Pero fíjense que hoy, con cincuenta años, veo a mi historia de dolor como reflejo de tantas otras historias en una región con excepciones y experiencias dolorosas, que no se narran pero que a muchos nos han determinado.

En ese tiempo, aceptar que mi papá estaba en una cárcel no era tarea sencilla para mí. Solía imaginar que él salía con permiso o se escapaba trepando la muralla porque debía ser papá con nosotros. Sinceramente esos fueron años terribles de mi vida.

Por esos tiempos, yo sentía muchísimas cosas: mis emociones coordinaban casi totalmente mi conducta. Todo era muy fuerte y mucho de eso me dolía.

Por las mañanas –desde las 7:00 hasta las 12:20, si mal no recuerdo–, el infierno era en mi colegio, el Goethe Schule. Recuerdo a la señora Rosita, psicóloga y orientadora en esa institución, con quien me tocaba conversar mucho cuando me expulsaban del aula por mi comportamiento. Lo hacía intencionalmente, pues necesitaba huir del dolor que me producía que hablaran directa o indirectamente de mi papá o de su caso judicial.

Ella era una de las únicas personas que escuchaban mis formas de resistir esos momentos, mis mecanismos de supervivencia. Mi sufrimiento en ese momento se debía entonces a la *convivencia escolar*. Y nuevamente vemos al relacionamiento en primera línea.

No van a creer, pero tuve profesores que insinuaban el tema de mi padre conociendo su situación y algunos pocos compañeros de aula que tampoco me lo hacían fácil.

Por las siestas y tardes bajaba la tensión, pues ya podía elegir por dónde moverme y con quiénes conversar, aunque nunca estaba cien por ciento libre de que algo o alguien toque el tema o me preguntase si mi papá era Fulano, el que blablablá.

Paralelamente a todo este drama familiar que yo vivía segundo a segundo, mi familia industrial Zamphiropolos seguía planificando la sucesión del poder en la empresa:

Querido nieto, nuestra industria necesita una persona formada cien por ciento en la materia, con la mejor calidad y que el día de mañana vos seas capaz de hablar con propiedad sobre lo que hacemos, como hoy lo hace tu tío. Para eso necesitás una formación distinta, de primer mundo, como Alemania. Además, estando ahí, podrás aprender sobre la mentalidad de ellos y eso te dará parte de la educación que tienen allá ¿Te gusta la idea?

Este objetivo de formarme en la industria gráfica y al mismo tiempo *educarme* en costumbres y valores distintos –al menos respecto de nuestra cultura latina, y como el sucesor impuesto de Ulises Zamphiropolos–, no me ofrecía alternativas regionales y menos nacionales para estudiar.

Y supongo que además, como parte de una sociedad machista, tampoco había otros candidatos que no fueran el único varón en la tercera generación, entre cuatro mujeres: mis dos hermanas y mis dos primas, las hijas de Ulises.

Ya no recuerdo exactamente cuándo, pero en algún momento empecé a unir cabos y comprendí que no pudo haberse decidido mejor mi futuro: enviarme fuera de Paraguay. Ciertamente, mi sueño en ese momento era ser piloto aviador, pero por lo visto eso pasó a segundo plano en mi vida, pues la prioridad para mí era escapar definitivamente del calvario diario que vivía en la convivencia asuncena.

Y recuerdo muy bien que mientras mis compañeros de macaneo se aplazaban por haber tenido mejores cosas que hacer que estudiar suficiente para los exámenes, yo hacía lo mismo pero forzaba mis propios límites al hacer ambas cosas: salir, pero también estudiar lo necesario, pues tenía entre cejas algo mucho más grande que mis exámenes finales o tener vacaciones: huir de la presión social y mediática.

Definitivamente ya no soy el que fui –mis andanzas de vida me marcaron–, pero sigo siendo el mismo; eso es algo maravilloso. Me sorprendo de todo lo que uno es capaz de volver a aprender para recomenzar; y con eso el deseo íntimo de iniciar procesos de entendimiento y comprensión tan distintos: los que hoy poseo. Pero aún me falta mucho.

¿QUÉ ESTAMOS DISPUESTOS A APRENDER CON OTROS?

¿CUÁNTO TIEMPO ESTAMOS DISPUESTOS A INVERTIR CON ELLOS?

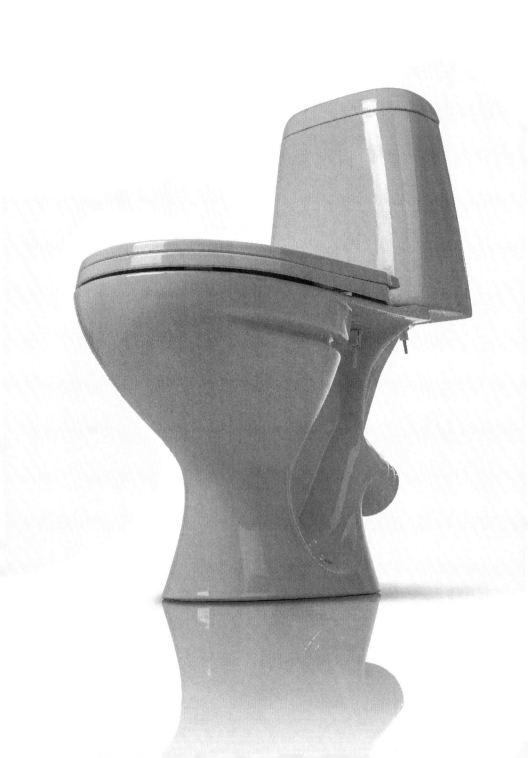

Mi educación, ¿Es distinta?

Finalmente se logró el objetivo de que el sucesor (yo) vaya a educarse al exterior. ¿Se imaginaron alguna vez tener dieciocho años y que te entreguen un pasaje aéreo sin fecha de regreso? La verdad que al comienzo no le di ninguna importancia a este detalle. Pero unos seis meses después reaccioné: ya instalado allá y mientras aún mejoraba mi alemán, un día desperté, miré el reloj, eran las dos y treinta de la mañana y me dije a mí mismo:

«Basta, quiero volver. No aguanto más vivir solo, extraño a mis compañeros, a mi papá, a mi mamá y a mis hermanas».

En ese entonces yo podía hablar por teléfono a Paraguay solamente cada quince días o más, pues las llamadas eran muy caras por minuto. Naturalmente las videollamadas no existían y menos los mensajes de texto; los celulares empezaban a aparecer en Europa, pero tenían el tamaño de un maletín.

Recuerdo que esa madrugada me levanté desesperado y empecé a empacar todo muy apurado, juntando los únicos libros que en ese entonces tenía . Sentía todo muy distinto y mi nuevo contexto era totalmente diferente, insoportable.

Mientras guardaba mis objetos personales, caí en la cuenta de que ni siquiera tenía reserva para un vuelo de regreso, y menos aún disponía del dinero necesario para comprarlo: por primera vez fui consciente de la circunstancia que había aceptado.

Cuando se aterriza en una comunidad tan distinta –como en este caso la teutona–, casi todo es nuevo y diferente. Cada situación cotidiana e insignificante tiene una forma, una historia que ya educó a mis antepasados (alemanes) para hacer lo que hoy son: potencia mundial. Menesteres básicos son los que me forzaron durante meses a aprender tal vez lo más importante de mis cinco largos años allá: pensar en mí, pero en función de los demás también, pensar socialmente, colaborativamente.

Christian, ¿así son allá? ¿Todo el tiempo miran al que está al lado de uno, al prójimo? ¿En serio me decís? Dicen que al conducir un auto se nota mucho eso.

Cuando uno vive en carne propia el proceso, aprende mucho más «haciendo» que solo observando o leyendo y escuchando al respecto, incluso copiando no funciona. Los procesos promueven una comprensión tan distinta de lo mismo que en otro contexto se pudo haber leído o visto infinitas veces, pero no será igual. Esto que aquí describo sucede en la convivencia diaria, en encuentros y emociones de cuestiones que antes yo nunca sentí porque solo intuía acerca de las *formas alemanas* de convivencia. Por ejemplo, que te llamen la atención por orinar parado porque al hacerlo salpicás y quienes limpian el inodoro sos vos o tu compañero de apartamento. O que te señalen que lavaste los platos, pero dejaste salpicado alrededor.

Experiencias cómo estás fuerzan y no son poca cosa, no es sencillo y se acumulan. Uno aprende a soportar a lo que nunca antes le prestó atención. Entonces lo que me ocurrió en esa madrugada no fue cualquier cosa. Creo que fue el momento en el cual quise negar mi realidad, huir de ella, pero no pude hacerlo, no tenía los medios.

Hoy pienso que algo similar podría ocurrir si alguna vez decido incorporarme al contexto de otra persona, cuya vida no conozco.

¿Qué pasa cuando decidís hacer algo así? Tal vez significa emocionarte y sufrir viviendo tus propias experiencias con personas que piensan totalmente distinto y por eso ya les hemos etiquetado: los alemanes son fríos, los paraguayos no quieren trabajar, la pobreza es haraganería y el gallego es bruto. O vayamos más lejos e imaginemos mudarnos a vivir por dos años con personas que subsisten en condiciones de vida extrema. En este caso sería aún más difícil, pues ya hablamos de hambre, frío y violencia extrema. Vivir al límite sin dormir lo suficiente o algo tan simple como no tener momentos de una infancia que sean fuertemente bellos para que te den soporte, sentido de pertenencia y te ayuden a sobrepasar las dificultades cuando sos adulto.

Che, ahora que lo mencionás, qué importante es poder recordar lindos momentos de la vida, nuestra infancia, nuestra historia. Pensar que hay gente que no tiene esos momentos guardados como nosotros. Algo tan sencillo como momentos felices de nuestra infancia, cuando éramos cuidados.

Ciertamente, la convivencia es la única que te regala vínculos, recuerdos, y, con ellos, perspectivas bien distintas de vida y de las que otros podrán solo imaginar y desde ahí juzgar.

En otras palabras, cuando uno entra y se incorpora a un espacio distinto lo acostumbran a nuevas conductas, pero con emociones de por medio, sintiendo cada momento, pues no existen muchas opciones para un forastero –sea niño, joven o adulto– más que resistir cada nuevo proceso de aprendizaje.

Así, esos cinco años construyeron –lenta y sistemáticamente– sobre aquel cuerpito latino una rígida estructura de determinados principios y un sinfín de valores germanos, aprehendidos desde el puro convivir, y que más adelante devinieron en una gran mezcolanza y ensalada cultural latino-germana que hasta hoy agradezco, pero que también sufro todos los días de mi vida.

Después de haber vivido allá y luego unos veinte años aquí en Latinoamérica, siento la enorme necesidad de compartir esto que para mí es demasiado importante porque lo he vivido. Lo resumo así:

«Amigos ingenieros; funcionarios del sector público; colegas empresarios latinoamericanos de Uruguay, Brasil, Cuba, Chile, Colombia, México, Santo Domingo, Ecuador, Perú, Bolivia y demás países; políticos latinoamericanos o simplemente padres filántropos y soñadores de un planeta mejor para sus hijos, aquí y ahora les desafío con algo distinto.
Todo esos cambios, transformaciones, mejoras, eso bueno y justo que buscan, y hasta esa no corrupción que han venido soñando por décadas no se activan desde colegios, escuelas o universidades solamente, o presionando para que algunas instituciones lo hagan. Será la pura educación, esa que cada uno de nosotros produce y refuerza en sus espacios de dominio y confianza, la que podrá marcar el inicio de una gran diferencia, y en nuestras empresas ni qué decir».

No discuto que el estar o influir (como empresarios) en los centros del conocimiento –como colegios o universidades– nos transmite cierta tranquilidad porque parte del trabajo de *educar* parece estar vigilado seriamente por nosotros. Pero lamentablemente debo decirles que el peso específico en el educando es insignificante, respecto a los demás sistemas de convivencias que tiene un joven en su vida. Y si soy empresario no puedo desconocer mi rol de educador en nuestra propia empresa cuando reconozco la cantidad de horas que las personas se relacionan ahí dentro.

Creo que las nuevas generaciones podrían aprender bastante mejor cuando no sean solamente enseñadas o impuestas con manuales e instructivos de trabajo o de enseñanza superior. Requerimos *ser* urgentemente distintos con nuestras dificultades, en el trabajo y en nuestra vida. Para enfrentar las complejas realidades que se vienen, o que ya llegaron, no serán solamente suficientes los mejores «haceres estandarizados» o las formas rápidas de autoayuda. Definitivamente no, este nuevo *ser con otros* requiere preguntarnos cómo podemos desde ahora *coordinarnos juntos*; ¿cómo lo hacemos entre todos?, pues parece que bastante ya ha cambiado pero nosotros aún no nos renovamos. Y en las empresas podemos aproximarnos a estas cuestiones con dinámicas grupales, y que parecen ser el primer paso. Pero sin conversaciones anteriores o posteriores que nos suenen inusuales o embarazosas, diría que nos seguimos engañando dinámicamente.

Tal vez es por eso o por algo parecido, que la diferencia en un futuro cercano no se hará solamente desde mejores políticas públicas, un ministerio de educación fortalecido o un gobierno honesto –tal como insisten algunos autores de rebuscadas columnas de opinión en periódicos. ¡Definitivamente no!

Por el contrario, esto pasa a segundo o quinto plano cuando uno ha experimentado que el esfuerzo se engendra también desde otros lugares. Mi beca de estudio fuera de nuestro continente produjo por un lado no solo nuevo conocimiento, sino también otra forma de comprender las cosas, pero estas formas necesitan primero ser recreadas en culturas como la nuestra, y no directamente aplicadas como modelos o instructivos mecanizados a seguir.

Con razón cuando se acaban los fondos de estas famosas cooperaciones internacionales, como las alemanas, japonesas, coreanas, lo que empezó termina generalmente en lo que se inició.

Los que pudieron hacerme distinto fueron los procesos de socialización que experimenté (personalmente) con los alemanes mientras conviví en su cultura. Desde ahí, cuantiosas e inadvertidas interacciones y transacciones de mi día a día en la universidad con mis compañeros de estudio, con los profesores e incluso con mis compañeros con origen en culturas similares a las mías: parecía como que todos nos alineábamos como educadas y rectas velas. Y si me preguntan por la forma, les diría que cada vez creo más en la importancia que tuvo el lenguaje, mi habla en todo eso que aprendí. Por ejemplo, algunos tipos de verbos que ellos usan son determinantes para las formas de cómo lo hacen. Para mí, su precisión es única.

Recuerdo que me comentaste que ellos tienen y utilizan dos verbos distintos para el acto y la posibilidad de «poder» hacer algo. Ellos tienen «können» que es «poder» pensado desde la capacidad para hacerlo. Y «dürfen» que es el «poder» pensado desde el permiso que necesito para hacer algo. Nosotros sin embargo usamos la misma palabra, el mismo verbo.

Mamá, puedo ir al cine: Mama, «darf» ich ins Kino gehen.
Mamá, yo puedo hacer eso: Mama, das «kann» ich tun.

O algo tan simple como ir al baño y descubrir que este se encuentra impecablemente limpio o comprender el valor y la satisfacción que poseen una comunidad por la puntualidad de sus miembros. Estas experiencias e intercambios con la gente y sus sentires son los que finalmente educan para la vida.

Entonces en serio la vida con ellos allá es lo que te educó distinto. Tu formación de ingeniero es lo que trajiste de la universidad. Qué interesante verlo así.

Hemos visto que nadie puede educarse solo; sin embargo, formarse sí puede, y hasta nombre tiene: autodidacta.

Entonces, podemos darnos cuenta que tal vez en Latinoamérica estemos fallando grande, desde hace tiempo con la mira apuntando a blancos equivocados con las herramientas erróneas. En Paraguay demandamos una mejor Educación a quienes en función del tiempo que comparten en sus ámbitos de acción (escuelas, colegios, universidades) y la función que poseen, podrían estar comprometidos, en el mejor de los casos con la formación.

Creo que podríamos tener un poquito más de cuidado la próxima vez que queramos identificar a los responsables de nuestra Educación insuficiente e ineficiente, pues los responsables de ésta son muy distintos a los de la formación. Y como ya hemos visto, todos estamos comprometidos.

Y esa educación que les hace diferentes a ellos es también la misma que reina en su vida y cuando trabajan en las empresas también. Entonces son sus formas y conducta con el horario, con las responsabilidades, con el animarse a enfrentar a un superior para decirle «no», o la tranquilidad de su futura jubilación son los elementos que les hace a ellos eficientes, innovadores, organizados, y que a nosotros tanta falta nos hace.
Y parece que esto nada tiene que ver con esperar o exigir que las escuelas y colegios lo enseñen. Estas cuestiones se aprenden en un montón de lugares y el hogar es apenas uno de ellos.

Esta es una parte importante de mi historia. Creo que quien me conoce no puede negar que lo de alemán se me pegó y bastante, más que cualquier fórmula de física sobre la teoría de la luz y el color aprendida en mi añorada universidad *Hochschule der Künste Berlin* y dentro de ella el *Institut für Technologie und Planung Druck,* al que asistí solitario, como el único de habla hispana y egresado afortunado al ser la mía la penúltima promoción, pues luego esa facultad fue suspendida y clausurada a causa del famoso y severo programa de reducción de gastos del Estado alemán, con motivo de la financiación de la reunificación alemana (1989).

Creo que ha quedado algo más nítido que es socializando y estando en nuestro día a día –sea laboral, familiar, estudiantil, deportivo, en el tránsito o el colectivo– como también nos estamos determinando como los latinoamericanos educados que no somos. La Formación que los maestros nos entregan en las aulas es algo distinto, si no me dirán ustedes a cuánta gente educada conocen que no pudo ser formada, no asistió a la escuela o lo hizo solo unos años.

Recuerdo que dos meses después de mi regreso definitivo al Paraguay, mi madre, muy preocupada, me dijo:

Hijo, demasiado cuadrado volviste de Alemania. Te vas a volver loco así.

En voz baja y durante meses me pregunté a mí mismo dónde estuvo el error de mi Educación, pues de mi formación aún nadie se quejó.

¿CUÁLES CREÉS QUE SON LAS RAZONES POR LAS QUE LOS TRABAJADORES SE EQUIVOCAN CON MÁS FRECUENCIA: FALTA DE EDUCACIÓN O FORMACIÓN?

¿CÓMO TE SENTIRÍAS SI TE LLAMASEN LA ATENCIÓN CUANDO TE EQUIVOCÁS? PERO VOS LO HACÉS PENSANDO QUE ESTÁ BIEN PORQUE CONOCÉS EL TRABAJO, AUNQUE EL OTRO (JEFE), DESACTUALIZADO DE TU DÍA A DÍA, TE JUZGA SIN CONOCER.

¿Cuál itinerario seguimos los empresarios?

¡Lo que me faltaba! Resulta que ahora yo debo preguntar a mi gente cómo debo hacer para dirigir mis asuntos en mi empresa. ¿Vos pensás en serio que ellos saben cómo hacer? Disculpame, pero vos te estás volviendo un socialista.

Antonio Machado escribió en un poema que el caminante no tiene un camino, el camino se hace al andar. Y esta frase encaja perfectamente con lo que hoy estamos procurando hacer en la empresa. Seamos industriales, empleados, políticos, funcionarios o solo familia, cada persona necesita sentirse parte de una comunidad y para eso precisa contribuir con lo suyo, caminar con nosotros para construir lo de todos.

Esto no significa que lo mío es tuyo, sino en todo caso que lo mío necesariamente se verá afectado por lo tuyo y lo de otros. Es necesario llegar a acuerdos, porque de no hacerlo –en el cumplimiento de funciones y tareas industriales–, seguramente estaré pisando terrenos ajenos en la organización, desde acuerdos no sinceros, pero parte de un gran POA (plan operativo anual) gracias a otro gran FODA (fortaleza, oportunidad, debilidad, amenaza) y así sucesivamente.

Qué creen ustedes: ¿se harán entonces solo las cosas que se pueden? ¿Se dejarán de lado las que no se acordaron y que justamente son esas que urgente el mercado nos urge cumplir?

Sí, cómo olvidar nuestro POA, que tienen las empresas que creen se organizan mejor con una estratégia. Y seguro que muchos lo conocen o tal vez han oído de este mamotreto organizacional. Para mí fue, por un buen tiempo, lo máximo. Hoy y por el momento es algo secundario.

Ocurre que tener un POA significa que la empresa ya tiene un plan por escrito, confeccionado por algunos, pero que es del hacer de todos. Su validez es anual y el control puede ser mensual, bimestral, etcétera. Y tenerlo en una empresa puedo decirles que supone muchísimo trabajo pormenorizado en reuniones, pero llenas de cuestiones mantenidas nuevamente ocultas. Sin embargo, son tantos los haceres (objetivos) que logran definirse y verificarse tan ordenadamente en esas tremendas reuniones que nadie percibe lo que falta, lo que no se dice, pero lo que sí se *siente*.

Christian, o sea que tener un plan por escrito ahora, y siendo un ingeniero alemán, no te gusta.

Este fue por años nuestro itinerario del hacer organizacional. Y recuerdo que tenerlo por primera vez fue para mí casi como una Copa Libertadores para mi querido club Cerro Porteño. Es muy difícil compartir lo que yo en ese entonces sentía, sabiendo de la existencia de ese bello documento que se revisa mensualmente en su cumplimiento y se actualiza definiendo, teóricamente y cada vez mejor, cómo se debe seguir haciendo.

He pensado mucho desde que empecé a dudar de él.

¿Por qué estaba tan cómodo con esa extensa documentación de puros haceres?

Sinceramente les digo que esto sucede así porque transmite una especie de paz y tranquilidad en las responsabilidades gerenciales. Es algo así como saber que si no se hace lo que se debe –y eso ahora está escrito–, entonces ya no es asunto directamente mío. Y, sobre todo, ahora ya puedo identificar a los irresponsables, y a veces hasta a los inútiles.

Desde un lugar tan distinto respecto de la tranquilidad y la incertidumbre hoy puedo decir que mis sentires no tenían que ver con lo escrito ahí, sino que más bien eran mi individualismo, mi independencia, mi autonomía, mi personalidad, mis características y deseos de líder hechos realidad en papeles y presentaciones en *PowerPoint*, proyectando a mi gestión buena disciplina y mucha prudencia organizacional.

Naturalmente hoy ese documento está en el limbo, pues ya sin las directrices de tener solamente reuniones para los *haceres*, los espacios de diálogo desarmaron el POA y el FODA en mil pedazos.

Y esta nueva forma de escucha implica angustiarme y sentirme inquieto frente a los demás, hasta molestarme con personas de las que ignoraba el cómo de su convivir con nosotros, pero sí sabía de su existencia, su salario y si su horario de salida se extendía, porque eso significaba pagar horas extras, y aguinaldo sobre las horas extras y yo quería y necesitaba ahorrar, reducir gastos.

Pero todo esto requiere tiempo, mucho tiempo, y en la autopista de la nueva y exitosa economía del conocimiento mucho tiempo no hay.

Sé muy bien que a nosotros, empresarios y emprendedores, se nos adiestra con que lo práctico es lo mejor y que todo es una cuestión de mejorar lo que es aún lento. Y lo agravante de esta moda es la furia de su ritmo: solo hay tiempo para ser enseñado y capacitado mensualmente. Tener la oportunidad para aprender con otros y hacerlo precisamente en el marco de procesos –por ejemplo, con preguntas inusuales sobre cómo se imagina cada uno su POA, mirando ahora hacia su propio desarrollo y bienestar pero en función de los desafíos organizacionales– es un imposible económico.

Imaginen entonces hacer estas cosas que son nuevas pero solo para intentar ser distintos a lo que siempre hicimos y poder recolectar aprendizajes junto a las personas a quienes antes hemos ordenado que junten la basura para dejar ordenados sus puestos de desarrollo (trabajo) porque así lo hacen los japoneses.

Lo que buscamos está ahí, pero tiene una forma distinta: la calidad de los productos o servicios que prestamos o producimos tiene más que ver con los espacios de confianza en las oficinas que con un papel o tinta de alta calidad en la sala de producción. Esto es mucho más que un simple tecnicismo y por eso cuesta medirlo, pero se vuelve un elemento esencial para el concepto o la idea que la mayoría tenemos de vivir mejor, avanzar para sentirnos más valiosos. Así lo hacemos hoy con nosotros y con los demás, preguntando para escuchar nuevas preguntas y ya no solo nuestras respuestas. Ese es el valor que lo diferencia.

Sepamos de antemano que esto supone ver a los analistas y expertos de siempre suspendidos hasta nuevo aviso, al menos si insisten con ser nuevamente los anfitriones en estos procesos. Claro que pueden participar, pero como meros facilitadores o incluso también primero como oyentes, pues es nuevo lo que se pretende.

Ya hemos leído en este libro sobre la importancia de aprender-entender-comprender con otras personas, la visión de nuestras circunstancias, métodos y deseos empresariales de manera distinta. El valor se encuentra en todos los pasos y al final especialmente: comprender juntos, cerrando una idea de forma compartida, como resultado de un proceso llevado a cabo con todas las personas a partir de estar, ser y hacer eso que no nos gusta y que queremos cambiar, mientras nos relacionamos en nuestros ámbitos.

He citado varias veces la palabra *relacionarnos*, porque es urgente lo que creo debemos revisar de ello en las organizaciones, al menos cuando pretendemos aproximarnos a alguna vieja cuestión que no nos gusta hace tiempo o incluso porque queremos dejar de fallar a los clientes, buscar la excelencia o reducir la tasa de rotación de personal.

Son las relaciones laborales las que definen nuestras conductas y su eficiencia frente a los clientes, no los instructivos y protocolos de atención. Ya lo tengo aprendido, Ingeniero.

En este, nuestro apurado modelo –y que ni siquiera hemos aún comprendido con los demás desde las formas y las maneras en que ellos lo hacen diariamente– los empresarios sabemos lo mucho que nos han insistido en solucionar las cuestiones para luego pasar ya a otra nueva dificultad o problema. Pero, como aún no hemos solucionado mucho que no sean problemas y cuestiones complicadas de origen tecnológico y con formas mecanicistas, lo complejo –que nos trae muchas dificultades en el día a día y sigue derivando de lo nuevo tecnológico también– continúa ahí vivo y naturalmente sin resolverse. Tal vez por eso seguimos fallando a los clientes. Al menos eso ocurre con nuestra industria gráfica.

Mal de muchos, consuelo de tontos. No te sientas mal. Te cuento que uno de los bancos más importantes de tu país me falla continuamente y de varias formas. A veces con mi tarjeta de crédito, con la aplicación web, con mis extractos, con los cajeros, con el programa de fidelización. También las telefónicas y el taller mecánico. La verdad, todos fallan. Es normal, tu imprenta también falla. Lo que ahora sí tengo claro es que no es solamente una cuestión de la visibilidad que habilita el error y confunde. ¡No! Ahora sabemos que muchas cuestiones vienen desde arriba del organigrama.

En esto de hacer camino y generar espacios para aprender junto a determinadas personas de nuestra comunidad laboral, los que más sufrieron fueron los de Recursos Humanos. Les resultó demasiado complejo seguir organizando reuniones o las capacitaciones de siempre, sabiendo que enseñar a los obreros cómo se deben hacer las cosas, incluso cómo administrar su dinero no sirve para fallar menos.

Solo cuando uno es consciente de que necesita explorar de nuevo lo que siempre hizo –porque creía que funcionaba bien– puede empezar a repreguntarse aceptando que mucho sucedía espontáneamente. Entonces, la participación de todas las personas se vuelve necesaria y no solo útil.

Y es justo ahí cuando empiezan las verdaderas posibilidades de los caminantes sin camino. No hay nada nuevo de fondo, todo siempre estuvo ahí disponible, pero ahora la forma (relaciones) es distinta y entonces muchas cosas se vuelven visibles, presentes, potentes. Hoy siento que nuestras posibilidades son infinitas. En este modelo de intentar juntos podemos aprender el valor que tiene equivocarnos. Sí, hacerlo con otras personas e incluso al punto de descubrir que yo lo había hecho muy mal antes.

¿Cómo antes? ¿En tu vida decís? No entiendo. Es impresionante cómo problematizás todo.

Atención, esto es tal cual lo que me ocurrió a mí. Fue muy valioso pero doloroso reconocer que estuve imaginando cosas de otros y no lo sabía. Así, ya van varias veces que me toca pedir disculpas por heridas y fallas que también producimos como industria en las personas, no solo a los clientes.

No sé si a ustedes les ocurrió alguna vez, pero a mí ni la economía ni el mercado me mostraron jamás la importancia de estar mejor preparados a través de la colaboración. Más bien el mensaje es siempre que, con los que son desiguales, los que son distintos, se coopera, pero no se colabora. Es extraño, pues ellos son mis compañeros de trabajo, son otras empresas semejantes a la nuestra y tal vez sí colaboran con nosotros.

Organizacionalmente esto de cooperar y el famoso ganar-ganar detrás, hacía que nuestro *estar juntos* fuera siempre en forma de equipos de trabajo. Y esto diría que conlleva a tener al famoso capitán, el que sabe más y fue elegido por alguien pero que no todos sabemos muy bien porqué.

Entonces... no sé si esto de *juntos en equipo* sea igual a *unidos en comunidad*; creo que no. Así es como nunca me permitieron aprender a valorar el concordar voluntades y opiniones de todas las personas que participan para alcanzar las metas, los objetivos de un POA solitario, el mío.

Reconozco que para mí no fue nada claro aceptar a los procesos de la Planificación Estratégica Anual como espacios de perspectivas y preferencias que nunca fueron realmente plurales, pues sinceramente temía que las propuestas fueran demasiado desiguales respecto de mi propia forma de pensar y soñar.

Es así Christian, tenés razón. Ellos son contratados y vos sos el propietario. Nunca va a ser igual.

Nadie está insinuando que seamos iguales, pero sí inclusivos y atentos con la diversidad de sueños y esperanzas. Y como este sentir «no ser iguales» también era mío, totalmente sin fundamento míos, siempre tuve vivencias anteriores mal entabladas. Estas costumbres gerenciales nunca me permitían ver cómo todo esto influía en la calidad, el rendimiento, el lucro y otros temas determinantes para cualquier empresario.

No es tan sencillo como parece –y nos cuentan los libros de la mejora continua y la innovación disruptiva– cuando lo que se busca es lo construido caminando juntos, pues solo así, creo, eso se sostiene en el tiempo como algo vivo y por eso requerirá constantes transformaciones.

Todas estas sensaciones, silencios y hasta rabia de ambos lados –empleado y empleador– no desaparecen porque sí, y menos con algún documento que dé fe de todas mis nuevas intenciones. ¡No!

Viste, que son desconfiados. ¿Por qué no te creen si ya está por escrito y firmado? Porque vos me comentaste que firmaste un documento con el título; «Qué tengo que hacer para que me pidan que me aleje de la organización ¿verdad?

Aprendí que lo que no se conversa (escuchando respetuosamente) refuerza sistemáticamente distintas vergüenzas, algunas culpas y todo tipo de miedos. Y es lo que nosotros también hacíamos sin saberlo; décadas manteniendo todo bien ordenado, oculto, guardado, y lo peor de todo, aún cuando ambos mundos –Empleado y Empleador– son perfectamente compatibles: es más, uno no existe sin el otro. Pero extrañamente igual nos negamos sistemáticamente y de distintas formas. Incluso esto sucede con los modelos más exitosos en la nueva economía del conocimiento. Por ejemplo, con la última versión de uno de los sistemas colaborativos y lucrativos más disruptivos las premisas no camwwwinfraestructura, no es Empleador. La mega plataforma solo ofrece transporte – que otros necesitan– a sus socios. Es un simple intermediario. El pasajero es el cliente del conductor, pero este no tiene muchas opciones y libertades con él. Si por alguna razón hay inconvenientes como los hay, entonces hay que contactar la plataforma que indica su dirección en Amsterdam. Aquí te responden robóticamente y no hay, a primera vista, número telefónico donde llamar. La sensación es que no quieren mucho contacto directo, necesitamos ser filtrados antes de que nos escuchen. Ni siquiera soy un empleado de Uber, tampoco su cliente directo, pero el modelo se basa en la colaboración, que contradicción.

Y son millones de conductores los que usan esta tecnología y ganan plata. Es imposible atender personalmente a todos los pasajeros. La felicidad no es completa. Yo soy taxista y hace años quiero probar ser un Uber, pero no es fácil, hay mucho miedo. Miedo a mis propios compañeros taxistas amarillos, que nada quieren saber de este nuevo modelo de negocio. Incluso nos amenazan si nos mudamos.

Sinceramente no veo problemas con estas nuevas formas de ser empresario, sí serias dificultades en el camino de los caminantes sin privilegios, pero son superables con diálogos, escuchas y muchas noches inquietas cuando cuesta dormir. Y estos son apenas los primeros cien metros de los miles de kilómetros que debemos recorrer desde ahora más unidos que juntos, escépticos de todo lo dominante.

Nadie dijo que sería fácil ser un agente económico del Desarrollo cuando se busca un bienestar que ahora quiere ser coordinado por todos. Donde cada uno expone lo valioso de lo suyo en función de una mirada inclusiva pero siempre productiva y eficiente.

Ahora podemos nadar todos juntos, pero a contracorriente, ya sin la necesidad de aprobación de las minorías, que son las mismas personas que ya fueron oídas y participaron cientos de veces en la planificación: siempre otros tuvieron algo que decir, pero nadie les escuchó.

La desconfianza es hoy grande y no se resuelve con documentos firmados. Muy pronto volverán a tener la confianza para compartir y será nuestra gran oportunidad para demostrar que sí tenemos oídos para escuchar.

La llegada de los primeros resultados con esta forma de hacer economía obviamente se demorará mucho más y estos no serán tan prácticos de medir. Incluso pueden ser desagradables, pero esto no significa que sean perjudiciales, negativos ni feos. Tal vez el barullo de líder ya no sea tan necesario como antes y esto puede hacernos sentir que ya no somos indispensables.

Creo que uno de los primeros logros visibles y medibles en tu organización fue el alejamiento de algunas personas que contribuyeron mucho con la organización, pero que ahora sus funciones están siendo asumidas por sus subalternos. Se ha de ahorrar salarios con eso... ¿verdad?

Mucho hemos logrado, pero tal vez sea poco para algunos. Ahora bien, las preguntas podrían ser también: ¿qué sabemos de los efectos de nuestras relaciones laborales?, ¿quiénes serán los que se animen a compartir los beneficios que la organización descubre porque antes ni sabíamos que podían ser reales?

Mucha atención a este detalle, pues todos hablamos de lo conscientes que somos respecto a las personas que trabajan en nuestras empresas. Ellos ya escucharon varias decenas de veces que son supuestamente lo más importante y por eso hasta cuentan con un departamento exclusivo para ellos: Recursos Humanos. Son lo más valioso que tenemos, la razón y el contenido de nuestros discursos, agendas y planificaciones, regalos de fin de año... y esto es así, lo sé y lo he sentido así desde mi corazón.

Vos no sabés cuánto invertimos al año en nuestra gente. Te pido más respeto, Christian. Justamente los intangibles son los que aseguran seguir en el mercado. Creo que de eso ni siquiera vos entendés.

Dicen que hoy sabemos más que antes y preferimos seguir invirtiendo en eso, en más y mejores conocimientos. Pero yo creo que no podemos seguir desconociendo el valor y significado de algunas cosas –muy serias e importantes– sobre las cuales debemos enterarnos: ¿cómo saber más sobre quienes están a nuestro lado? Sé que esto no lo hicimos y nunca fue con mala intención. Me refiero a desconocer las *esperanzas* de tanta gente que vive cerca de nosotros, trabajando por horas, días y años.

Sospecho que esto viene más que nada de las ciencias del liderazgo, del management y la gestión del talento humano y de nuestros colonizadores también. Me refiero a pensar como un conquistador bienintencionado que busca lo mejor para la gente, incluyendo a nuestros nativos.

Y, ¿qué necesitan los habitantes originarios? Creo que no necesitamos preguntar, porque nosotros siempre supimos imaginar lo que ellos necesitaban: la mirada del colonizador.

Estas formas nos respaldan hasta el hartazgo e incluso incitó a mis propios gerentes y jefes –con antigüedad y con una confianza especial de mi parte– a preferir mis estilos tradicionales de hacer empresa: levantando la voz sutilmente, preguntando solamente de oficio e imponiendo de la misma forma que yo. Ahora ellos requieren ser nativos y conquistadores al mismo tiempo.

La gente tiene ganas de salir adelante, pero son cómodos, conformistas, lo sé.
El argentino no quiere laburar, por eso tengo algunos a quienes les doy un premio bajo la mesa y me ayudan informando cuestiones importantes sobre sus compañeros haraganes de trabajo. Y a veces hay que gritar un poco también.

Dicen que la desigualdad tiene su origen en una cuestión de orden generalmente económica –que a mí ya no me cierra del todo–. Hace muy pocos años que comprendo de manera distinta y entonces puedo valorar mi *ser* en el hacer de estas personas que nos dan una mano todos los días: nuestros colaboradores. Esta nueva forma de relacionarnos puede sanar: habilitar conversaciones distintas sobre la equidad. Es increíble cuando uno la experimenta.

Ciertamente estuve por mucho tiempo muy bien informado por mis informantes, pero recién ahora empiezo a sospechar que mi desinformación igualmente era enorme. Todo sucedía desde una sutil neutralidad al sentir que nadie me era tan cercano, incluida mi mano derecha. Una especie de distancia por no mostrar (yo) demasiado interés porque no corresponde con mi rol, ya que a la empresa se viene a trabajar. Además, nuestro interés como empresa va más allá de lo económico, y los empresarios lo demostramos cumpliendo orgullosos y mecánicamente con el pago del salario a fin de mes y otros beneficios estipulados en el Código Laboral y también más allá de él.

Y pensar que vos ya has comprobado el valor que tiene preguntar a tu empleado cómo se siente con lo que hace. Que se anime a decirte cómo se siente con el trato que recibe en tu empresa o de vos mismo. Me comentaste que es incomparable lo que generan esos espacios así. Sentirse valorado por alguien y que este ocuparse provenga nada menos que de alguien con poder superior como vos. Pero ¿cuánto tiempo te llevó?

Los empresarios tenemos un camino y es el que valora el conocimiento, estudiando luego su factibilidad como inversión y una vez aprobado sobre el papel y por las instituciones respectivas, lo ejecutamos inmediatamente y sin muchas preguntas. Y ya retumban los nuevos y valiosos «puestos de trabajo» con los que estamos contribuyendo con el valioso Valor Agregado que, a su vez, generará riquezas para el país, donde estaría asentada la inversión con aires de orgullo genuino de un sector privado que no descansa. Esta es una forma de caminar que también construye, no lo niego, pero ¿realmente funciona para todos?

Pregunto respetuoso porque parece que solo sabe hacer crecer y por eso solamente necesita de más líderes y outsiders con intervenciones mecánicas, que asienten con el cuerpo, la mente y el espíritu. La desigualdad ya será la bicoca que resolver.

Dejá de mezclar las cosas. El trabajo es una cosa, la política otra y los sentimientos ni qué decir. Esto tuyo es más para psicólogos o filósofos. Vos mejor no te metas en esto.

En otras palabras, nosotros empresarios podemos tener un magnífico plan, pero las posibilidades para transformar la desigualdad en nuestra empresa o el mundo seguirán porque nuestros mapas se gestionan desconociendo demasiados territorios.

Estas formas que hasta hoy no se eligen son también las que refuerzan la idea de que si eventualmente y por alguna razón no se cumplió con lo acordado en el plan, eso lastimosamente ya no es responsabilidad de quienes planeamos, pues al menos hubo crecimiento y buenas intenciones. El resto se puede demostrar con estadísticas y nuestra idiosincrasia.

Christian, que el desarrollo no llegue y no se sienta es porque no se nos acompaña como nosotros necesitamos en la industria, la financiación, la exportación y otros más.

Yo también quiero como vos habilitar esos espacios para valorar los sueños de todas las personas por igual y generar el bienestar que proclamamos y con el que nos embanderamos en los medios de comunicación. Pero eso, me vas a tener que disculpar, no ocurre porque es harina de otro costal.

Y aprovecho y te digo sinceramente que sos un tipo muy negativo. No me vengas con que la forma de tratar a mis empleados impuntuales también les educa con antivalores, o que el trabajar sin tener exactamente claro y por escrito qué deben hacer para aumentar sus ingresos, o que las mujeres no se sientan cuidadas para denunciar maltratos o abusos en mi propia empresa influyen en su gestión y sus aprendizajes de vida.

Por favor... el empleo es para trabajar. Su vida que la hagan fuera de mi empresa; por ejemplo, los sábados de tarde y los domingos tienen todo el día libre.

Hoy puedo darme cuenta de que, en esta autopista de tantas teorías para crecer, el desarrollo estuvo como un elemento pasivo. Eso me parece. No me hablaron de sus variables, magnitudes, recovecos, profundidades y por sobre todo de su gigantesca complejidad transversal en la empresa.

Es más, para los «obreros», «gerentes» y «jefes» esta cuestión del bienestar es algo que deben buscar, posterior al acto de trabajar y por fuera del espacio laboral, pues los empleos son para trabajar.

¿Y cómo puedo hacer entonces para que la gente solo trabaje y no sienta nada?

Aún no lo sé, aunque seguimos haciendo lo que hicimos siempre. Y esta forma ridícula de pensar podría ser la prueba que demuestra que el peleado crecimiento es lo que mejor podemos hacer, hasta ahí sabemos cómo: es la perpetua buena intención del modelo hacia todos los que participan, porque este solo es capaz de ser entendido desde el bienestar de quienes tienen un poco más de privilegios y no desde el cansancio de quienes ya no saben cómo seguir buscando su felicidad los fines de semana. Hay algo mejor para ellos, siempre y cuando sean los sábados y domingos. ¡Qué sensación!

Pensemos si no es acaso por eso que las Empresas también procuramos, cada vez con más fuerza, cumplir con nuestra parte desde el único lugar que conocemos: el rigor de las teorías y buenas prácticas económicas; entonces casi nadie nos puede reclamar algo.

Ciertamente reconozco que, desde una mirada mecanicista del progreso económico, social, ambiental e incluso humano, esto así sería y es de hecho lo que se debe hacer. Es supereficaz, pero ¿qué pasa? Vemos que no está funcionando para todos como debería, ¿o sí?

Por increíble que parezca, esta no es la única cuestión que se defiende a capa y espada y que no funciona en nuestro mundo. Existen por todos lados muchas cuestiones que son solo eficaces y es necesario que existan porque son buenas prácticas formales, pero jamás fueron eficientes.

Tal vez eso pasa porque hasta hoy no tenemos forma de construir escuchando otras voces que podrían también beneficiarse o ser merecedoras de sus propias decisiones.

Hoy al desarrollo se lo vende como un plan de varios pasos y como resultado de buenas inversiones y ya todo está listo para la próxima gran inversión y apertura de una nueva sucursal para más empleos. Sospecho que por eso tanto nos gusta incentivarlo así.

¿Y qué es lo que no te gusta? Es nuestra sucursal número treinta y cinco. Ustedes no tienen ninguna, sos envidioso.

Para los que aún creen en las fórmulas y soluciones del progreso como ecuaciones exclusivas que permiten el equilibrio entre la inversión privada y el viento de popa desde el sector público, les comparto que esto podría ser cierto, pero es incompleto hasta decir basta.

No voy a hablar acá de lo que no conozco como es del Estado y de la función pública, pero sí de lo otro, de lo mío y que creo aprendí mejor.

Ocurre que cuando me tomé el tiempo necesario porque hoy insisto en procurar cosas nuevas, muchos contenidos cambiaron su sentido para mí. Así los «doscientos» empleos que nosotros ofrecíamos orgullosos significaban también otras cosas y no solo lo que imaginaba. Incluso para la mayoría fue siempre apenas una partecita muerta en su vida.

¿Por qué decís muerta, Christian? Pará un poco.

Cierto, esa palabra tal vez es exagerada, pero para la gran mayoría en Latinoamérica hoy los puestos de trabajo lastimosamente son lugares de *experiencias personales* no siempre positivas; en todo caso más cuidadoso diría, muy poco virtuosos. Es decir, el empleo existe en su vida solo porque lo necesitan y no porque les gusta estar ahí.

Ya te dije: al que no le gusta, es libre de irse.

Pero aunque quieran quedarse, los empresarios necesitamos aprender de nuevo, esta vez por nosotros mismos: hace buen tiempo que el trabajo ya se entiende como un componente en la vida de las personas. Es decir, la gente trabaja para vivir una vida, la suya; una que también pueda empezar en y con el mismo empleo.

Nosotros no somos el centro de sus vidas y eso no está mal. No debemos enojarnos o considerarlos unos malagradecidos por eso. Las personas no existimos únicamente para cumplir objetivos económicos. Ciertamente existen personas que en momentos muy rentables de sus vidas trabajan sin parar, pero esa ya es una decisión muy personal e inspirada en ese momento de su vida y tal vez por los resultados. Y esto también es necesario.

Y esa es la forma. Así hay que trabajar. Por eso no me entiendo con el que solo quiere tomar tereré.

Tal vez esta es una posibilidad, pero ¿qué hacemos cuando esta forma exagerada no es rentable para todos? Es como una taza de café con leche o una taza de leche con café, donde el café es la vida personal y la leche solo corta al café. El Empleo puede transformarse en un medio de vida alentador para las personas, pero dependerá de cómo lo gestionamos nosotros, empezando por comprenderlo desde un lugar distinto.

Puedo incluso ir más allá y elegir mirar esta circunstancia como que estoy solamente para facilitar la vida de esa persona empleada. Estoy para colaborar desde donde me toca porque naturalmente tengo más poder. Colaboro en la gestión de cuestiones, tareas y metas que le permitan sacar el mejor provecho de su empleo y no por eso me siento menos gerente. Al contrario, ahora entiendo lo valioso que es el empleo para ellos y para mí toma una dimensión distinta. Estos lugares son un medio para alcanzar sus propios sueños y luego, con eso mismo, yo gestiono mejor los míos. Pero para hacer y ser esto así necesitamos de tiempo y de mucha voluntad. Y, de ellos, las ganas de relacionarse distinto y luego inmediatamente producir diferente.

¿Las ganas, decís? O sea, si no se le da la gana, no hace.

En el trabajo (empresa) todos hacemos cosas para otros. El tipo de *relación* es entonces determinante para las ganas de seguir haciendo esas cosas. Sin embargo, parece que la gente está solamente coexistiendo con nosotros durante un periodo determinado de su vida y para el cual se acuerda –no siempre de común acuerdo– un salario, algunos pagos o incluso solo una especie de recompensa.

Dale algo para la Coca Cola, es poco lo que le pedimos que haga. Igual ya les pagamos por el resto.

Pueden *sentir* cómo ahora la perspectiva sobre un puesto de trabajo no siempre es la de un empleo virtuoso. La interpretación ha cambiado drásticamente. Sí. Ahora el mismo lugar es además una función de la relación y los tipos de vínculos entre «el empleado y el empleador» y ahí está el potencial (beneficio) de ambos. De esta forma –y a pedido de los reduccionistas– podemos sintetizar en algunos conceptos posibles: *vínculos laborales, vínculos para la calidad, vínculos productivos, vínculos para la eficiencia, vínculos rentables, vínculos lucrativos.* Y *vínculos* entendidos como lo que son: relación no material, especialmente la que se establece entre dos personas.

Disculpame, pero esto es un disparate. Definir a la relación, a un vínculo como algo puramente productivo suena a explotador. Es demasiada cosificación.

Desde esta nueva perspectiva, el Empleo ya no es solamente una ocupación cosificada del ser humano, sino una actividad de varias horas al día que genera ingresos para *ser* mensualmente *humano*; por eso, es económico y social. Y la cosificación existió siempre, tácita. Ahora la hacemos presente, pública para que represente lo que también es: un medio no el fin en sí mismo.

El Empleo es un medio capaz de activar efectos inmediatos –bienestar y progreso–, cuando el trabajador se siente seguro, en paz y libre en su «puesto de trabajo». Si bien sigue siendo un complemento, ahora puede elegir que su trabajo sea una parte importante de su vida.

Es cierto. ¿Quién no quiere que su empleo sea una parte feliz y querida en su vida? Como se dice, es «el sueño del pibe». Pero la felicidad nunca es completa, vos mismo lo decís.

Para mí, el Empleo puede convertirse definitivamente en el componente del Desarrollo Humano que faltaba. La persona contratada –que ahí vive y trabaja pero que primero trabaja para vivir– compromete ahora su vida con su horario laboral.

¿No fue acaso así siempre: el horario laboral incluido en la vida de las personas?

Pienso que tal vez por eso nunca sirvieron del todo las oficinas de Recursos Humanos así como se las estructura hoy, pues ahora aprendí que se necesitaban primero mejores relaciones laborales y no tanto premios o gestiones para los recursos.

Y ya que vengo tocando distintos temas –pero que sin excepción convocan todos directamente a esta bendita oficina del personal– debo hacer mea culpa y reconocer: hay una realidad silenciada, postergada en la vida profesional de miles de «jefes» o «gerentes» que también sienten, y es la de los psicólogos organizacionales. Nobleza obliga a admitir la deuda de las organizaciones empresariales con esta especialización de la psicología.

Sí, es así. Y millones son los intereses moratorios que estamos pagando nosotros mismos por nuestra «no competitividad» nacional y regional, resultado de inducir sensatamente a estos profesionales a colaborar con esto de *ser*, nosotros Empresas, espacios económicos políticamente correctos en la vida de nuestros empleados.

Esto es realmente complejo de re-aprender; es decir, comprender de nuevo pero ahora con ellas y ellos en el centro de la relaciones. Lo hice, me senté y aprendí a preguntar y escuchar. Y déjenme decirles que es maravilloso, pues les cuento que a nuestra organización le abrió tremendas posibilidades al enterarme de que todo estuvo siempre ahí para ser útil y generar los espacios necesarios para transformar todo eso que siempre buscaba –pero que perseguía de la forma equivocada–: calidad, rendimiento, puntualidad, eficiencia, orden y mucho más.

Hoy veo al progreso humano como una ecuación de personas y sus *seres* en sus puestos de trabajo, un hábitat positivo, provechoso e inspirador también para ellos y no solo para los organizadores de los espacios.

¿QUÉ HERRAMIENTAS TENEMOS PARA GESTIONAR LAS RELACIONES LABORALES O FAMILIARES QUE TE DESAFÍAN?

¿QUÉ PODEMOS HACER CON LAS PERSONAS QUE TUVIERON HISTORIAS DISTINTAS A LAS NUESTRAS EN SU VIDA PERO TRABAJAN CON NOSOTROS?

¿Empleados felices para organizaciones exitosas?

La concepción de este proceso de *coordinarnos juntos* en los puestos de trabajo ahora es voluntaria y compleja, y lo seguirá siendo por siempre, pues implica la consulta permanentemente a otros sobre cómo podría *ser* o estar mejor lo que hacemos. Imaginar ya no es suficiente, ahora debemos dudar para escuchar. Son muchos desafíos y en su mayoría me implican primero a mí, el número uno: gerente, patrón, dueño, heredero, ingeniero sabelotodo.

Los ejes ya no son solamente los haceres, sino también los sentires e interpretaciones que antecedieron y que hoy están presentes cuando hago cosas para alguien. Ya no tiene mucho que ver con instalar o insistir con alguna que otra nueva forma o versión metodológica –como la japonesa– para el orden y la limpieza las Cinco Eses o para la calidad la ISO9001, o el famoso tablero de comando con su nombre en inglés *Balance Score Card* y tantas más. Necesitamos «pensarnos en comunidad» pero ya no a partir de evaluaciones y observaciones mecanizadas de las conductas y el clima organizacional.

Pero, ¿por qué? Las encuestas son buenísimas, facilitan porque te limitan a responder según lo estipulado en las respuestas multiple choice, seguro que ni conoces como funciona esto. El método explica sus respuestas. Ciertamente no siempre me preguntan lo que necesitan, pero por algo será. Los que inventaron estas formas saben más que yo.

La mayoría de los empresarios sabemos que estas prácticas son hoy tendencias o por ahí cerca están. Pero hoy diría que para mí estas maneras son anticuadas para construir empresas felices, porque suponen la existencia de antídotos únicos, capaces de ser producidos en exclusiva por algunos laboratorios: naturalmente los que más saben sobre las incomodidades y el incumplimiento de sueños ajenos sean clientes, compañeros de trabajo y proveedores.

He visto con mis propios ojos –durante presentaciones hechas sobre servicios de asesoría supuestamente necesarios en nuestra organización industrial–, que para estas prestigiosas consultoras internacionales no importa mucho cuál sea exactamente la dolencia organizacional o si el remedio que ofrecen mecánicamente es realmente necesario de esa forma o si tal vez tendría efectos adversos; ellos tienen esas Soluciones y es lo que hay.

La verdad es que es así. Me refiero a cuántas veces nosotros también recibimos a personas que vienen para ofrecer sus servicios, pero antes nunca nos preguntaron qué necesitamos. Y naturalmente que no, pues en el mercado se ofrece al por mayor y los motivos de nuestras fallas con clientes son siempre en función a los estereotipos que te comenté, ¿qué más podrían querer preguntar? Además, si algunos lo hicieron, todos lo hacen.

Ciertamente todas las organizaciones tenemos decenas de cuestiones que repensar, pero de ahí a presentar siempre sus motivos todos como palpables, tangibles y prácticos de implementar –desconociendo los asuntos que describo en este libro– me parece extremadamente engañoso para nuestro tiempo.

Sé que también me leerán mis compañeros de trabajo de nuestra imprenta. Y también sé que así ellos empezarán a enterarse más minuciosamente cómo estoy comprendiendo que primero siempre fuimos personas y luego empresa, y entonces alguien podría preguntarme:

Señor, pero... con todo lo que vos acá nos compartís, ¿cómo puede ser que los demás empresarios no se den cuenta?
Y usted mismo, ¿por qué tardó tantos años en darse cuenta de la importancia

que tiene el trabajo en la vida de la gente? En mi caso es una de las cosas que mejor me hacen sentir hoy día porque siento que valgo, porque con mi esposa las cosas no están bien. Ella me dejó por otro. Pero ahora con todo esto del sentir en la empresa, me doy cuenta de que yo tampoco le escuchaba a mi esposa. Nunca le pregunté cómo ella se siente conmigo.

Le diría, sonrojado, que lo que hemos venido haciendo está fuertemente impregnado de inercias dominantes y que así muy fácil y rápido no se altera; diría que estamos hablando de toda una cultura que sintetiza diagnósticos e insiste con recetas, y donde tal vez hace tiempo todos nuestros remedios son peores que la enfermedad. Sin embargo, es lo que sabemos porque somos nosotros mismos los que salimos a buscar «soluciones», así nos formaron. Y la necesidad para conversar otras posibilidades aún no se activan.

Quiero decirles que nuestra no calidad, no puntualidad o el desorden de escritorios y cajones míos y de ustedes (mis colaboradores) no tienen una Solución como los expertos nos han dicho por años. Y las personas que aún creen en esto de que en Zamphiropolos algunos somos los que debemos pensar por otros, sepan disculparme, pero ninguna de nuestras fallas con clientes tuvieron causas que ya no hemos pensado entre «esos algunos» durante las decenas de reuniones que ustedes han visto que tuvimos.

En este sentido, la mayoría de las respuestas a las preguntas sobre nuestras dificultades organizacionales tampoco serán necesariamente felices para mí y tampoco para ustedes (trabajadores), así como muchos creyeron al inicio de estas nuevas «formas relacionales» en nuestra organización. Y estas son para mí hoy las características que describen una propuesta que ya no es ni busca una solución feliz, sino apenas las formas que los acuerdos tendrán entre nosotros.

Ya no somos ilusos creyendo que las empresas que admiramos tienen solamente personas que solo disfrutan de todo.

Por fin leo algo que me gusta en tu libro, Christian. Ya me sonabas a sindicalista. Parece que vos aceptarías que la gente haga lo que quiere y lo que siente en tu empresa.

Seguir presentando nuestros informes centralizados sobre facturación, ventas, fallas, de la mano de las teorías de siempre, es para mí hoy un acto de imprudencia. Lo digo especialmente en función de los más perjudicados con estas formas mecánicas: hoy estamos intentando hacerlo distinto.

Si todo fuera tan sencillo como que existen Soluciones para cada circunstancia que no nos apetece (problema), ¿acaso no estaríamos ya vendiendo las fórmulas del éxito? Y es cierto que en el mercado andamos hace tiempo así, pero no me di cuenta de que hasta hoy no todo está más resuelto y tranquilo que antes en mí empresa, mi país y menos en el mundo.

Estamos llenos de profetas expertos y bienintencionados con sus propias fórmulas del éxito (teorías) y de un altísimo nivel: más resultados visibles e inmediatos ofrecen, más costosos son. Y funciona de maravilla.

¿Acaso vos con este libro no estás ofreciendo también la solución para nuestros problemas?

Acabo de enviarte un videíto por WhatsApp y dice que no se trata de derecha o izquierda en los gobiernos sino que todo es cuestión de tener sentido común a la hora de elegirlos. A primera vista, el video me pareció tan cierto, pero luego de leerte me pregunto ¿cuáles son los criterios para saber cuándo mi sentido es común? O sea, ¿común en función de quiénes o qué?

Tal vez para un grupo de personas algo sea *común* y tenga sentido, pero para otras no tanto. Entonces, ¿cuál de los comunes es el verdadero común? Y con respecto a que tu *sentido común* quiera llevarte a pensar que todo lo que aquí yo comparto sea la Solución, de eso no puedo hacerme cargo.

Creo que ya no necesitamos modelos mecánicos y repetidos que proclaman resolver lo que sea que pidamos y menos para nuestro futuro, porque tampoco el denominador común –en sus fórmulas de progreso, desarrollo y bienestar– puede seguir siendo lo mismo para todas las soluciones. Es irreal.

Ya que mencionamos tanto al sentido común, ahora quiero compartirles algo que me llama mucho la atención: parece que los que organizan y luego proclaman estos paquetes de Instrumentos y Soluciones lo hacen preferentemente desde la posición de gallinas involucradas y no tanto de chanchos comprometidos. He visto que el riesgo de sus propuestas siempre está organizada según su propio modelo de sentido común.

Qué importa si la palabra solución no es la correcta o el sentido común no es común. Llamale cangrejo o como quieras a todo lo que se hace. Lo que importa es que se hacen cosas para mejorar, mientras vos solo criticás.

Yo también hubiera querido que sea así, pero sinceramente no puedo aceptar seguir eligiendo con pinzas lo que hago y busco, pues claramente nuestro modelo de crecimiento no funciona para todos por igual.

El cerebro busca lo fácil y las soluciones son modelos generalmente preferidos. Las palabras que elegimos no son cualquier cosa en la construcción de ese pensamiento que nos hace creer que todo tiene una Solución: los nombres y formas que damos a las cosas (que no nos gustan) construyen esas realidades con los resultados que están a la vista, pero igual todo tiene una Solución.

En mi país (Paraguay) hoy se proponen criterios que –dicen– son las claves para acelerar nuestro «desarrollo», pero luego se etiquetan con nombres que no son precisamente los más completos o reales. Después, con los actos de análisis posteriores y bienintencionados, esto nos confunde a los ejecutores del desarrollo y así confundidos empezamos (no de la mejor manera) con lo que sí hemos aprendido: seguir creciendo.

Sin saber creo que muchas empresas ofrecemos numerosos recursos (y apoyo) desde esta confusión, bajo el requerimiento y la creencia de estar altamente involucrados con las Soluciones que todos necesitan. Luego naturalmente queda esperar los cambios en los demás cuando en realidad primero necesitamos favorecer las actitudes necesarias –como la humildad y las ganas de ser participativos– desde todos los recovecos de las empresas y la sociedad.

Ojo, dije favorecer refiriéndome a habilitar la posibilidad de valorar la importancia de hacerlo entre todos, ahora participativamente y no creer que se necesitan aptitudes determinadas para ser parte de algo importante.

Ingeniero, por fin te oigo distinto. Te juro que nunca imaginé escucharte así en la empresa. Eras insoportable, pero nadie se animaba a decirte. Bueno, a veces seguís siendo denso.

Seguro que sigo siendo parecido a lo que fui. Son nuestros pensamientos y la forma de (sentir) nuestras aproximaciones las que podrán alterar de forma brutal la interpretación que hasta hoy tenemos de nuestras circunstancias desagradables, seamos una familia, una empresa o un país.

Por ejemplo, la realidad de que nuestra industria nacional no está a la altura de la competitividad internacional con patentes, innovaciones y otras herramientas que sostienen el desarrollo económico es ciertamente triste. Pero hoy para mí esto tiene que ver primero con nosotros mismos. Inmediatamente me exige y me coloca en lugares incómodos respecto de las profundas transformaciones que necesito –y que no vienen gratis–. Estarán acompañadas de sufrimiento personal, estrés por la incomodidad y la angustia que conlleva reconocer los lugares (nuevos) que necesito descubrir.

Ya empezás de nuevo con tus exigencias y azotes innecesarios a vos mismo. ¿Por qué tenemos que sufrir? Hagámoslo, pero sin angustiarnos. Hay tantas cosas lindas que se hacen y a las que vos también podés sumarte.

No se trata de sufrir por sufrir, como es el caso de tantas personas que aguantan mucho sin que eso les lleve a un mejor lugar. No. Aquí me refiero al malestar que transforma, la incertidumbre que generalmente permite nuevas comprensiones junto a otras y otros, algo así como completar el proceso de superarnos a nosotros mismos, ser resilientes y todas esas cosas que ya nunca acaban cuando empiezan, pues te das cuenta y las posibilidades se multiplican.

Son los momentos incómodos en nuestra vida los que podrían llevarnos a observar distinto qué es lo que está sucediendo. Todos conocemos bien esos momentos y ciertamente hacemos todo lo posible para evitarlos. Y así es como creo que desaprovechamos estas formas nuevas como posibilidades de colaborar entre nosotros.

Sería como leer la frase del famoso Woody Allen que dice: «El 80% del éxito se basa simplemente en insistir». Pero el éxito no es sostenible en el tiempo si se lo construye como algo individual desde el insistir de uno mismo al lado de otros. Entonces sigue siendo cierto que el 80% es insistir, pero ahora haciendo presente que podría haber personas detrás de ese éxito, y que no sabemos cómo les afectan: ¿les sumaron o tal vez les restaron nuestras insistencias económicas?

Quizá con miradas más participativas y colaborativas será más franco iniciar este tipo de conversaciones con frases como la del señor Allen, buscando procesar los sentires de todos para que decanten hacia éticas de relacionamiento distintas a las que hoy conocemos, más inclusivas para todos los presentes y ausentes.

Ya no tengo respuestas, estoy solamente buscando una especie de nuevo hilo conductor, ciertamente medio desagradable pero necesario para activar transformaciones primero en mí, luego en mi entorno: ya no solamente cambios apurados desde liderazgos todavía más apremiantes.

Nosotros, latinoamericanos, no necesitamos cambiar sino re-conocernos profundamente, primero entre nosotros mismos conversando, escuchando, habilitando espacios para todos los participantes. Luego, nuestro propio hacer podría ser comunitario y contagiar tal vez al resto –que, advierto, no nos creerá de buenas a primeras. Creo que esto podría ocurrir pero si lo gestionamos cuidadosos en función de algunas premisas darwinistas. En nuestro caso, los más flexibles y los más aptos colaboran con todas las demás especies y así nadie se extingue, todo mejora y nos fortalecemos unidos y progresivamente.

Para quienes prefieren un ejemplo más práctico, haré una analogía con una casa vieja llena de recuerdos. ¿Qué es más fácil y más rápido: cambiar los muebles empotrados en la cocina vieja o transformar lo viejo en algo mejor y más lindo, conservando lo que se puede por el inmenso valor que la antigüedad le confiere y mantiene vivos los recuerdos y vivencias de la casa?

¿Somos tal vez una empresa con cocinas viejas, pero contratamos continuamente a ingenieros nucleares para modificar apenas algunas partes en ellas?

Cambiar es fácil e incluso hasta se puede contratar a extraños y expertos para que lo hagan por nosotros, tal cual lo he venido haciendo. Pero mirarse distinto no permite delegar: exige compromiso como el chancho y su tocino. Involucrarnos como gallinas ya no será suficiente.

Debemos aprender a escuchar y permanecer callados, saber preguntar una y otra vez sobre aquello que no solo a nosotros nos gusta. Esto, creo, enseña algo fundamental: aceptar que en el proceso nos sentiremos mal y por eso podemos mirar a otro lado, pero no por vergüenza, sino buscando compartir la incertidumbre.

Pero a nuestra gente le gustan los asados, ser servidos con mozos, los regalos como la mochila escolar a inicio de año o los préstamos de dinero para tener un terreno propio. No sé vos, pero la verdad es que los empresarios que conozco lo hacemos de corazón y ahora estoy incluso en un programa de inclusión para sordomudos. Hago muchas cosas buenas. Pronto nuestros baños y accesos serán remodelados y así seremos una empresa inclusiva.

Más allá de estos desafíos que asumía libre y voluntariamente con nuestra organización, colocando variables de riesgo adicionales a mi función, hacer las cosas así era también una necesidad urgente, y les comparto el porqué: nuestra imprenta –igual que todas las imprentas del mundo– se encuentra hace décadas azotada por nuevas tecnologías y transformaciones extremas de mercado, lo que me ha obligado a tomar decisiones muy bruscas.

Así como Netflix ha destruido el negocio del alquiler de los DVD, en nuestro caso, las tecnologías de impresión digitales también han hecho de las suyas y fueron muy discriminatorias. En este sentido, la industria viene sufriendo enormes pérdidas: imaginen que fueron más de 50.000 las imprentas –y otras empresas relacionadas con la industria del papel– las que quebraron en los últimos quince años en Europa. En Latinoamérica este proceso no ha sido tan distinto. El avance tecnológico en determinados sistemas de impresión –y formas de compartir contenido– ha sido muy grande y viene afectando hace buen tiempo a nuestras formas industriales y lucrativas.

Las imprentas que no supieron reinventarse ya han muerto, y los industriales gráficos sabemos muy bien que lo que hace diez años eran nuestros caballitos de batalla –revistas, afiches, volantes, tarjetas, facturas– hoy no tienen futuro alguno. En otras palabras, nuestra industria viene hace buen tiempo con la enorme necesidad de redescubrirse: empezó allá por los noventa con internet y en el 2010 se acentuó con las primeras aplicaciones (app) online en el celular.

Entonces hoy concluyo que el modelo de gestión aplicado desde mi llegada de Alemania en el año 1996 y hasta el 2018 no fue otra cosa que un sucedáneo de modelos asumidos a los que mis discursos y circunstancias robustecieron.

Vos querés cambiar algo que funciona. No entiendo. Las empresas se funden cuando son lentas, lerdas. Todos básicamente lideramos nuestras empresas así como nos enseñan. Somos grandes administradores de prioridades porque los recursos no alcanzan para todo. El Gobierno tiene su parte.

Quiero citar frases autóctonas que hablan mucho de estos modelos de liderazgo con ideologías (fascistas) que también construyeron mi forma de pensar a la hora de gestionar nuestro rendimiento, la eficiencia, la puntualidad, el nivel salarial y otros para no fundirnos. Y no estoy juzgando a ninguno. Yo los usaba también, y mucho. Solo estoy tratando de comprender el porqué de todo esto.

1. El paraguayo no quiere trabajar.
2. El ojo del amo engorda el ganado.
3. A la empresa se viene a trabajar; los problemas se dejan en la casa.
4. Solo escoba nueva barre bien.
5. La ley del *ñembotavy* (Hacerse el tonto).
6. Nuestra idiosincrasia es el problema: somos puercos y malagradecidos.
7. La clase política es nuestro gran problema.
8. El contrabando está destruyendo la industria nacional.
9. Los importadores son frenos de la industrialización.

El año 2019 fue para mí un año singular para encontrar algunas de las respuestas a mis nuevas formas de preguntar, por ejemplo, en función de estas malditas nueve frases.

Fue ese mismo año cuando nuestro sistema de gestión ISO9001 me abofeteó con la cruda realidad: el modelo de gestión de mejora que veníamos aplicando obedientes sumado a nuestras planificaciones estratégicas anuales –el POA y otras cuestiones tan rimbombantes– no estuvieron solucionando nada, al contrario.

¿Y cómo sería eso? Pues a las demás empresas sí les funciona. Además errar es humano, Christian.

Y bueno, luego de once años de normas y preceptos estandarizados se hizo muy visible que lo esencial siempre estuvo ahí al lado mío, pero en modo off (modo avión) y ni este estándar internacional supo ayudarme con esta reflexión. En el año 2019, nuestros errores de producción alcanzaron la exorbitante suma de USD 153.000 y este monto superó todo lo alcanzado alguna vez por fallas y errores en nuestra organización.

Sinceramente estaba anonadado pero sentía que esto era lo que necesitaba: un mensaje, una paliza fuerte. Para mí estaba claro que seguir mirando y analizando exclusivamente los informes de no conformidad y luego las utilidades y otros ratios predominantes de la industria y la economía nunca más serían suficientes.

Para reducir nuestras fallas y pérdidas las miradas debían ser participativas, pero distintas a lo que conocíamos como participativo. Así que lentamente estamos empezando, muy lentamente. Hoy nuestros ejes son las relaciones desde las conversaciones sobre nuestras responsabilidades individuales y colectivas, considerando que las personas no hacen lo que dicen sino que también harán lo que *sienten* en función de *para quién* lo hacen, aun cuando trabajen y tengan por escrito lo que deben hacer.

Algo de cierto ha de tener esta frase, pues si hay algo que logramos con la ISO fue que cada puesto de trabajo, cada proceso productivo tenga una descripción exacta del cargo, incluso autografiados por el mismo ejecutor. Sin embargo, los errores y las fallas nunca cesaron.

Otro dato interesante: los resultados de nuestras encuestas bianuales de clima organizacional mostraban que el 78% de nuestra gente estaba satisfecha, pero las fallas se repetían y nunca paraban de ocurrir. Mis colegas me decían que los motivos estaban entre las nueve frases que cité más arriba –y entonces fuera de mi alcance–, que además no me preocupara ni por el porcentaje, porque nosotros con todas esas fallas igual estábamos en el promedio de la industria gráfica y la gente, de hecho, nunca iba a estar 100% feliz.

¿Cómo es el promedio?

Aquí me conviene compartir el siguiente dato: la relación entre el valor total de las fallas en nuestros productos impresos y nuestra facturación siempre se mantuvo entre los índices que nuestra industria acepta. Hay muchas perspectivas respecto a cuánto es aceptable que la producción y la administración falle. Nosotros manejamos un valor entre 1% y 1,5% de la facturación.

Y entonces, Christian, ¿de qué te quejás? No te entiendo.

Podemos tranquilamente afirmar que todo está pronosticado y seguir así… certificados. De hecho, supongo que estos son hoy algunos de los criterios financieros y presupuestarios que la gran mayoría de mis colegas utilizan y por eso continúan firmes en sus puestos y con sus modelos del hacer, pues las estadísticas funcionan y las certificaciones no mienten. Pero algo no me cerraba de este dato estadístico, y menos el valor porcentual. Un día me pregunté: ¿qué hay del *sentir* de los empleados que estuvieron involucrados con la producción que el cliente rechazó?

Ese 1% de pérdidas económicas no equivale jamás al 1% de las 200 personas que trabajan en la empresa. Muchos procesos son necesarios para fabricar un libro, un cheque, un ticket con niveles de seguridad antifraude. ¿Qué sienten todas ellas y ellos siendo los empleados que pudieron haber fallado? E imaginen, ¿qué les pasa por la cabeza a los jóvenes estudiantes que hacen sus pasantías laborales y experimentan, ven y escuchan todo esto de ellos y también de mí?

Creo que así lentamente empezaban a germinar nuevos estadíos de relacionamientos productivos desde un pensar mucho más participativo en el quehacer de cada uno. Esto significó para mí descubrir nuevas posibilidades de un «relacionamiento colaborativo». La mayoría de mi gente no sabe bien cómo superarse en solitario, pero podía intuir que una colaboración que empiece con apenas el un 1% de todos nosotros, podría cambiar nuestro futuro.

Un día me di cuenta que solo los accionistas de la sociedad, los gerentes y algunos que otros jefes tenían el acceso para *relacionarse distinto* conmigo. Pero mis vínculos con los demás empleados igualmente son excelentes, pues con los distintos programas de apoyo, conversaciones teóricamente sinceras y los festejos para ellos siempre soy un gran patrón.

Y con esta forma de relacionarme, tal vez exclusiva, la mayoría no estaba pudiendo construirse, inspirarse, participar con lo suyo, salvo agradecer los festejos, mostrarse feliz y así asegurar su techo y comida.

Pero ¿qué más querés ofrecer? Ellos ya están muy agradecidos, eso es así. ¿Qué parte no estás entendiendo?

No se trataba solamente de que ni siquiera mis relaciones con mis gerentes allegados era sincera, sino que además parecía que los puestos de trabajo podrían no haber servido a la mayoría por el significado (deteriorado) que estos tenían, diría que estaban prostituidos. A mí hoy me ocupan los efectos *emocionales* que todo esto ejerce sobre las personas: ¿cuáles son las consecuencias de este modelo que sabe muy bien cómo inspirar con empleos pero luego nunca llega lo prometido?, y no me refiero solo a lo económico.

Y más allá de que ya con la entrevista de trabajo se pudo haber fallado, prometiendo algo que no correspondía para ese momento, el modelo salarial no se basa en ningún plan interno de carrera, lo cual deja todo sin una explicación o perspectiva que sostenga alguna posibilidad de inspiración para el esfuerzo de estas personas contratadas, que luego estaremos juzgando con una de las nueve frases citadas arriba.

También es cierto lo que decís, pues nadie se va a esforzar si ni siquiera sabe lo que tiene que hacer para ser visto como una persona que mejoró su rendimiento y que eso le valga a él un aumento salarial, un reconocimiento interno frente a sus compañeros y superiores, una apuesta a su esfuerzo, a su vida.

Y hablando de mejorar, ni las grandes empresas se comportan a la altura de todos los recursos disponibles que tienen. Bueno, salvo la industria financiera y las multinacionales, ahí sí pagan muy buenos salarios y ofrecen beneficios extras. Me pregunto cuánto tiempo será que un empleado aguanta, porque su salario es bueno, pero la convivencia laboral no tanto. ¿Y cómo será esto en sociedades desarrolladas donde renunciar no es tan trágico y amenazante como en esta región?.

Finalmente, los porcentajes mencionados más arriba son irrefutables y determinantes, pero igual no expresan el despilfarro de *emociones* y *sentimientos* desoídos con mis *vínculos productivos*. Quizás como ejemplo puedo hacer una analogía y triste aceptar que tal vez apenas el 1% de las relaciones que se tenían eran las deseadas y virtuosas para nuestra comunidad laboral.

Es increíble e innegable cómo los *sentimientos* –emociones que fueron procesadas y que las incorporamos con el correr del tiempo y las fallas ocurridas– influyen, y porque además se activan inmediatamente en función del acto de saber diariamente para quién hacemos lo que ordenan los instructivos y manuales de funciones.

Por último, quiero compartirles que los USD 150 000 no significaron más fallas y errores en ese año 2019 respecto de años anteriores, ¡no! Semejante monto significó el minúsculo inicio de los primeros resultados de nuestras nuevas formas de encontrarnos y conversar, en confianza pero con responsabilidad.

Creo que en ese año algunas personas –incluyéndome– empezaron a sentir distinto y a creer en una confianza diferente. Y quizás fue solo por eso que tuvimos el acceso al casi total de las fallas y errores que antes siempre se mantenían ocultos, aun con la certificación ISO. Esto sucedió gracias a momentos embarazosos, desagradables, no felices pero dentro del marco de nuevos acuerdos.

Entonces empresas exitosas son primero organizaciones sinceras y esto supone momentos infelices, empezando desde arriba. Sabemos que no todo va ser color de rosa pero si todo va ser acordado. Creo que las organizaciones que funcionan no surgen de momentos solamente felices.

¿CUÁLES SENTIRES TUYOS CREES
QUE ESTÁN ALEJANDO A TUS COMPAÑEROS
DE TRABAJO DE TU ACOMPAÑAMIENTO?

¿CÓMO TE IMAGINÁS QUE TAMBIÉN TE NECESITAN
TUS COMPAÑEROS DE TRABAJO:
CÓMO SUPERIOR O SUBALTERNO?

¿Queremos realmente salir de la zona de confort?

Tal vez primero necesitamos asegurar la zona. Sí, una desde la cual podamos proponer «tranquilos y seguros» las alteraciones en las zonas ajenas.

Entre tantas nuevas sensaciones, comprensiones y mis ilusiones por construir la eficiencia, *sentir* la productividad o acordar nuevas formas de visibilizar la impuntualidad, estas nuevas *éticas relacionales* en el territorio laboral empezaron a revelarme que la potencia organizacional –esa que envidiamos de países nórdicos y nosotros, necios, queremos copiar mecánicamente– podría estar desperdiciada en los intersticios de nuestra propia *convivencia*.

¿Acordar la puntualidad? La puntualidad se cumple y ya. Esto sí ya es el colmo en tu modelo.

Así empecé a enfocarme mucho menos en los flujogramas del hacer desde la creencia verdadera que me inculcaron de memoria, solo era necesario hacer cumplir los procedimientos firmados: que cada uno hiciera lo que debía y a otra cosa mariposa.

Con estas nuevas preferencias en mis pensamientos todo empezaba a ser desacostumbrado y era exactamente eso lo que necesitaba, lo sentía desde lo más profundo de mi *ser*. Ya no podía seguir leyéndome a mí mismo sobre mis miserables quejas económicas, organizativas, de la clase política y de la idiosincrasia paraguaya.

Y como ya empezaba a darme cuenta de que para pensar distinto necesitamos que las personas también se sientan diferentes, muchas cosas formales ya no tenían sentido y empezaban a no cuadrar más en mi cuadrada mente circular.

Recuerdo que uno de mis primeros grandes desafíos en nuestra organización –allá por el 2017– fue con mis ocho cabezas: Gerente de Producción, Gerente Comercial, Gerente de Tecnología, Gerente de Seguridad Física y Riesgos Corporativos, Gerente de Recursos Humanos, Gerente Administrativo y Financiero y Gerente de Calidad. Aprovecho y les comparto que, de hecho, me fue posible empezar de cero gracias a la paciencia de cada uno de ellos: Vladimir, Andrea, Fabián y Luis, Darío, Hugo, Cristina y Mariela.

Tener que reconocer a este equipazo que mi propio discurso de anfitrión era siempre dominante no fue fácil para mí. Y para ellos en sus propios espacios de poder, tampoco.

Desde estas costumbres que parecen no tan importantes en el día a día, ellas y ellos aprendieron a sumar para no restar. Por ejemplo, me daban la razón y luego en espacios de conversación o reuniones con sus respectivos equipos directamente ignoraban ciertos o muchos detalles impuestos, todo para proteger al patrón (yo), alguien que tiene buenas intenciones y por eso necesitamos cuidarle. Imaginemos algo así:

¿Viste lo que nos volvió a pedir el ingeniero Christian ayer? Yo no puedo seguir pidiendo algo que nosotros mismos no damos y la gente se da cuenta de eso, pero no se habla y reconozco que tampoco sé cómo hacerlo. Así es que voy a negar si me preguntan, total a la empresa se viene a trabajar, a cumplir.
A veces quiero decirle de frente y en su cara al Ingeniero, pero luego me acuerdo de cómo reacciona y te explica siempre todo, y entonces se me pasa como a la Rana René.

Tantas circunstancias compartimos con cada persona diariamente en lo laboral, pero conversar sobre ello desde cada punto de vista no nos está permitido. En mi caso, esas circunstancias estaban relacionadas conmigo y era el único que no lo sabía. Qué horrible sensación.

Buen día, señor Gerente, ¿cómo van las cosas? ¿Qué te parece esto que estamos haciendo ahora con las llegadas tardías y el nuevo sistema de gestión de la información para Recursos Humanos?

Todos obedientes, disciplinados, correctos y educados, pero solo delante de mí y luego con buen silencio. Lo importante era quedar bien y cuidar al Ingeniero, pues malo no es.

Como parte de este complejo organizacional, hoy me sorprendo sobre la capacidad que hemos desarrollado los adultos (profesionales) para vivir en negación permanente sobre semejantes aspectos, y sin saber que lo hacemos.

No saber que no sabemos algo es lo peor. Es muy grave, pues alcanza a nuestras *relaciones* y sus *vínculos*: pensamos que sabemos sobre el otro pero en realidad no sabemos casi nada. Esto sucede casi siempre en las relaciones que tenemos, y mucho depende del modo que cada uno tiene de aprender, entender y comprender lo que vive y experimenta desde lo que su circunstancia le permite.

No creo que sea así. Hay que saber pedir las cosas. En medio de la semana les invito a comer empanadas inesperadamente y la gente está feliz con mi empresa. Somos pocos y sobra todo, llevan a su casa y eso les gusta.

El resultado de estas comprensiones organizacionales me acostumbró a preferir, inconscientemente, formas confortables de liderar, tal vez porque sin saber estaba evitando momentos difíciles. Quizás por eso las personas con poder de mando en una empresa directamente no saben cómo manejarse en cuestiones inauditas; por ejemplo, ¿por qué debemos hacer lo que yo digo?

¿Qué? ¿Vos estás diciendo esto en serio? Esto es de locos. Basta.

Directamente hay directrices que seguir, órdenes que cumplir y metas que alcanzar y punto.

Pero te leo y vos en serio parece que creés ser un santo para hablar de todo esto. Todos tenemos nuestro techo de vidrio y vos seguro que también. Recuerdo que tratabas mal a tu gente y seguro que por eso hoy estás así con cola de paja.

Claro que sí. Nadie se salva de caminar encorvado, mintiendo, manteniendo cuestiones ocultas, evitando temas que solo nosotros sabemos que son «medias verdades» y luego mostrando esa una cosa pero sintiendo otra. Conozco demasiados territorios irregulares en mapas que se conversan desde lo formal. Y casi nada de lo conversado es cierto o, mejor dicho, todo está incompleto.

Tal vez por la misma razón tampoco muchos de nosotros aceptamos ir al psicólogo o formar parte de un espacio de confianza y reflexión haciendo públicas nuestras debilidades humanas frente a otros iguales o distintos a nosotros. Claro que no, pues nos enseñaron a no mostrarnos débiles y a asegurar que siempre podemos competir con todos.

Ocurre que nos han formateado desde pequeños para disimular lo que se hace mal, hablando únicamente con quienes pueden disculparnos o perdonarnos. A veces hasta nos confesamos y pedimos perdón a Dios y no a quienes estamos lastimando realmente. Tal vez por eso lo que estoy proponiendo en este libro –y antes vivamente con colegas– suene muy inusual, pero aun así creo que es una posibilidad.

Somos un grupo de empresarios número uno que se ayudan mutuamente a crecer. Ocurre que los números uno como vos y yo tenemos cosas en común. Somos líderes y tomamos decisiones que afectan a los resultados de nuestras empresas. Tenemos a cargo colaboradores y familias que dependen de esta rentabilidad. Y esto es pesado de llevar. Hacia afuera debemos mostrar seguridad, pero hacia adentro dudamos. Y así, creo ya me entendés.

Hoy me ayuda mostrarme débil, así como soy en verdad: un ser humano minúsculo con miedos y vergüenzas. Ciertamente cuesta mucho expresar nuestro desagrado, decir simplemente «no» a algo que siempre hemos preferido. Y qué enorme desafío para muchas personas en nuestra propia organización es también aprender a decir «no» a algo o alguien.

Recuerdo que me comentaste cómo fueron los espacios de empresarios en ese movimiento religioso al que ingresaste.

Así es como nuestro tiempo pasa y nadie valida espacios distintos y tan necesarios para reconocernos mutuamente desde los desencuentros en los que operamos diariamente.

¿Qué pasa cuando nuevamente comunico a mi equipo gerencial, con una bella presentación, algún nuevo proyecto para mejorar la eficiencia?

Esto les tocará a todos los empleados de alguna u otra forma, y lo hago sin antes haber preguntado cómo se sintieron trabajando conmigo en proyectos anteriores que ni siquiera culminaron satisfactoriamente. Pero no hay tiempo.

Nuevamente y sin darme cuenta estoy hablando de algo mejor sin antes preguntar por lo anterior, pues estoy imaginando que todo puede estar mejor, cuando pudo estar todo mal.

Sí, estoy atropellando una vez más sentires ajenos cuando primero podría ceder un espacio para conversar con la comunidad. ¿Sería algo así, Christian?

Evitar lo que es incómodo, embarazoso, que pueda generarme angustia y dejarme mal parado frente a mi jefe es totalmente humano y comprensible. Es más, una vez que uno inicia con esto de acercarse a la gente y transparentar las relaciones, te toca escuchar de todo, cosas como:

Ingeniero, no se preocupe, usted seguro está con tantas cosas. No ha de ser fácil llevar todo esto en sus espaldas.

A muchas personas no les es fácil llevar peso en sus espaldas, no solo a mí. Incluso si considero todo lo que la vida me regaló, hasta mi carga podría tener un volumen mayor, pero ser mucho más liviana que la de otros con menos privilegios y herramientas.

Hoy procuro no juzgar o explicar cuestiones a nadie, pues todos han entendido hace tiempo sus cosas, nuestras cosas. Tal vez lo que puedo hacer es ofrecer y compartir algún enfoque diferente de conocimiento, aprendido en el camino de búsqueda. Pero solamente hasta ahí. Me esfuerzo más por compartir y escuchar que por seguir explicando todo.

Lastimosamente oigo a mucha gente todavía explicando bastante y desde ese preciso lugar de no querer cosas distintas: seguimos construyendo innovadoras maneras racionales de explicar siempre lo que a nosotros no nos parece, especialmente cuando de cambiar el modelo se trata.

Aceptá tu destino y que no vas a poder cambiar las cosas así como lo soñás. Ya se sacrificaron tus abuelos, tu tío, su gran esposa Renate y también tu madre Susana. Mejor dedicate a cuidar a los tuyos. Suficiente techo y comida ya dan ustedes a más de doscientas familias y sus miembros, y eso alcanza fácilmente a seiscientas personas. Aprendé a mirar lo bueno y en serio empezá a ser más caritativo, ayudá a la gente que necesita. Podés sumarte a tantas iniciativas loables...

Confieso que para mí es una pena tener que escuchar esto de personas con tantos privilegios en mi país. Ciertamente mucho de todo esto depende de lo que cada uno opina y tiene como creencia, y alterarlo es complejo, pues para muchos que he conocido el solo conversar de lo inusual supone ser manoseado o incluso atacado. Siempre ha sido complicado abandonar nuestra zona de preferencias y gustos personales, lo que se denomina tan certeramente «zona de confort».

Por lo dificultosa que significa esta cuestión de sentarnos a conversar con optimismo sobre nosotros mismos es que hasta hoy existen organizaciones en mi país que invitan a participar de encuentros entre empresarios para interpelar a otros que no lo son.

A mediados del año 2020 recibí nuevamente una invitación de una organización gremial importante en Paraguay (no de mi sector industrial). Por la pandemia, la convocatoria era a una reunión virtual y el tema fue uno que yo denominaría galáctico: la renegociación del Anexo C del tratado de nuestra hidroeléctrica binacional Itaipú. Para los que no conocen, el Anexo sienta las bases financieras y de prestación de servicios de electricidad de Itaipú, además de definir la forma de atender los requerimientos de los mercados de países socios.

En ese entonces ya no me sentía importante al ser invitado a estos lugares, porque estos actos te hacen creer que sos especial. Últimamente, cuando recibo por correo electrónico invitaciones parecidas, primero me pregunto qué otras cuestiones locales y mucho más próximas a mí debería analizar antes; por ejemplo, qué tipos de tratados existen y me afectan muchísimo más a mí y a otras personas o incluso, qué tratados yo mismo estoy incumpliendo.

Pero las invitaciones continúan y siempre son para escuchar educados, aunque exponiendo solo al invitado a las preguntas. Entonces, me cuestiono: ¿por qué insistimos en analizar asuntos ajenos cuando tenemos los nuestros desatendidos? ¿Qué nos falta para gestionar distinto y alguna vez también convocarnos a nosotros mismos para tratar lo que imaginamos que ya sabemos?

Hablo de cuestiones tan o más importantes que un ente gigante y binacional: ¿Qué tratado firmó cada uno de nosotros con la Economía y cómo nos va con ese acuerdo para cumplir responsablemente con el desarrollo? También podríamos preguntarnos cómo les va a quienes están incluidos en el mismo tratado vía varios anexos. Esto nos concierne directamente; tal vez tanto como la energía eléctrica a las industrias para seguir funcionando y moviendo sus motores y computadoras.

Eulerich, Itaipú es crucial para el desarrollo industrial. Pasa que vos no entendés de esas cosas. Itaipú, para empezar, vende potencia eléctrica, no energía. Sos una ensalada, entendés poco y mezclás todo.

No crean que no me he acercado a algunos presidentes de estas organizaciones gremialistas empresariales para proponer mis cuestiones. Y, como suele suceder, el problema y los tecnicismos de aquel entonces me ganaban.

Reconozco que durante buen tiempo me enojaba con estas invitaciones que recibía semanalmente de distintos colegiados ejecutivos de altísimo nivel nacional, y que están dirigidas especialmente para ser un espectador, un convidado de piedra pero con nivel, reforzando el modelo de mirar siempre desde la vereda de enfrente y no tanto desde la que todos nosotros estamos pisando.

Sospecho que funciona así porque hemos aprendido a ser los eternos valuadores de la moral ajena, tasando mejor las conductas de extraños que las nuestras propias, sin darnos cuenta de las consecuencias. Participar no representa ningún desafío más que encontrar estacionamiento con sombra y bien cerca, pues la angustia será siempre de otros o de nadie.

Reconozco que he estado respondiendo equivocadamente a algunas de estas invitaciones. En aquel tiempo, ese tipo de convites activaban en mí emociones fuertes en función del proceso que yo estaba experimentando (y que describo en este libro). Hoy ya no reacciono.

Con estas invitaciones y otras parecidas –como entrevistas en televisión a personas importantes y relacionadas con hechos como feminicidios, asaltos que coinciden en tiempo o lugar o incluso debates presidenciales– me daba cuenta de lo confundido y superado que estaba con mi propio rol de agente económico, y era frustrante.

Christian, ¿a qué roles y tratados te referís? No te entiendo.

Los contextos de empresario habilitan muchas cuestiones y creo que son también los que por mucho tiempo organizaron mis criterios para definir las diferencias que percibía entre lo bueno y lo justo del modelo que yo mismo promovía en nuestra empresa, y naturalmente estas fueron siempre las perspectivas preferidas para mirar mi propio mundo y mi propia zona de confort.

Cuando se vive y se trabaja tomando decisiones desde determinadas *creencias* y *sentimientos* –que solo compartimos con algunos, no con todos–, sepamos que en otros espacios surgirán otros *sentimientos* también genuinos y que hoy no conocemos. Estos podrán determinar decisiones y haceres que nos afectarán a todos tarde o temprano. Y esta circunstancia –recién ahí colectiva– será la que llevará nuevamente a alguna que otra organización gremial empresarial bienintencionada a invitarnos a otra reunión para tratar cuestiones que nos interesan o nos tienen preocupados; un terrible círculo vicioso.

He preferido evaluar a otros antes que ser yo el que escucha. He preferido un plan ágil a un comienzo lento y profundo. He preferido la certeza foránea a la aceptación de la incertidumbre a mi lado. Hay que decirlo así.

Considero muy importante recordarles que todo esto que están leyendo es una experiencia cien por ciento mía, que me tocó sentir a mí. Y créanme que hay que estar seguros de querer hacer esto así, pues estos son lugares bastante inusuales, donde se te empieza a mirar distinto: ya no como dueño, sino más bien desde lo que puedo ofrecer desde mi *ser* y estar con otros en mis lugares mientras hacemos lo que hacemos (en nuestro caso, producir industrialmente).

Si hablo aquí del ser, no pretendo más ser el Gerente General Perfecto, pues ahora mi ejemplo exige otras formas de relacionamiento: uno que pide disculpas porque luego también se hace cargo de los efectos de sus practicas, ahora en momentos inconfortables para todos.

Consciente de este nuevo proceso tan mío, en algún momento decidí voluntariamente ampliar mis espacios de responsabilidad con las emociones.

¿Qué? ¿Responsabilidad con la emoción? ¿Cómo es eso? ¿De qué estás hablando?

No es difícil y vale la pena empezar a *sentirlo* así, pues con esta nueva posibilidad de elegir ser consciente, me tocó empezar a darme cuenta de que los pequeños y grandes desafíos no son tan mecánicos de solucionar como pensamos. No se trata de aprender las recetas culinarias de memoria o creer que incorporando un sistema estandarizado para producir muchas y mejores recetas culinarias, el camino se acorta y los restaurantes lucran más. Entonces es cuando la gente me dice, palabras más, palabras menos:

Ya te expliqué varias veces: para que una organización económica o incluso nuestro sufrido Paraguay avance, es necesario que por medio del conocimiento científico, la habilidad creadora y la experiencia de los que más sabemos, sigamos construyendo y desarrollando todos los planes, métodos y procedimientos que están transformando lo necesario para el beneficio de todos. ¿No ves todo lo que ya se hizo?

Dicho de otra forma, te hablo por ejemplo de nuestra Agenda País, que estamos armando entre todos como lo hizo Chile –que es ejemplo en Latinoamérica o Corea del Sur. No compliques lo que hace rato ya se sabe...

Un viejo amigo mío del quehacer gremial me diría aquí:

Y... no sé si es tan así.

Quiero apropiarme de la idea detrás de sus palabras. Hoy tengo entendido que esto realmente no funciona como nos gustaría: armado y certero. Más bien sucede dependiendo de muchos factores.

He seguido mis propios procesos para comprobar mis ideas –que en este libro estoy compartiendo paso a paso, emoción a emoción–. Pero atención: aún sin lo mío creo que cualquiera de ustedes puede remitirse a hechos nacionales o regionales. Elijan cómo comparar mi propuesta; todo queda siempre bastante demostrado por sí solo. Con la revuelta en Chile, en diciembre de 2019, también tenemos para conversar largo y tendido, siempre y cuando para defendernos decidamos por única vez no atacar; entonces, algo podrá ser diferente.

¿Y entonces por qué seguimos en lo mismo? Chile era el ejemplo a seguir, ¿te acordás de cuando los argentinos imprimían sus revistas, con las tiradas más grandes, ahí? Todo era Chile, Chile y Chile.

Sospecho que no hay maldad. Lo que sí hay es una minoría bienintencionada de personas (ciudadanos, empresarios, religiosos, empleados y algunos más) que vivimos en la eterna, y a veces muy cómoda, espera de un momento platónico, uno con dirigentes y líderes cuasiperfectos que sean capaces de interpretar telepáticamente la necesidad de todos nuestros pueblos y sus comunidades, y entonces ese todo encaje como nosotros imaginamos. Me dicen que esto lleva mucho tiempo y no debemos ser ansiosos, pero hoy ya lo soy.

Decidí que no puedo seguir esperando, y con mi proceso fui comprendiendo que mis desafíos evidentemente necesitan estar en otros lugares y no ahí donde siempre nos indican. Necesito encontrar nuevos criterios, que no se dejen tasar ni registrar.

Y primeras reacciones a esto no fueron otra cosa que mucha incertidumbre a causa de no saber cómo es ser responsable de otras maneras. Y me decían así:

¿No se puede calcular ni registrar? ¡Entonces es imposible, Christian! No sirve tu teoría. Recordá que lo que hagamos debe ser medible y promover la meritocracia. Por favor, conversá un poco más con nuestra área de sistema de gestión de mejora y fijate cómo podrían ayudarte con esto. De paso, te reconozco que quizás necesitemos un mejor modelo motivacional para nuestros obreros. Que vean eso urgente y me avisen. Te dejo, voy a una reunión para escuchar qué planes tiene el nuevo ministro de Industria y el Gobierno electo. A ver si estos cumplen.

La elección no fue otra cosa que el resultado de la presión de mis propias *emociones* urgentes y agotadas.

«Dios mío» decía yo, «qué enorme y nuevo es mi desafío en los espacios de siempre: mi organización, mi empresa, mi familia, pero ahora otorgando formalmente poder a los *sentimientos*». Se dice que las emociones y los sentimientos no se discuten, entonces al poder ahora lo tienen todos los protagonistas.

Y si los sentimientos no se discuten y el jefe tampoco, ¿qué hemos estado haciendo entonces? ¿asintiendo?

Qué interesante esta palabra: asentir es sinónimo de aceptar, admitir, permitir. Su significado podría también decirnos que para admitir algo hay que dejar de *sentir*, a-sentir. Pero también otro sinónimo es *consentir*: es decir, también se puede admitir algo, esta vez compartiendo sentimientos con otros.

Entonces, no más eternos análisis duros para buscar las causas de nuestras fallas organizacionales, esas que se ven a simple vista y generan pérdidas y atraso con nuestros clientes, incluso nos vuelven poco competitivos frente a otros países del mundo. Busquemos *consentir* nuevos horizontes. Ahora la consigna significa para mí explorar más allá de lo que tengo delante de mis narices, persiguiendo de forma sincera otro tipo de causas y motivos.

Y aprovechando que estoy relatando esto de salir de nuestras zonas de confort, quiero compartirles algo de lo que hice el 24 de junio de 2014. Esta fue una fecha crucial para mí y es increíble que hayan pasado ya ocho años desde aquella decisión tan incómoda.

Imaginen que desde ese momento sigo trabajando en mi proceso personal para comprender lo que ahí empezó a sucederme y nunca más se detuvo. En ese momento envié una primera síntesis muy desordenada de aquello que ni sabía aún qué era, pero sí tenía mucho de lo que ya han leído en estas páginas.

Envié un correo electrónico a un presidente gremial empresarial de mi país, y ese mismo día me leyó y tuve su respuesta, que, reconozco, me sorprendió.

¿Cómo me voy a enojar si estoy totalmente de acuerdo contigo? Estamos en una sociedad hipócrita, indolente e irresponsable. Juntémonos la próxima semana para ver cómo juntos podemos hacer algo. Abrazos

Pero eso aún no era nada, pues inmediatamente agradecí con un nuevo correo electrónico y, minutos después ya llegaba una segunda respuesta.

Te llamo la próxima semana. Mi cel es el (0981) 0123... Abrazos.

Me dejó atónito el contenido positivo de la respuesta, la sinceridad y, por sobre todo, la rapidez con que estaba sucediendo. Entonces me dije a mí mismo, muy alegre y motivado: «Esto será más sencillo de lo que alguna vez imaginé». Pero se trataba solo de ese día y de esos segundos, pues –como ya se imaginan– nunca más tuve noticias de él, aunque nos hemos cruzado algunas veces.

Como a él, empecé a contactar a varias decenas de empresarios como yo, con privilegios y tiempo para conversar, pero creo que mis esperanzas me jugaron una mala pasada y por eso decidí escribir este libro.

Tal vez soy mejor escribiendo que hablando. Tal vez no.

¿TE FAVORECEN TAMBIÉN A VOS ALGUNAS EXCEPCIONES EN TU EMPLEO, NEGOCIO, PAÍS?

¿QUIÉNES DECIDEN QUE UNA CAUSA SEA ALGO NACIONAL? ¿TODOS O ALGUNOS?

¿Somos también innovadores con nosotros mismos?

Yo tenía un nuevo rol y era decisivo: seguir innovando, mejorando, transformando, pero ahora conmigo. Necesitaba urgente transformar mis rutinas empresariales y sentía que finalmente empezaba a entender por dónde iba la mano: las relaciones de las personas que trabajan con nosotros, todas. Esto lo sabía, ya que el Empleo y el *estar presente* de la gente empleada es importante para la economía, no me cabe ninguna duda.

Y ya con algo aprendido sobre que los seres humanos también somos las relaciones que tenemos, preferí empezar el proceso reconociendo públicamente –me refiero al interior de nuestra propia empresa– que nosotros, industria, somos primero una organización, una comunidad de personas que viven y conversan también sus propias cuestiones y luego de máquinas, sistemas, estandarizaciones, papel, tinta, camiones y códigos laborales.

Si pueden, vuelvan a leer el párrafo anterior. Entre líneas estoy sugiriendo un cambio de paradigma respecto del Empleo dentro de este modelo de encuentro tan peculiar, la Economía. Esta es mi nueva creencia, que modificó totalmente la manera de coordinar y articular mis recursos, especialmente los que ya no lo eran: los humanos. Y detrás de ello los empresariales también.

He empezado por admitir que precisamente lo humano no debió ser gestionado nunca como un recurso dentro de un sistema de personas. Por supuesto que es una posibilidad hacerlo, claro que sí. De hecho, yo lo vine gestionando por décadas, pero sospecho que de esta forma no funciona del todo y para todos. Y esta consecuencia, desconocida desde esta mirada, podría darme nuevas respuestas para nuestras viejas y conocidas fallas técnicas, debido a errores de comunicación. Ahora sabemos mejor que los famosos problemas de comunicación también son dificultades de relacionamiento.

Y que significan entonces los famosos inconvenientes, como oportunidades de venta perdidas, impuntualidad con los clientes, hurtos intraempresa, baños sucios y un sinfín de otros hechos que ocurren seguido, pero que hoy también me dicen mucho sobre la gestión de nuestros vínculos *productivos*.

Errar es humano. O sea, la gente puede equivocarse. Y esto de los baños sucios o el desorden es regional. Cierto que es famoso esto de cruzar a Brasil con el auto y ya todo cambia, pero en términos generales y comparada con otros, a la región entera le falta mejorar. Ahora, si estas cosas suceden en las empresas, también pueden pasar cosas positivas, ¿verdad?, algo ocurre, ¿o es normal que esto siga sucediendo?

Esta pregunta fue clave en la reflexión: ¿por qué no somos puntuales y ordenados desde nuestras intenciones si todos sabemos que las personas tienen el potencial para eso y muchísimo más, siempre y cuando les guste, prefieran y sientan pasión por hacerlo?

Christian, sucede que hay gente que no quiere esforzarse. Es conformista, ya te lo dije.

Hoy, después de haber conversado y analizado bastante, creo que no es tan sencillo acusar a las personas de haraganas cuando no responden a los estímulos (premios) que nosotros ofrecemos pensando que de esa manera mejorarán su producción y rendimiento.

Quizás esta creencia pueda asociarse a la idea conductista de que determinados estímulos producen ciertas respuestas como refuerzo. Sin embargo, reducir esta mirada solo a esta perspectiva podría limitar la comprensión a un solo aspecto cuando en realidad existen otros componentes que invitan a una mirada más amplia en donde se incluye el *sentir* en el *hacer*. Esto nos conduce al análisis de casos que podemos considerar extremos cuando pensamos que ciertas personas no responden a nada: prefiero creer en la variedad de historias positivas que también traen las personas. Siempre existirá la posibilidad de la buena intención en ellas, pero necesitamos tocar su alma.

Recuerdo con nostalgia y algo de vergüenza –y como parte esencial de mis pruebas y errores– la errónea costumbre de pagar «extra» en función de la producción de las máquinas. Me dijeron que era una forma de mejorar la productividad, y esto fue esperanzador en mis inicios como empresario. Pero relacionarme con mis empleados exclusivamente en función de la producción generó solamente perros amaestrados capaces de responder mecánicamente a los premios. Y en los sistemas complejos, las soluciones mecánicas –como amaestrar– no funcionan. Por eso, actualmente creemos que la productividad podría resultar del valor que los colaboradores *sienten* y se les atribuye como personas que pueden ser más productivas, naturalmente a cambio de algo.

También vale mucho para nosotros el saber que a todos nos interesa para quién hacemos lo que hacemos en la empresa, en el puesto de trabajo. Y sorpresas se lleva uno cuando se entera de que no todo es para el cliente: las personas también hacemos cosas para otras personas como los compañeros de trabajo, a veces, más adversarios que compañeros.

Solamente los espacios para compartir los sentimientos de no ser productivos –o haberlo sido sin mayores beneficios– pueden construir sistemas con costumbres de trabajo y relacionamiento a favor de la eficiencia, la innovación, la calidad.

Hoy valoramos seriamente los espacios en los que cada colaborador puede expresar lo que siente en relación con su hacer diario y especialmente con su ser con los demás en la *comunidad productiva* con la que se vincula para alcanzar los objetivos empresariales. Las áreas de trabajo son hoy para nosotros *comunidades de responsabilidad* con la *confianza* para compartir lo que sentimos. ¿Lo logramos ya al 100%? No, pero ya somos conscientes de ello.

Desde esta nueva forma de hablar y compartir –que desaprueba las reuniones con los estilos de antes–, hoy creemos firmemente en los espacios colaborativos y dialoguistas. Ya sabía que mucho de esto avanzaría solamente si primero era capaz de vincularme de forma diferente con mis gerentes, y sobre todo con los otros propietarios.

Nuestro relacionamiento familiar público –el de los propietarios en horario de trabajo dentro de la imprenta, o sea, con mis parientes– fue y sigue siendo muy poderoso en nuestra organización. Y sabemos que es así porque este dice y enseña muchísimo a la organización y a su cultura: son los dueños, los caciques que dicen y hacen cosas, y todo el resto observa y aprende.

Me di cuenta de que muchos comentarios, expresiones y hasta palabras bienintencionadas que yo utilizaba con mi madre, mi tío o mi hermana promovían confianzas que eran primero responsables con la propia empresa-familia y luego con la comunidad laboral. Un despropósito total, pero no lo sabía.

Gracias por contarme esto, Pedro. Lo mantendré en secreto, no te preocupes. Valoro que confíes en nuestra familia. Manteneme siempre informado de lo que hacen tus compañeros de trabajo.

Ahora estamos construyendo la confianza y el respeto, pero con responsabilidad colectiva. Nuestra confianza es nueva, necesaria y ya no quiere saber nada de secretos. Descubrir esto e invitar a la comunidad a hacerse cargo de lo que antes era secreto está cambiando la forma de enfrentar y darle sentido al esfuerzo de trabajar unidos y no solo con capitanes.

Señor, quería solamente comentarle algo porque confío mucho en usted y la familia Zamphiropolos. Mengana me sigue tratando mal, ¿usted recuerda que le comenté eso ya una vez? Bueno, todo sigue igual; solo quería que usted sepa. Por favor, no quiero que haga nada con esto y menos que le diga algo a ella.

En estos casos reflexionamos con las personas que se nos acercan. El maltrato no está bien, pero ahora nos preguntamos juntos qué formas de confianza mantienen ocultas violencias como estas, que empeoran la convivencia y por extensión, la productividad y la rentabilidad.

Necesitamos interpelar, hacernos cargo de lo que está bien o lo que está mal para cada uno. Para estos casos aprendimos a conceder tiempo (algunas semanas) para juntar valor e interpelar a los que maltratan, son violentos y otras cosas más. Sabemos que esta es una nueva forma a la que no estamos acostumbrados, y menos los latinoamericanos, por eso somos pacientes.

Pero si lo hacemos de esta forma, nadie nos va a confiar más nada. Acordate de que yo soy jefe, bueno, ahora soy facilitador y me siento muy bien sabiendo que la gente se acerca a mí y me cuenta en confianza sus cosas. Manejo una cantidad enorme de información que vos ni idea tenés.

¿Y qué pasa con las personas que no se acercan a contarnos sus cosas? Necesitamos instalar una confianza que sea útil para decirnos las cosas de frente, animarnos a dar un NO: no acepto, no me gusta y no quiero.

Ahora voy entendiendo. O sea, por un lado nos arriesgamos a que la gente no nos cuente más nada, pero tarde o temprano esta nueva forma de relacionarnos con lo que no nos gusta va a legitimar a quienes realmente buscan hacer las cosas con una nueva confianza colectiva y, por otro lado, hará evidente a quienes estuvieron aprovechando esa confianza mal entendida.

Me iba quedando claro que la frase «todo empieza por casa» puede ser también una verdad subjetiva; o sea, podemos estar involucrados con un montón de haceres intraempresa, pero sin compromisos personales. Y esto es lo que confunde muchísimo y nos hace creer que estamos haciendo buenas cosas con los demás o para los demás, como la gallina en la granja.

No va a funcionar tu sistema. Si yo sigo tu consejo voy a dejar de saber muchas cosas, que son las que me sirven para gerenciar y hacer management. No estamos en Alemania, y hasta tu tío ya te lo dijo.

Ciertamente, la misma organización iría ofreciendo ejemplos de la nueva confianza, pero empezarían conmigo: necesitaba promover con mi lenguaje y mi conducta, *vínculos laborales* que reforzaran una nueva confianza, una responsable con todos y ya no solo con mi familia y mis intereses de inversionista.

Una que ahora enfrenta, interpela y se arriesga porque sabe que nadie será alejado (despedido) de nuestra comunidad por opinar, decir y creer lo suyo, aun cuando signifique decir No.

Solamente después y a partir de este momento, mis empleados podrán construir algo mejor desde esta nueva e inusual condición del Empleo en la Economía que ahora ya no prefiere imponer, pues el mismo (empleo) irá construyendo lo que en los distintos momentos de tensión se requiera.

¿Sabías que uno de los primeros beneficios que tuvimos con esta nueva forma de relacionarnos en nuestra empresa fue el hecho de que en pandemia despedimos únicamente a 19 personas porque muchas aceptaron una disminución en su salario, sea trabajando lo mismo o trabajando menos horas al día? No escuché nada parecido en otros lugares.

Es tiempo de empezar a escuchar a los que también saben y creen hace mucho tiempo en nosotros: los Jefes y Gerentes. Es momento de invitar, convocar y promover una participación distinta, considerando canales o momentos de conversación inesperados. Inquietarnos con ellos, aceptarlos como formales, porque invitan a considerar y reconocer al otro desde todas sus dimensiones, y no solo desde un organigrama o puesto industrial.

Hablamos de tomarnos el tiempo necesario y periódicamente para conversar y, por sobre todo, escuchar a los que, de alguna forma, dependen de nosotros.

A los curiosos e inquietos de nuevas posibilidades –que nos hacemos llamar emprendedores, innovadores disruptivos– les doy la bienvenida a un nuevo tipo de incertidumbre. Tal vez exagero, pero sin la angustia de no saber qué va a pasar, no hay nada nuevo que esperar.

Por eso hoy prefiero ser un simple ser humano curioso que anda husmeando por aquí y por allá cómo se *sienten* las personas. Ya no innovar por innovar para ser mejores cada día en el mercado porque todo supuestamente avanza porque innovamos.

Nada será tan sencillo como se nos enseñó en la universidad. Y en los países en que está ocurriendo como ejemplo lo que nos enseñaron, pareciera que tiene mucho más que ver con sus respectivos antecedentes –historia y otros procesos humanos que se construyeron en el apogeo de sociedades anteriores– y no desde la aleatoriedad de patentes, invenciones y descubrimientos que por estas tierras nos esforzamos en generar y poseer a cualquier precio.

Hay cientos de instructivos, ejemplos y discursos sobre el reinventarse como país con una buena agenda país, con reingeniería que genere las condiciones para el desarrollo en algún lugar, y así la innovación resulta ser uno de los ejes de la transformación –ejemplo que dicen que progresa y logra el bienestar para todos–. Ciertamente progresaron y se desarrollaron, pero no todo empezó con una patente. Humildemente y como buen errante, hoy comprendo que su valor agregado no es solo técnico. Ha superado el aspecto de lo tecnológico, porque es anterior. La cultura antecede al conocimiento.

En esta región lo humano deja mucho que desear y por eso tal vez solo nos queda imaginar a la gente y a nuestras Empresas satisfechas con la tarea ejecutada, ganando premios, condecorando a emprendedores por sus ideas innovadoras o festejando el aterrizaje de las grandes multinacionales en nuestras tierras.

Y esto es señal de que pasan las cosas.

Si observo el bosque y ya no el árbol, todo esto debía decirme algo más. Y lo hizo: me enrostra la urgente necesidad de nuevas posibilidades de repensar entre todos qué tipo de innovación es necesaria en nuestra región, pues hace rato que insistimos con lo mismo de siempre. Intuyo que, en lo que fuere que podamos innovar, tendrá que ver más con nosotros, *seres humanos*, y nos incluirá verdaderamente a todos, sin ninguna excepción y de arriba abajo.

Solo cuando tomé tiempo y coraje para sentirme mal conmigo mismo, innové para mí. Pero apenas decidí traducir esto en novedades para los demás, las cosas se complicaron bastante: que decida transformarme no significa que la gente lo crea tan rápido o que con mi conducta lo demuestre enseguida.

Me tocó innovar en la forma de interpretar mi libertad para ser anfitrión en mis reuniones: mi derecho a elegir sigue, pero ya no lo necesito como antes; hoy sucede desde la aceptación de mi convivir con los demás, sí. Yo, el director de orquesta, estuve gestionando con privilegios algo muy valioso, que nunca antes dimensioné en su real alcance. Ahora sé que no solo estuve ofreciendo empleos sino que tal vez también estuve desorganizando la vida de muchas personas.

Esto me reveló de un día para otro mi *subjetividad* y, particularmente respecto de la verdad objetiva de la Economía, que muchos empleos son iguales a Desarrollo.

Entonces, empezaron nuevamente las preguntas para mí mismo:

¿Cuál sería mi relación con esta verdad: que los Empleos que ofrezco son casi automáticamente iguales a dignidad, bienestar, progreso?

¿Qué relación hay entre los Empleos que brindo y las herramientas que facilito o promuevo en función de mi propia interpretación de Desarrollo?

¿Qué tipo de relacionamiento y convivencia humana resulta de todo esto –los espacios laborales que ofrezco, dirijo, organizo, mis mecanismos, mis técnicas y mi liderazgo–?

Definitivamente es repreguntarme lo que me llevó a descubrir que la gente que trabaja no siempre se desarrolla o que todos nuestros empleos promueven *vínculos* que les hace sentir dignos, valiosos. Y entonces pensé que es tal vez esto lo que también deberíamos contemplar los inversionistas cuando iniciamos algún proyecto para invertir y empezamos a mencionar sobre los nuevos Empleos que serán multiplicados.

Aprendí a cuidar los puestos de trabajo porque son medios vivos, casi únicos e irremplazables del bienestar desde la Economía. Ahora imaginen además concluir que este nuevo asunto puede ser la clave del progreso ajeno con lucro nuestro y de ellos. Para mí esto es vital.

O sea, vos proponés que todos ganen lo mismo. ¿Es así?

Hablar de submarinos en un aeropuerto no significa que estos vuelen y no puedo hacerme cargo de afirmaciones con forma de pregunta.

Más o menos de esta forma es como vengo enfrentando mis nuevas cuestiones laborales cuando hago el intento de compartir mis intenciones y estas acaban generalmente en estigmas, gastadas ideologías o afirmaciones tendenciosas.

Y deberías cambiar la forma de transmitir tus ideas.

Para mí hoy está más que claro que el Empleo para el Desarrollo supone *vínculos* y no solo conexiones responsables y disciplinadas con las técnicas para el crecimiento. La mala noticia es que precisamente nada de esto se puede programar con un instructivo, una descripción de cargo ni tampoco una Agenda País.

Fue así como me sentí atraído por las prácticas colaborativas y dialógicas: una propuesta para ver los contextos ya no para otros, sino con otros. Espero que esto no asuste, ya que mi idea es invitar a formas que ayuden a escuchar, más allá del ámbito al que pertenecen.

Propongo investigarnos primero a nosotros mismos desde los conflictos que tenemos y, creo, esto podría pasar cuando nos conectemos responsablemente, abrazando la complejidad que producimos cuando pedimos cosas que nosotros mismos no somos capaces de cumplir.

Ahora que comentás esto, me doy cuenta de que no es tan inspirador lo que hago: pido a mi gente que sea innovadora, que cumpla con su trabajo y tengo siempre las últimas tecnologías con mis celulares, motos y autos, pero mi empresa no ofrece la posibilidad de pago con tarjeta de crédito. Ahora que pienso los baños de mi personal no son como el mío, y nadie gana más que el salario mínimo. ¿Es esto grave?

Necesitamos instalar nuestros propios métodos dialógicos de investigación relacional en las empresas que ayuden a generar recursos que contribuyan a que las personas –en sus respectivos *puestos de convivencia*– puedan involucrarse, participar, reflexionar, y desde ahí surja en exclusiva el compromiso para la motivación y lo que pretendamos co-crear juntos para el futuro de la empresa y de sus miembros.

El investigar que propongo necesita ser un proceso en el que vayamos generando las condiciones para relacionarnos juntos con lo nuevo. Lo nuevo como nunca antes, pues no todo lo que se descubre será mejor para mí o para los demás.

Las decisiones son íntimos procesos humanos. No miren ni oigan tantos programas y métodos de innovación confeccionados lejos de nuestras tierras.

No lo hagan más, por favor, pues se pierde mucho tiempo y es lo único que no suma cuando cerca de nosotros muchas personas tienen sus propias expectativas laborales y de innovación.

¿TE HAS PREGUNTADO ALGUNA VEZ CÓMO TE VEN LOS DEMÁS EN TU OFICINA?

¿QUÉ TANTO ESTARÍAS DISPUESTO A ESCUCHAR SIN DAR EXPLICACIONES?

Defender la industria nacional, ¿me fue útil?

En esto de hacer cosas en la búsqueda de algo mejor para nuestro país, las alternativas son variadas para un empresario como yo. Por ejemplo, una potente y vistosa es meterse en lo gremial empresarial. Yo lo hice y me incorporé ingenuo y de lleno a bucear en este agitado mundo de la lucha empresarial. En mi caso fue el gremialismo industrial y empezó en el año 1998, tenía 27 años.

Ser parte activa de la vida en los gremios empresariales te da bastante visibilidad, y aunque no pocos me criticaban por ser parte de eso, no me perdía ningún evento organizado por nosotros o a los que éramos invitados. Resulta que cuando uno es directivo de una institución así, todos los eventos económicos significativos requieren de nuestra presencia: inauguraciones, lanzamientos, primeras paladas, recepción a embajadores salientes y entrantes, congresos y muchos otros más. Luego, ser entrevistado o aparecer fotografiado en el apartado Sociales de los diarios era para mí la mejor recompensa: sinceramente uno *siente* que están pasando cosas buenas y uno es parte.

Fui integrante de la Unión Industrial Paraguaya (UIP) por doce años. Y para los que nunca oyeron de esta institución, es el gremio de empresarios que defiende sus intereses: los de la industria nacional.

Qué bueno, vos fuiste parte de la Junta Ejecutiva de la Unión Industrial Paraguaya, te felicito. Y veo que también fuiste parte de la organización de la Expoferia en Mariano Roque Alonso y también diste la primera palada en la construcción de la nueva sede de la UIP sobre la avenida Sacramento. Pero quiero pedirte que no te expreses así. Eso de que defendemos nuestros intereses... podés decir que son del país, porque la industria es desarrollo para todos. ¿Vos no sabías eso?

Fueron doce años de aprendizaje. Y hoy reconozco lo mucho que esta convivencia también me formó pero también me educó. Algo muy particular y que me llamó la atención recién con el transcurso de los años fue que en ese entonces –y oyendo a los más entendidos– sentía que los industriales éramos como una especie de eternos incomprendidos en nuestros múltiples esfuerzos y riesgos empresariales en pos del Desarrollo. Ciertamente no es nada sencillo transformar la materia prima y además darle *valor agregado* para que sea nacional y luego se valore realmente; valga la redundancia. Más aún en una región donde cada uno prefiere jugar su propio partido del crecimiento.

Estamos los ganaderos, los industriales, el sector servicio, el sector primario, el secundario. Luego tenemos agremiados en el sector tecnológico, el sector financiero. Luego están los hoteleros, la gastronomía. Todos tenemos derecho a crecer, Christian.

Inolvidables para mí son esos martes por la tardecita, cuando nos tocaba asistir a la reunión semanal de la Junta Ejecutiva de la UIP. Me inicié como un miembro suplente, sentado al lado de grandes industriales titulares, con sobrada experiencia. Recuerdo que todo eso era un orgullo para mí.

Éramos veintitrés industriales los que conformábamos la Junta Ejecutiva de ese entonces y que representaba la autoridad del mandato institucional que recibimos cuando fuimos electos.

Recuerdo tan bien que el solo hecho de ofrecer mis horas después de mi agitado día en nuestra imprenta –cansado y a veces hasta las diez de la noche sentado escuchando problemas que afectan a la industria nacional– me hacía sentir que yo era importante para mi país y que estaba haciendo algo para todos. No sé..., algo así sentía.

¿Y cómo fue para que vos ingreses a ese lugar?

En el año 1997 se acercó un empresario importante que conocía a mi familia Zamphiropolos y me invitó a ser candidato para ocupar el puesto en la Comisión Revisora de Cuentas. Creo que lo hizo por ser yo un Zamphiropolos, además joven y recién llegado de Alemania. Más tarde entendí que la intención de esta nueva comisión directiva que se presentaba a los comicios en ese entonces también era derrocar a un equipo de empresarios industriales que por años estuvo dirigiendo esta institución gremial: en otras palabras la renovación dirigencial era necesaria.

Acepté ser parte porque tenía muchas ganas de colaborar con algo más que solo trabajar muchas horas en nuestra empresa, produciendo y sosteniendo Empleos, sumando al PIB nacional. Sentía que podía hacer otras cosas para el Desarrollo, más que nada porque viviendo en Alemania aprendí la importancia de la unión de esfuerzos para lograr objetivos comunes.

Mi tío Ulises tuvo mucho que ver en esto. Me insistía en tener una vida social con los dirigentes empresariales de mi país; me decía que era necesario que me codeara con personas de poder en Paraguay. Y así lo hice. Me forzó mucho en mi vida personal y familiar, pues mis hijos eran aún pequeños y las actividades eran muchas y me ausentaba bastante entre semana. No obstante los sacrificios hechos, hoy agradezco la presión de parte de mí tío con esto de ser gremialista empresarial, pues fue una experiencia que ya la tengo ganada cuando muchos colegas recién ahora se inician.

Suplente o titular me daba igual, yo acepté unirme a la intención de cambio en aquel entonces y acompañar una nueva visión industrial, liderada en aquel momento por nuestro candidato a presidente, el ingeniero Guillermo Stanley.

La Comisión Revisora de Cuentas es el primer cargo que se les ofrece a los novatos en esta institución; por ahí se empieza, es como el derecho a piso. Los que debutan en la vida gremial siempre lo hacen, parece, desde esta responsabilidad, ya sea como titulares, ya sea como suplentes, siempre y cuando no sean conocidos e importantes empresarios; y yo no lo era. En caso de ser un industrial importante, se le ofrece directamente un puesto de titular. Y esta costrumbre me hizo sentir varias veces no valorado.

En los círculos empresariales siempre me decían que para incidir hay que ocupar espacios gremiales, por ejemplo, en la Unión Industrial Paraguaya (UIP), la Asociación Rural del Paraguay (ARP), la Cámara de Importadores o incluso ir más allá y dar el gran paso e ingresar a la arena política, candidatearse para ocupar un curul en el Parlamento como diputado o senador nacional. Te insisten que «solamente desde ahí es posible influir y en serio para generar las famosas políticas públicas para los distintos sectores productivos, porque supuestamente el desarrollo está conectado directamente»; discurso que he oído miles de veces en ese entonces y creo hasta hoy siguen vigentes.

Recuerdo, como si fuese ayer, la obsesión de los miembros más experimentados de nuestra Junta Ejecutiva insistiendo con que debíamos articular agendas que promovieran y favorecieran a nuestra sufrida industria nacional, siempre tan azotada por la permeabilidad de las fronteras con el contrabando, el tipo de cambio de la moneda americana y finalmente un Mercosur que nunca hizo mérito a su nombre: Mercado Común del Sur.

En ese momento, tenía 27 años y era el más novato de aquella Junta Ejecutiva, junto a Hebert Campuzano (30). Y lo digo más que nada porque esa juventud con falta de experiencia me hacía sentir muchas veces raro: tenía mucha vergüenza de hablar, de expresar lo que me parecía, pues nadie me preguntó jamás sobre lo que podía saber de lo vivido en un país que hasta hoy es potencia mundial en términos industriales. Y, como se dice, sabía que si estaba ahí era también porque mi investidura de representante de una industria nacional de larga trayectoria –y con más de trescientos empleados en ese entonces– sumaba.

Quiero que sepan que mi actividad gremial me regaló inmensas satisfacciones y el privilegio de haber conocido a mucha gente: desde el poder económico, pasando por el político, el poder diplomático, mucho poder gremial y luego el infaltable poder laico-empresarial y el clero también. Todas esas experiencias fueron claves en mi «educación» de empresario latino; una configuración de costumbres que hoy veo como inherente por esta zona del mundo.

Creo que estando en la UIP, de alguna forma yo también entendía que mi modelo de gestión organizacional –jerárquico, verticalista y heredado– era el correcto. Esto ocurría compartiendo y por sobre todo escuchando a mis cole-

gas industriales, mucho más adultos y experimentados en ese entonces, aveza-
dos, por ejemplo, en las cuestiones de manejo del personal y el contrabando.

Así es. Al personal hay que saber manejarlo. Vos ya no estás en Alemania,
ahora estás en Paraguay.

La verdad que ese espacio de grandes empresarios me ha servido bastante, pues por ese entonces mi ingenuidad para organizar y articular al personal en la empresa era enorme, eso ya les conté. No se imaginan mis frustraciones diarias con la no eficiencia en todas sus formas, con la indisciplina y
la no calidad de nuestros productos impresos; este era mi pan de cada día,
desde las siete de la mañana hasta las siete y media de la tarde: fallas, fallas y
más fallas con clientes. Pero saber que muchos industriales pasaban por los
mismos sufrimientos era un consuelo para mí y me permitía seguir buscando
mejores soluciones, aunque debo decir que en los doce años que compartí
con ellos jamás supe de algún espacio organizado donde buscáramos compartir también las dificultades y los desafíos con nuestra propia indisciplina
y otros rasgos sureños.

Al escuchar a tantos colegas míos con problemas idénticos, aprendí rápido
y bien que casi todo era una cuestión de razones puramente exógenas a nosotros, anfitriones, gerentes y dueños de industrias y empresas.

En otras palabras, me enseñaron que primero estaba el gobierno de turno,
luego las malas políticas públicas, luego determinados funcionarios de algunos ministerios y finalmente nuestra cultura latina –pero la de los empleados,
no la nuestra de empresarios (líderes).

¿Vos acaso no sabés que apenas te das la vuelta, ellos toman tereré o mate?

Tenemos muchos frenos para ser industrias eficientes: nuestros empleados, la ignorancia, la cultura del ñembotavy (hacerse el tonto) pero ahora sé
que también existen otras causas y que en asados o reuniones de empresarios
jamás se comenta y menos reflexiona. Una vez escuché de un Gerente General
de una empresa renombrada que el exceso de yodo era una de las causas del
idiotismo de nuestra gente.

Quiero aprovechar y compartirles una frase bastante popular en los espacios de liderazgo empresarial de mi país.

Christian, ya sé a cuál frase te referís, el pila no quiere trabajar, no es puntual y no te va a decir jamás las cosas de frente. Es el que vende su cédula de identidad o siempre vota mal.

Creo que esta afirmación –así como tantas otras– me explica en parte lo que hoy no logramos, pero buscamos desde hace mucho tiempo, incluso con cada nueva esperanza detrás de cada promesa y elección presidencial que siempre termina fallida.

Ahora, me pregunto respetuoso: ¿Acaso nosotros, empresarios, hablamos con otros empresarios de frente y somos personas que hacemos únicamente lo bueno, lo que corresponde?

Tanto quiere uno estar cerca de los que más saben que termina educado con esos saberes y costumbres. Los he creído toditos, especialmente el que afirma que «el paraguayo no quiere trabajar». Posteriormente, yo mismo reforzaba esta creencia sobre el paraguayo en nuestra empresa cuando circunstancialmente preguntaba a mis empleados sus nombres porque son tantos y no me acordaba, y casi en un 99% de las veces, antes de responderme me preguntaban ellos «¿Yo, señor?». La pregunta obviamente era para él y nadie más, pero igual la persona quería estar segura de tener que dar su nombre.

Hoy comprendo que para ellos, personas con privilegios distintos, este momento podía significar muchas cosas y no solamente el dar su nombre.

Lo peor de todo es que por años este fue mi ejemplo preferido cuando necesitaba explicar cómo funciona «el empleado paraguayo». Y claro que lo hacía así, pues por aquellos tiempos no tenía los saberes de hoy y entonces pensaba que todo derivaba del puro razonamiento humano, y que esa persona elegía hacerlo así por irresponsable, ñembotavy, pila.

Sé que es intencional, pero surge del momento en que él o ella conoce mi nombre y yo no el de ellos; y esto no honra precisamente al preguntado o preguntada. Luego al ser mi relación una con jerarquía y desde una curiosidad respondida unidireccionalmente –o sea, generalmente yo pregunto y los demás solo responden– naturalmente la vergüenza o el miedo están presentes, y desde estos lugares de permanente inseguridad, la persona se cuida y se asegura preguntando: «¿Yo, señor?».

Oí a mis colegas industriales gráficos y vecinos de Uruguay, Brasil, Colombia, quejarse de lo mismo o algo parecido.

Ahora ya aprendí la lección, y cuando veo cosas que no me gustan, primero puedo preguntarme: ¿Soy capaz de darme cuenta con otros de la posibilidad de que haya mantenido ocultas ciertas cuestiones, o me haya hecho también el desentendido? ¿Acaso nunca lo hice?

Sé muy bien que en nuestra región hay evasión impositiva, explotación laboral, evasión del seguro de jubilación y médico, maltrato y abuso de poder en las empresas, negociaciones de la antigüedad de los empleados, oferta de empleos –pero bajo renuncia firmada en hoja con fecha en blanco– y otros que prefiero no citar, pero creo que sí lo haré: jóvenes que trabajan hasta 24 horas por día.

Pero vos no contás todo. Ese joven tiene al día siguiente un día libre completo. Ya sé que no está bien, pero al menos ese empresario le da trabajo y el día libre al día siguiente. Te explico: él ingresa el lunes 7:00 AM y el martes 7:00 AM se retira. Después tiene todo el martes libre. Recién el miércoles vuelve al trabajo. Y además, si tanto te molesta, ¿por qué no hacés la denuncia en el Ministerio de Trabajo?

Yo era un gran desentendido. Entonces... ¿quiénes también son desentendidos cuando pregunto por el nombre de un empleado? Tal vez así lo aprendieron mientras trabajaron conmigo. Todo es posible.

Es así como todos nos apretamos, movemos y acomodamos con tal de salir sonrientes, con caras productivas y con altos sentimientos de patriotas en la postal. Quizás nos equivocamos en algunas cuestiones, pero ha de ser con el menor sentimiento de culpa posible.

Existen explicaciones disponibles para estas imágenes latinoamericanas y se oyen así:

«Si yo no ofreciera este empleo de 12 horas, lastimosamente este joven no tendría trabajo».

«Todos hemos trabajado alguna vez diez horas y nadie ha muerto por exceso de trabajo».

«Vos opinás sin saber. Yo siempre estoy para cualquier emergencia médica de mi personal, incluso con mi propio vehículo he transportado al sanatorio cuando se necesitó».

«La gente no agradece las oportunidades que se le da, renuncia sin avisar, simplemente no aparece».

«Negociar antes de alcanzar la antigüedad es bueno. Es un dinero que les viene bien».

«Christian, yo les pago un extra, pero solo al que es mi mano derecha, porque me informa de lo que hacen sus compañeros de trabajo».

«Cualquier trabajo dignifica».

«Ningún trabajo es deshonra».

Hacia el final de mi estadía en este y otros dos espacios gremiales a los que pertenecí, empecé a sentir cosas raras y con más fuerza. Empezaba a ser consciente de que los observadores (mis colegas y yo) nunca éramos parte de lo observado, especialmente cuando no nos gustaba algo de la postal, donde parecía que no todos sonreían transparentes.

Definitivamente, nuestras reflexiones apuntaban siempre hacia los demás y no hacia nosotros mismos. Siempre eran los otros el problema; incluso recuerdo que una vez se estaba conversando en el pasillo de la UIP sobre la impuntualidad paraguaya, y de cómo uno de los empresarios experimentó en un viaje a Suiza algo totalmente distinto con la noción del tiempo y los relojes. Sin embargo, aquí debo ser sincero y decir que nuestra puntualidad en las reuniones gremiales en general dejaba mucho que desear.

Algo que también escuchaba era que todo tenía que ver con nuestra falta de Educación. Pero me pregunto cómo nuestra propia impuntualidad también educaba, y cuántas otras cuestiones de indisciplina que naturalmente no podía saber de mis colegas y que extrañamente tratábamos siempre como un detalle menor.

¿Te acordás de que a vos te molestaba que los mismos empresarios paraguayos hablaran de la importancia de la industria nacional y sin embargo la gran mayoría usaba zapatos, camisas y pantalones fabricadas en el exterior y te decían que eran regalos? Realmente era una buena explicación, pero servía solo al que te la daba.

En los espacios gremiales empresariales se afirma creo hasta hoy que a muchas de estas cuestiones de indisciplina latinoamericana las podemos enfrentar con buena asistencia y acompañamiento técnico, y mejor si es de algún país desarrollado con costumbres distintas. En mi época, la UIP ofrecía asesoría de la mano de los japoneses: nuestra aliada era la Agencia de Cooperación Internacional del Japón (JICA).

Recuerdo cómo ellos, asesores educados, prolijos y sensatos a más no poder nos asistían desde sus experiencias, pero fundadas en comprensiones y pensamientos milenarios, detalle que en ese entonces yo no dimensionaba. Naturalmente que las intenciones, esfuerzos y resultados de estas asesorías eran finitos, pues las diferencias eran enormes en términos culturales: cómo ellos comprenden su vida y cómo nosotros lo hacemos. Por eso, culminado el plazo del acompañamiento técnico, general y naturalmente se apagaba la llama encendida de cualquier endeble cambio que se hubiere iniciado dentro de la cultura organizacional paraguaya.

Conocí esto de las asesorías japonesas muy bien –y qué distinto lo haría hoy– pues fui miembro activo por algunos años del Centro Paraguayo de Productividad y Calidad (Cepprocal), organización que promovía tales actividades.

Otro recuerdo grabado era la cantidad de expertos que nos visitaban en la UIP. Muchos pedían hablar con nuestro presidente y otros lo hacían presentando sus servicios, productos o experiencias a la Junta Ejecutiva completa esos martes, a las 19:00. Y siempre terminaban siendo mucho más de los veinte minutos que pidieron; en otras palabras, nunca se cumplía con lo acordado al inicio del espacio, pero eso teóricamente no importaba.

Luego teníamos visitas de colegas empresarios foráneos, quiénes nos compartían un montón de experiencias propias e intenciones de cooperación e inversión con nuestro país.

Debo ser sincero con ustedes, mis lectores, y reconocer que nunca antes había comprendido la verdadera complejidad de los asuntos que ahí se trataban por horas como cuestiones solamente complicadas; al menos yo lo entendía así; es decir, algo así como que todos esos problemas tienen una Solución. Solo hay que encontrarla y gestionarla.

Hoy sé que nuestras dificultades de país latinoamericano pobre son bien complejas, multidimensionales y bien vivas; es decir, responden a elementos muy diversos, enredados, desagradables que mutan y de antaño. Hasta aquí no dije nada nuevo. Pero esto es incompleto, y presten atención: lo usual por estos espacios empresariales y hasta de buenos filántropos es la costumbre de no revisar esta aseveración desde el rigor que exige un análisis serio y en todas las direcciones del Desarrollo; es decir, profundo y sin importar que esto regrese y lastime a los organizadores de la reflexión, como lo hace un búmeran después de que alguien lo lanzó lejos de sí.

Si hoy me tocara estar en espacios gremiales, imagino el siguiente escenario: me gustaría ser parte de un comité de bienvenida a instituciones gremiales empresariales como la UIP y tantas otras, donde mi único propósito pudiera ser el de compartir absolutamente todas las dimensiones que hacen a nuestra condición de país y región que no logra desarrollarse.

Las distintas dimensiones involucradas en nuestros dramas nacionales y regionales requieren ciertamente de mucha reflexión y tenés razón: nuestro sector privado no estaría exento pero nosotros ya hacemos nuestra parte. Sin embargo, si en algún momento nos decidiéramos a hacerlo, las consecuencias serían profundamente emocionales. Tendríamos espacios de mucha incertidumbre, al menos si pretendemos enfrentar, desde la responsabilidad y no la culpa, las dimensiones que tu mencionas.

Mientras no tengamos claro cómo hacerlo, por el momento vamos a preferir enfocarnos en exigir más hacia afuera y no tanto hacia adentro. Además, esta es una orquesta sinfónica y no solo los violines de la industria, la ganadería o los servicios deben sonar al ritmo del desarrollo. Hay otros instrumentos importantes que son del Gobierno. Ya te expliqué esto ocho veces, pero eres necio.

Dicho de otra forma, recién a esta altura de mi vida y con cincuenta años puedo mirar desde un lugar distinto para entender cómo ocurre todo esto y porqué seguimos exigiendo a otros lo que primero nos toca experimentar a cada uno, sea en lo laboral o personal.

Hace siglos venimos eligiendo aproximarnos solamente a determinados instrumentos de nuestra sinfonía de problemas y dificultades nacionales. Parece como si quisiéramos dar saltos que pasen por encima de muchos y nos conduzcan a curar los síntomas y no la enfermedad –llámese pobreza, educación, salud y todo lo que conocemos de memoria. Entonces, cualquier plenaria y discurso de cierre que resulte de tantos espacios positivos será únicamente lo que creo pueden ser: verdades incompletas pero muy bienintencionadas.

Hoy sospecho que ninguna agenda nacional aborda nuestros problemas difíciles: cada nuevo proyecto que se presenta fue reciclado y es una solución innovadora del intento anterior: pero ahora Solución Versión 3.0. Y no digo que esté mal o no sea útil, pero siento que perdemos mucho tiempo.

Pero entonces... ¿por qué insistimos con lo mismo si no funciona?

Esta circunstancia humana trato en el último capítulo. Supongo que mucho tiene que ver con que los «problemas difíciles de resolver» generalmente están vinculados con la comprensión personal que tenemos sobre determinados valores –¿recuerdan? aprender, entender y comprender. Y sentarnos a *escuchar* nuevas posiciones sobre los valores que hemos manejado toda la vida es muy complejo. La Iglesia Católica es un nítido ejemplo, pues todos sabemos que es bien intencionada, pero no acepta a todos por igual.

Pero Christian, Dios mío. Está clarísimo que Fulano es un bandido y aquel otro un sinvergüenza. Acá hay una rosca... Vos sabés que nosotros, como colegiados que aglutinan una parte de la economía, invitamos muy educados a un miembro equis del gobierno de turno a que responda nuestras preguntas; finalmente son nuestros mandatarios. ¿Qué más querés? Esto muestra nuestro interés en mejorar y ayudar al país desde nuestra asociación de empresarios, que creo ni conocés, y te cuento que trata cosas muy importantes.
Con lo de la Iglesia sí te doy la razón. Si Jesús aún viviera, estoy seguro de que recibiría en sus brazos a todos sin excepciones: divorciadas y divorciados, homosexuales, transexuales, y a nosotros, pecadores en general.

Y así nuestros espacios y discursos siguen llenos de planes y agendas de altísimo nivel para ayudar a otros, y siempre hay un ser humano malo y antipatriota que no cumplió con su palabra y con nosotros tampoco. Y, ¡oh sorpresa! no pertenece a nuestro bando, ¿o sí?

De esta forma dolorosa se fueron aclarando lentamente –al menos para mí– mis circunstancias industriales y otros temas empresariales complejos que antes comprendía muy distinto y pensaba que tenían siempre una Solución.

Ciertamente hoy para mí ya no todo depende de tener alternativas con mejores candidatos a quienes votar para cada periodo de mandato en municipalidades, gobiernos nacionales, concejalías o incluso instituciones gremiales o clubes privados. Es tal vez muy necesario, pero jamás será suficiente.

Y si hoy respondo y converso de todo esto lo hago sin juzgar. Sigo haciendo el esfuerzo de reflexionar desde mi propia experiencia con algo de mi presente o mi pasado, y así dar cuenta de que solo desde ese lugar de intimidad podré encontrar el apoyo moral para poder mirarme al espejo e interpelarme responsablemente.

En mi privilegio y facultad de elegir, ¿haría cosas que no me gustan porque a otros les parece mejor? Con mis cincuenta años cumplidos, me pregunto: ¿Qué tanto empezaría algo que no me favorecerá y del todo? ¿Y cómo sería si supiera que además no podré controlar todos los riesgos e incertidumbres vinculadas a la elección de esos cambios y transformaciones con este o aquel desafío para el desarrollo de mi país?

Cuando elegí voluntariamente dar cuenta de mis interpretaciones y preferencias de empresario, pude ir más allá de mis acusaciones para encontrarme conmigo mismo y ver cuántas veces propuse a otros acarrear voluntariamente mis preferencias de cambios y mejoras dentro de nuestra empresa, desde juicios míos que ni siquiera sometí a la opinión de quienes participan permanentemente en el proceso. Sin darme cuenta, buscaba corroborar mi propia perspectiva visionaria con relación a los apuros que tenía y desde las carencias que a otros los cercenaban.

La planificación estratégica se realizó con el equipo gerencial y casi otros quince fueron también invitados. Todos estuvimos de acuerdo. No hables sin saber. Nosotros somos demasiados, casi 450 empleados, ¿querés invitar a todos? Te cuento que es imposible.

Así, un día me volví consciente de por qué todo esto que siento nunca sonará interesante en una institución, empresa, organización que aún no sintió como yo sentí. Y tal vez porque nadie puede tener mis historias, ni yo la de otros, es que cada uno hace lo que puede, lo que sabe, lo que vio y le gustó o ya no quiere para su vida.

Tal vez es también por eso que nadie sube de invitado a este tipo de trenes que acarrean tantas emociones ciudadanas, productivas y sentimientos lucrativos distintos, pues el viaje supone primero una transformación para los pasajeros y luego la sorpresa más desagradable: el pasaje tiene un costo no solo económico, sino también personal –y muy alto–. Sí, y ya no se aceptan moras en el pago, al menos si se desea permanecer viajando responsablemente por los territorios de la diversidad y la incertidumbre, pero con una dirección que queremos sea más prometedora para todos: un viaje de país con Desarrollo integral.

Y así de sabio, un colega y amigo industrial, hace mucho tiempo atrás y mientras conversábamos sobre por qué la gente no hace lo que debe, me dijo:

Nadie se dispara a los pies...

Y es cierto. Realmente nadie tiene la certeza de las consecuencias de un disparo al cuerpo: dependerá de dónde y cómo penetre la bala y etcétera: es decir, subir a un tren con el destino final de transformaciones nacionales es demasiada incertidumbre para muchos y la verdad que, dentro de todo, una inmensa pero importante minoría vivimos en relativa paz y entonces para qué estresarnos más con nuevos desafíos. De cualquier manera para todo lo demás existe la Responsabilidad Social Empresarial y otros modelos innovadores organizacionales.

Te pido mil disculpas, pero sinceramente prefiero seguir caminando a mi gusto, lento y apurado; quiero correr y subir escaleras sin tantas dificultades con mis pies, y prefiero evitar cuestiones que duelen o molestan. A nadie le va gustar mucho tu propuesta de lastimarse a sí mismo, Christian. ¿Qué harías vos en la misma situación que ahora juzgás, y que sugiere que no hacemos lo que debemos, al menos según tus locas ideas?

Estoy compartiendo una buena cantidad de estas circunstancias mías, que observadas con serenidad a veces me insinúan un solo norte: necesito nuevos zapatos y, ahora, chalecos antibalas. Creo que podemos empezar por conversar de lo embarazoso sin que siempre sea un «juzgar a otros». Así sufrimos menos con los disparos, que al final son solo piedras porque dicen que las verdades están hechas para que duelan, pero enfrentando juntos tal vez sentimos menos dolor.

En este mundo gremial empresarial todo es urgente y apurado. Hay muchos incendios que apagar y he visto a mis presidentes (UIP) no tener tiempo ni para ir al baño. Sospecho –cada vez con más fuerza– que esto contribuye a colorear el mapa de forma optimista y con varias dimensiones comprometidas en el atraso de nuestra región. En otras palabras, la urgencia diaria de solucionar todo adjudica al proceso una forma, una especie de competencia multiaventura y por eso es que necesitamos siempre a los más aventureros y temerarios para que puedan ser presidentes de esto o aquello.

Necesitamos que el Mercosur funcione de una vez por todas. Así podremos mercadear nuestros productos y desarrollarnos. Además, todos lo hacen así, mirá a la Comunidad Europea. Ni lo que tenemos podemos mejorar y vos querés algo nuevo.

Tal cual, a veces es mejor empezar de cero. Mis relatos podrían ser mucho más suaves o incluso distintos, pero son solo las descripciones de los lugares desde donde hoy no deseo seguir dialogando.

No importa si el camino podrá encontrarse lejos de nosotros. Creo que hoy los industriales –y tal vez los ganaderos, el sector servicio y la economía en general– merecemos nuevos espacios para procesos de conversación distintos a los habituales. Hacer camino al andar, pero primero entre nosotros mismos, pues política partidaria podremos hacer luego, más adelante y con el gallinero algo más ordenado.

Si nos tomamos el tiempo para pensar y escuchar a otras personas, podrán a lo mejor coincidir conmigo en que tarde o temprano son los mismos argumentos los que se reciclan para colocarlos en forma de nuevas quejas, que luego se vuelven ideales para noveles propuestas –pero nuevamente similares– que sirven como contenido para programas de ayuda, nuevas organizaciones bienintencionadas y enormes cooperaciones multilaterales.

Tu propuesta se torna densa y más cuando lo tuyo no tiene un plan certero ni pasa por voluntariados u otras actividades filantrópicas en las que nosotros sí nos sentimos cómodos, e incluso, ahora que lo pienso, podría ayudarte a vos con dinero para esto. Tus aproximaciones a la pobreza son muy atrevidas y lo hacés con temas que comprometen; por ejemplo, la explotación del paraguayo (argentino, brasileño, uruguayo) por otro paraguayo (argentino, brasileño, uruguayo), o los préstamos a tasas desproporcionadas. Definitivamente, tus temas son muy incómodos y vos tampoco sos santo.

Es cierto, una licuadora que cuesta 10 se vende en Paraguay por 50, pero en largas cuotas. Todas son realidades que, cuando decidimos empezar a entender cómo funcionan, sabés muy bien que preferimos seguir mirándolas como flamante diputado o senador electo, desde agendas nacionales y/o programas multilaterales —muy de arriba y de bien lejos–, pues a veces en el análisis, Christian, uno se encuentra con gente buena y conocida nuestra, y todo se vuelve embarazoso y muy difícil de interpelar.

Nadie puede juzgar más que a sí mismo. Lo mío va más allá de seguir con acusaciones y demandas a terceros o denunciar a este o aquel. Lo único que pido es construir espacios de encuentro sincero para charlar y escucharnos todos. Participar con la humildad de que todos somos parte importante del problema y con una nueva forma de empatía: comprender primero mi condición de empresario, probablemente errante, también violento, pero que ahora desea repensarse con los demás porque tenemos inmensas posibilidades.

No me considero un santo, y seguro que hurgando mi techo también es de vidrio. Nunca afirmé lo contrario, y lo digo para los que están pensando que me creo un santo y además sé cómo hacerlo mejor. ¡No lo sé!

Pero ¿qué es lo que tiene realmente de inusual tu propuesta? Yo no soy empresario, pero imagino ya lo que ellos piensan de vos.

Sucede que mi propuesta busca la reflexión disruptiva en nuestros propios modelos de antaño, esos que hoy funcionan de manera automática como fines en sí mismos. Y sospecho que al ser yo también parte de la estructura empresarial pero que repentinamente interpela el fondo y la forma aceptada hace siglos, asusto y parezco un submarino que quiere volar. Por eso, tal vez mi propuesta es inquietante, porque genera grietas en nuestras propias y pesadas estructuras, esas sobre las cuales nosotros mismos producimos hace tiempo buenos negocios y otras cuestiones en las que participamos con relativa seguridad, con certeza.

Es generalmente en momentos como este cuando me piden más calma y sensatez a la hora de hablar sobre cuestiones como las mías, pues muchos me dijeron que en Paraguay hace tiempo se está volando intencional y técnicamente muy bajo, justamente con el objetivo de leer mejor nuestro mapa país y ser más justos y buenos con todos.

Tenés que ser más paciente, además los que aquí estamos somos los que entendemos... Nosotros estamos jugando el partido. El resto, vos incluido, está en la gradería.

Nadie está en la gradería, ni siquiera los que cuidan coches o limpian vidrios en los semáforos de nuestras calles. Soy testigo de que, justamente por creer que la mayoría está en las graderías, demasiados son los hechos que se pasan por alto desde el cuadrilátero del supuesto y único hacer verdadero. Pregunto, entonces... en un estadio, ¿dónde está la mayoría de las personas: en las graderías o en la cancha?

Sinceramente, yo también considero absurda esta analogía de que los espectadores solo sabemos opinar y los que juegan el partido son los verdaderos Pelés. Primeramente este es un juego organizado por algunos y que yo jugaría, pero con algunas reglas adicionales, por ejemplo, redactadas con algo del saber de la gradería. Pero no tiene sentido responder a los que conversan así, porque esta analogía de jugadores y espectadores es muy engañosa, y si decís algo así te van a decir que ¿cuándo se ha visto que los espectadores en un estadio juzguen o intervengan el partido? Aunque todos sabemos que lo hacen gritando, silbando y tirando objetos.

Y ahora con la novedad del video-arbitraje (VAR) se reconoció que los que están en la cancha, incluyendo quienes deben juzgar el partido, tampoco supieron identificar todas las infracciones y así grande se han equivocado.

Y en este mismo desorden de cosas y preguntas, varias personas del sector gremial se animaron a remarcarme que con mi estilo de conversación sería muy difícil captar la atención y sumar adeptos a mi causa de mirar distinto nuestro continente, incluyendo a los que juegan los partidos.

Aunque me cueste mucho aceptarlo, lentamente voy entendiendo que parece que hay una sola forma de plantear lo que está sucediendo porque no funciona. En nuestras empresas, países, gobiernos y región, las consignas deben estar alineadas a las sugerencias de algunos que, se comenta fuertemente, son los que mejor saben y entienden lo que todos necesitamos, a veces, sin siquiera haber preguntado.

En mis quince años de gremialismo empresarial pude experimentar que para incorporarse y ser parte de ellos (los expertos) se requiere ser esencialmente sensato, conciso y extremadamente prudente. Y para estos casos es necesario y más elegante oír obediente que proponer desordenado. Y yo aún no tenía experiencia en eso.

No crean que después no he intentado seguir los consejos y hacerlo certero con un paquete ordenado de pasos y objetivos a seguir, pero me fue imposible: mis temas son demasiados aislados, nadie los ha conversado antes y menos en público. Los diálogos no pueden planificarse totalmente, pues entonces dejan de ser dialógicos.

Quiero que también sepan que hoy soy plenamente consciente de que necesito aprender muchísimo para empezar a entender a los demás y aceptar que lo que sienta será probablemente algo siempre solo muy mío.

Lo tuyo no tiene un plan. Es mucho blablablá y demasiado idealista, etéreo, abstracto. Ni vos te sabés explicar y querés que otros y yo te entendamos. Ni podemos reformar lo conocido y vos querés intentar algo nuevo.

Antes de terminar este capítulo sobre mi vida de dirigente empresarial, vivida codo a codo defendiendo nuestros intereses, quiero compartirles, desde lo profundo de mis convicciones industriales, que el tiempo pasó volando. Tardé años para entender que mucho de lo vivido me sirvió especialmente para tramitar un *sentimiento muy profundo*; hablo de un desengaño de ilusiones conmigo mismo. Sí, fueron ideales y sueños que tuve desde el primer día que ingresé a ese lugar y asumo que fue consecuencia de una relación muy particular y hasta diría amorosa con esa institución, a la que le di muchísimo de mi vida por doce años. Nunca lo olvidaré.

Me fue útil y muy necesario, pero hoy sé que para el bienestar y progreso de nuestro pueblo –vía la industrialización– es necesario primero preguntarnos distinto muchos asuntos y yo aún no tengo con quién hacerlo.

¡Infinitas gracias a todos los que me dieron la oportunidad de estar ahí y a quienes me acompañaron! También agradezco al equipo humano en ese entonces, que trabajaba como empleada y empleado de la UIP.

¿CON CUÁLES PROBLEMAS DIFÍCILES CREÉS QUE PODEMOS EMPEZAR UNA REUNIÓN GREMIAL DISTINTA?

¿CÓMO TE SENTÍS CON TUS RESPONSABILIDADES DE EMPRESARIO DIRIGENTE, EMPLEADO GERENTE, CIUDADANO VOTANTE?

¿Quiénes somos?
¿Solo empresarios?

Tal vez estoy soñando con una nueva versión de ser empresario para nuestra región: una muy particular con base en una perspectiva de «relacionamiento» que he venido conversando en estas páginas. Sí, me refiero a personas que con saberes e historias tan distintas podemos rediseñar nuestras actuales técnicas organizacionales, en función del hacer con rendimiento pero también del *sentir humano*, seamos micro, medianas o grandes empresas.

Quiero además creer que con estas nuevas formas en que converso, nuestro hacer negocios podrá acompañarnos en el aprender juntos sobre los contextos de los demás, los límites, su potencialidad y otras formas de cuidado a ellas y ellos. Esto puede volverse virtuoso.

Por ejemplo, podríamos empezar por tener en cuenta desde el vamos que quienes habitan los territorios productivos en nuestra región por el momento no saben cómo acompañar y menos responder a nuestras estrategias (exigencias), porque estas fueron formuladas a partir de puras «buenas prácticas» desde mapas y teorías económicas de expertos (foráneos) en Progreso.

Nos acostumbraron hace tiempo a creer que todo vale porque se hace con buenas intenciones y basado en conocimientos anteriores. Lo veo diariamente y no es tan así: tener buenas intenciones y conocimiento no funciona ni en nuestras propias familias. Menos lo hará en empresas y sociedades sin equidad como las de nuestros países.

Somos demasiadas las comunidades con historias fuertes de saqueos, estafas y promesas incumplidas. La desconfianza está instalada, es feroz, y las diferencias entre unos y otros –incluso entre personas que trabajamos en la misma oficina– son grandes.

Creo, desde mi total ignorancia que, de una vez por todas, los adultos necesitamos enfrentar todas las posibilidades, y para ello ofrezco como idea revisar nuestros propios *procesos relacionales* en la empresa, en los puestos de trabajo; escuchar cómo otros prefieren su vida y por sobre todo cómo llegaron hasta esos lugares de sus voluntades que hoy nos colocan uno (jefe) frente al otro (empleado).

Tal vez así nuestros territorios podrían convertirse en mapas con futuro, aunque siempre muy sensibles a los cambios sin previo aviso, pues la aprensión y el temor de nuestras comunidades latinas son enormes y predominan desde la mala costumbre que tenemos de hacer todo a última hora, sin previo aviso a los que también desean organizar su vida. Muchos viven desde siempre en la eterna incertidumbre.

Ocurre que a mí también me avisan tarde que los turnos van a cambiar y yo les aviso así a ellos. Pero tampoco es para exagerar, solo les cambio del turno tarde al de noche. Vos exagerás con esto. Tampoco es tanta la diferencia entre entrar a trabajar a las 14:00 o las 22:00.

Si en serio pretendo empezar un proceso que busque generar Empleos (buenos, atractivos y realmente dignos) para mis empleados, tal vez deba empezar a ser mucho más selectivo cuando miro hacia afuera, pues ahora sé que corresponde primero valorar lo nuestro desde adentro: los saberes, las historias, los esfuerzos y la resistencia de los que con nosotros sostienen nuestras estructuras económicas de lucro.

También sueño con que seamos nosotros los primeros en decir «basta, se acabó». Sí, hemos oído suficiente sobre las eternas buenas intenciones de seguir eligiendo incorporar buenas prácticas del primer mundo solo porque ellos están mejor que nosotros. Y no discutiría que lo están en una buena cantidad de aspectos, pero somos nosotros los que debemos construir nuestros propios procesos sufribles, unos con otros, lento, mirándonos a los ojos de una vez por todas.

Empecemos por el esfuerzo que implica conversar. Sí, suena raro, pero sabemos que no es sencillo hacerlo, y menos cuando se debe escuchar de otros la necesidad que tienen de sentirnos más juntos para crecer unidos y ya no solo existir desde modelos automáticos con forma de equipos.

Siento que nosotros somos los mejores embajadores de los modelos e ideologías, hoy arcaicas, del Desarrollo Global. Fueron prefabricados en instituciones, dicen, de alto nivel, y se articulan desde los sentires de algunos de ellos (y nosotros), pero definitivamente no son efectivos para todos.

Parece que muchas cuestiones no funcionan del todo como justamente nos adoctrinaron. Tal vez nosotros tengamos muy buenas intenciones con ellas, pero no hemos hecho otra cosa que gestionar valientes todo lo que va sucediendo desde la aleatoriedad de lo que no funciona.

Y como lo importante es ser siempre positivos, entonces insistimos e insistimos. Todos lo hacemos muy bien y yo también, pero con esta repetición más viciosa que virtuosa, aprendí algo muy valioso: mi primer desafío puede estar en la dignidad del otro.

¿Cómo, Christian? No entiendo, pero dejame decirte algo: tu desafío está hace tiempo en sostener los doscientos empleos y los doscientos salarios que ustedes pagan, mes a mes. Mientras cumplas con eso, ya estás respetando bastante la dignidad de tu gente. No busques estresarte más.

Pero no me refiero a la dignidad entendida como un grado de respetabilidad de la persona desde las leyes o códigos laborales. No, pues precisamente eso es lo que me invitó a confundir por décadas el alcance y significado que posee realmente el Empleo, el Puesto de Trabajo; en otras palabras, la vida de personas en momentos laborales, muchas horas por día. Así ya no.

Aquí hablo de la dignidad comprendida como la cualidad que una empleada o un empleado requiere para hacerse valer genuinamente como persona y no automáticamente como un recurso humano. Y aquí deseo referirme especialmente a cómo los contextos –en este caso, el nuestro en nuestra propia empresa– estuvieron truncando los procesos personales de nuestros colaboradores en su propia dignidad.

Sí, las *relaciones laborales* no sumaban a ser personas responsables y ocupadas con la eficiencia de la organización. Generalmente, las personas nos dejamos hasta humillar por la necesidad que tenemos de mantener la oportunidad de trabajar, no importa qué tipo de trabajo sea. Y esto lo hacen muchos en profundo silencio e incluso en frente de nosotros y con cara sonriente.

Cuesta darse cuenta.

Y sabemos que mal de otros es apenas un consuelo para tontos: no somos los únicos responsables de tales circunstancias desagradables en nuestras naciones y países, lo sé; pero sí somos una de ellas y creo que esto basta por el momento para empezar a conversar sobre estos problemas difíciles.

Necesitamos detener solamente por unos segundos nuestras máquinas de buenas intenciones para recordar que nuestros colaboradores (ciudadanos, en general) son personas con sueños como nosotros. Y creo que tal vez era yo con mis buenas intenciones quien, desde mi rol de agente económico, no sabía cómo responder a la interpretación personal del valor de sus sueños, y supongo que lo hacía así porque ni siquiera los conocía en términos generales, como tal vez tampoco conozco en detalle los de mis hijos.

Christian, para eso está el área de Recursos Humanos, ya te dije. Bueno, ahora se le dice Gestión del Talento Humano, es más pro. Y con tus hijos deberías conversar más.

A propósito de nuestros privilegios, estos no deben ser entendidos románticamente: como algo que se disfruta mientras otros sufren. Si bien podría ser una consecuencia, esta no es la perspectiva positiva y de aprendizaje que deseo intencionar con mi libro. Al contrario, es una oportunidad, una ventaja y una capacidad que recibimos y es bueno aprovecharla para uno mismo; un hándicap. Creo que también podemos construir otras formas para dar cuenta de estas prerrogativas, partiendo desde formas más participativas y humanas; colaborativas.

Esto de los privilegios se trata generalmente de exenciones y modelos enseñados desde hace siglos, que a mí hace poco tiempo me generó una nueva pregunta: ¿Qué hemos hecho con los dones y ventajas casi excepcionales que este sistema de oportunidades muy poco equitativo nos ha conferido?

Creo que sos solamente vos el que no ve todo lo que se hace gracias a nuestros privilegios. Busca en Google.

Este capítulo no es para hacer un tratado sobre el privilegio y ningún otro capítulo lo hará, pues mi intención aquí no es detallar un listado de criterios y puntajes que determine culpas por haber desaprovechado determinadas peculiaridades en nuestras vidas. ¡No! Lo que propongo es que cada uno descubra sus propias posibilidades mirándose primero a sí mismo, y tal vez desde ahí qué posibilidades ha perdido por desconocerlas, cuáles ha desaprovechado por confundirlas y, sobre todo, cuáles nos quedan como grandes potenciales pendientes de uso y apropiación.

Mi propósito aquí es que cada uno de nosotros, empresarios, mujeres y hombres, colaboradores y ciudadanos comunes, desarme y deconstruya curioso sus propios privilegios, y lo haga desde lugares y para propósitos que solamente podrán ser definidos íntimamente: empleados, obreros, jefes, gerentes, dueños, todos tenemos algunos.

Y esto de «íntimo» es muy importante, pues creo que sería parte del motivo por el cual mucho de lo que hoy no nos gusta nos revela nuestros propios privilegios.

Al tratar aquí cuestiones tan personales, necesito recordarnos que lo que vaya cada uno a decir respecto de influir a otras personas, y la profunda relación de esto con el desarrollo de nuestros países, tendría mucho más que ver con lo que *sentimos* que con razones, ciencias y teorías que nos estuvieron enseñando por ahí.

Todos sabemos perfectamente bien que nadie dice todo lo que piensa, y este suele ser para mí el gran freno. Como cuatro discos de frenos en los autos: nadie los ve, pero es el que salva vidas o las destruye si no funciona correctamente.

Esto de ocultar lo que pensamos por supuesto que también niega lo valioso que otros y el proceso de co-construcción pueden ofrecer. Y atención: incluso con diálogos especializados no se logra inmediatamente hablar de todo en las Empresas, e idéntico ocurre a nivel país en los debates presidenciales.

Obviamente nadie te va a contar todo lo que piensa. Uno se guarda ciertas cosas para sí, no todo se hace público ni se ventila como a vos te gusta. Dios mío, también sos chismoso.

Mientras nuestros espacios no sean cien por ciento transparentes e inclusivos –así como al menos los he vivido y experimentado– las cosas seguirán muy parecidas a hoy, pues eso que no expresamos es justamente lo más valioso y define el sentir y la agenda de cada una de las personas. Y así, con estos distintos sentires reprimidos, los empresarios hoy estamos por toda Latinoamérica, así como estuvo el Covid-19, contagiando.

¿A qué me refiero cuando digo nosotros? *Nosotros* somos los empresarios, y supongo que sabemos que también somos un poderoso componente en esto de que el trabajo dignifica y la economía creciente debe sostener casi todo. Yo, empresario, entonces soy parte importante en este complejo sistema del *bienestar* de las personas que trabajan en el sector privado.

Es lo que yo creo.

Y pensar que vos empezaste con todos estos pensamientos hace ya ocho años. Luego comenzaste a aplicar esto a la imprenta hace como cuatro años y recién ahora me decís que empiezan a verse los primeros resultados. Y ojo que vos como dueño tenés el control absoluto y el poder en tu organización y, sobre todo, todos saben de vos hace más de cuarenta años, pues tu empresa es familiar y siempre estuviste dando vueltas por ahí.

Imaginate ahora a los candidatos que se postulan para ser intendentes o a los ministros elegidos que ingresan por primera vez a las instituciones prometiendo que cambiarán para mejor. Fijate que ellas y ellos no tuvieron relaciones anteriores con la mayoría que ahí convive, y para colmo en comunidades tan manoseadas como son las del sector público.

Ahora me imagino lo complejo y hasta ingenuo de su promesa. Hoy esto además me dice a mí algo tan distinto sobre qué tanto un intendente, un ministro, un jefe de policía o incluso un presidente pueden mecánicamente ser cabezas de transformaciones en solo cuatro años.

También me parece oportuno recordar que nosotros, empresarios, no somos tantos, pero somos muchos, y sospecho que suficientes para seguir con lo que cada uno estaba haciendo bien. Y ahora ya sabemos que existen otros con quienes también podemos o tal vez necesitamos hacer distinto para *sentir* y *unidos* preferir lo que todos buscamos en nuestra vida: avanzar, llegar a mejores lugares, disfrutar, ofrecer algo mejor a nuestros hijos y a las futuras generaciones.

No por reclamar con cartas abiertas a Gobiernos, calcular y planificar estratégica y bienintencionadamente mejores agendas país las cosas funcionarán para otros. Y cuidado, porque la virtuosa y recta comprensión de lo que para vos y para mí es justo y por eso creemos que funciona, para los demás no es necesariamente así. Esto puede frustrarnos e insiste en hacernos creer que los otros son los que están equivocados.

No estoy proponiendo que se cuestionen nuestros sentimientos, solo invito a conversarlos sin dejar nada al azar; sobre todo, mirarlos desde la responsabilidad y ya no la culpa. Solo cuando podamos criticarnos se generan las primeras inquietudes, molestias y enojos con nosotros mismos, y esto seguro nos moverá a mejores lugares.

Nosotros, empresarios, no hemos destruido solos el mundo, pero podemos mejorarlo bastante. Podemos empezar por los territorios desconocidos pero marcados en los mapas que conocemos de memoria. Y podemos caminar por ellos –es decir, las Empresas– haciendo el esfuerzo gigante de abandonar nuestras certezas de siempre; por ejemplo, «nuestros empleos dignifican y desarrollan».

Creo seriamente que todos nosotros de alguna forma ya sabemos que nuestros lugares solo nos invitaron a movernos, quejarnos e innovar de la misma forma que siempre; lugares y circunstancias genuinas, pero que tal vez solo supieron cuidarnos mejor a nosotros.

Y por lo que he visto y escuchado, más de la mitad de nosotros podríamos estar hoy circunstancialmente cómodos en nuestros lugares empresariales, que muy respetuoso califico como confortables, pues sé que en ellos se pasan momentos buenos, pero también bien malos. Y es justamente interesante esta parte de nuestro hacer económico, porque genera una especie de creencia de que nosotros no tenemos tiempo para analizar las consecuencias de nuestros privilegios porque hacemos mucho y todo cabalmente.

Christian, no es fácil ser empresario. Pero ahora me pregunto, ¿cómo será también ser un empleado?

Es como que la dignidad ofrecida con los puestos de trabajo, lo que producimos y también lo que sufrimos es tan fuerte, arrollador y apoteósico que las inversiones y nuestro eterno apagar incendios nos convierten en cuasi mártires del Desarrollo.

Hay muchísimos empresarios, emprendedores y trabajadores de la calle que consiguen terminar a duras penas su día, repleto de múltiples funciones y actividades en sus propias vidas: son vendedores, administradores, choferes, porteros, jefes de personal, policías, papás y mamás. Luego gremialistas, mecánicos de sus autos y hasta voluntarios para causas nobles, como polladas y asados para donaciones.

Mucho de esto me dice que diariamente en nuestro país –y, sospecho que en nuestra región entera– existen muchas decenas de cabezas trabajando por algo mejor, siempre desde determinados *sentires* que se expresan, pero otros que mantenemos ocultos.

Sea con poco o poquísimo tiempo disponible, todos los empresarios hacemos muchos esfuerzos para sumar y sostener nuestros propios sueños, esos desde los cuales decidimos nuestros proyectos de vida personal, voluntariados y cooperaciones cristianas; todo nos mueve por lugares de certidumbre.

Y hay de todo y para todos en estos caminos de las buenas intenciones: algunos aceptan presidencias en fundaciones importantes, otros invierten como socios accionistas desde la novedosa forma del Capital Ángel, otros directamente donan buenas cantidades de dinero, otros practican muchísima responsabilidad social, otros se mueven para que otros también lo hagan, otros buscan generar espacios para diálogos nacionales, otros escriben libros, otros escriben su opinión en los periódicos, otros se presentan como candidatos para la presidencia de un sector productivo, otros viajan con miembros del Gobierno y traen innovaciones para iniciativas público-privadas, otros –y cada vez más– saltan a la arena política, otros aceptan contratan en sus fincas a personas con muy escasa formación, otros transportan en su propio vehículo o incluso avión a su obrero en urgencia de salud, otros prestan sus aviones para causas nobles, otros en momentos de apuro familiar le prestan dinero a sus empleados, otros asumen los gastos escolares de los hijos de sus empleados y así otros simplemente insinúan conversando en asados cómo los mandatarios elegidos no saben solucionar nuestros problemas de país.

Después de decenas y centenas de conversaciones sobre estos temas –y como muestras vivas de la dignidad que nuestro empresariado ofrece– pude descubrir que cada uno de nosotros finalmente hace lo que puede como sabe, como nos enseñaron nuestros mentores, padres, socios y etcétera.

Y eso está bien.

A lo mejor cada una de estas nobles acciones, colocadas ahora en la perspectiva del beneficiado –empleado con historias y sentimientos muy distintos a los nuestros–, podría, desde los sentimientos de rabia y frustración, convertirse en una lucha por sus derechos; derechos de un trabajador problemático, pesado, incluso sindicalista, negativo, denso y malagradecido.

Este podría ser un microejemplo de tantos sentimientos ajenos que nosotros no conocemos, pero igual seguimos sin parar.

Es que en el sector privado de empleadores y empleados somos muchos y probablemente no somos todos iguales. Somos distintos. Y si pienso en esa inherente diversidad, hoy ya no puedo desconocer la inclusión que aún nos falta. Y me doy cuenta de lo poco inclusivo que yo mismo he sido como empresario en nuestra empresa, aun con rampa para silla de ruedas en la entrada principal y ahora baños con puertas anchas para personas con alguna discapacidad física e incluso nuestra primera colaboradora con discapacidad visual.

Quiero compartir aquí una fuerte experiencia que me tocó vivir cuando empezaba con esto de mirar como observador pero ahora conmigo dentro de lo observado. Fue en un espacio de esos en los que participé tantas veces y con muchos presentes iguales a mí, y del otro lado del mostrador siempre algún representante importante del Gobierno.

En esa oportunidad, los organizadores del evento invitaron, como es costumbre a inicio de algún gobierno electo, a uno de los flamantes ministros; fue de la cartera de Hacienda, recién jurado en el gobierno y los empresarios queríamos saber más sobre él y sus planes. Una vez hechas las presentaciones y saludos formales – y ya todos sentados en aproximadamente veinte mesas rectangulares en un restaurante alquilado para el efecto y en el horario de almuerzo con mozos sirviendo aperitivos y algo de beber–, el funcionario con cargo de ministro empezó a compartir sus planes para la institución pública que le tocaba conducir.

Luego de aproximadamente treinta minutos, concluyó y abrió el micrófono para preguntas.

Hacia el final del espacio de las preguntas y respuestas –que generalmente son muy similares en estos lugares, un joven que estimo tenía aproximadamente entre treinta y cuarenta años de edad, pidió la palabra y más que una pregunta, este muchacho atrevido aprovechó el espacio –repleto de empresarios importantes– para expresar lo que él probablemente sentía como importante en ese momento, desde sus preferencias y experiencias. Tal vez lo hizo haciendo honor a sus ideales, no lo sé.

Muy rápidamente en la sala todos identificamos al joven como sindicalista y él empezó su corto discurso naturalmente con reclamos, diciendo que le disculpemos, pero que el espacio donde él se encontraba era único y, como tal, necesitaba aprovecharlo.

Recuerdo muy bien que en mi mesa éramos seis empresarios y, al igual que en las demás, en la nuestra se empezó a murmurar bastante mientras el joven sindicalista expresaba lo que sentía. De hecho, ya nadie podía oír al joven en uso de la palabra, pues el murmullo era generalizado diciendo que no era ni el lugar ni el momento para hacer lo que él estaba haciendo.

Mientras parecía que acababa ya con su discurso, se puso de pie otra persona –de más edad, diría entre unos sesenta y setenta años– y correctamente pidió disculpas por el uso del tiempo que su compañero de causa hizo en un espacio que no era el adecuado para ese fin.

En mi mesa hubo un poco de burla, y varios de mis colegas desaprobaron lo que estaba sucediendo. Entonces fue increíble, pues siendo yo tan olvidadizo, no obstante, pude recordar, no sé cómo, un dato –algo que había leído tiempo atrás y que encajaba como anillo al dedo para aquella circunstancia–, por lo tanto me pareció oportuno aprovechar ese momento para compartirlo en mi mesa.

Considerando que el tema giraba obsesionado en torno a los sindicalistas y lo desubicados que ellas y ellos son siempre, pregunté si alguien en nuestra mesa podría decirme qué país tuvo el récord mundial de horas de producción y servicios caídos debido a huelgas sindicales.

Las respuestas coincidieron, pero erradas: «Venezuela, Argentina o algún otro país zurdo», me dijeron algunos. Les dije que no todo lo que brilla es oro y que la respuesta correcta era Alemania.

Si bien por algunos segundos el silencio fue la mejor respuesta que tuvieron, luego cada uno ofreció su opinión, sosteniendo que los equivocados son los sindicalistas, no nosotros, que queremos ser como Alemania o Suecia.

Cuando ninguno de mis colegas mostró interés para profundizar en esta hermosa oportunidad de conversar tan importante situación en vivo, fui consciente de que no es bueno forzar la comprensión de lo diverso, y desde ahí pretender que lo mío sea aceptado en mi comunidad de empresarios.

Este suceso fue definitivo para mí. Luego de haber participado por dos décadas en decenas de estos eventos parecidos, decidí nunca más ir a ellos. Así cerré para siempre mi etapa gremial, pero sin dejar de felicitar personalmente al organizador –de este evento– por haber invitado a distintas comunidades del sector privado y a sindicalistas también.

Varias veces he experimentado en carne propia lo difícil que resulta aceptar la responsabilidad de ser miembro auténtico de la diversidad, y de las transformaciones inherentes que suceden cuando entendemos diferente las cuestiones, queramos o no. Hay mucho de esto en nuestros países de la región y bastante a partir justamente de la negación que hacemos de lo distinto a nosotros.

He oído a colegas juzgar apasionadamente lo distinto desde el único entendimiento que ellos poseen y creo que esto es lo que no suma ni construye. Más complejo aún es cuando nos cerramos a nuevas ideas desde el dolor de alguna injusticia anterior, ciertamente inaceptable.

No entiendo cómo estas personas pueden defender algo así cuando todos saben que aquello es lo correcto, lo que corresponde y está bien. ¡Qué falta de ética, Dios mío! Que el Señor los perdone. Nosotros estamos aquí para solidarizarnos con las víctimas.

Reiteradas veces me tocaron encuentros donde fui interpretado como un irrespetuoso de nuestra diversidad empresarial, un invasor de lo privado, de lo construido con sacrificio y lo peleado centímetro a centímetro por el pan de cada día. Y seguramente fue así, pues acepto haber tenido muchos momentos de infinita ansiedad cuando caminaba sin dirección tocando tantas puertas conocidas.

Hoy veo a la diversidad, a mis diferencias con los demás, a lo distinto a mí como grandes oportunidades para alcanzar nuestros objetivos económicos, siempre y cuando empiece por aceptar que únicamente desde una inclusión con escucha sincera los podremos coordinar y potenciar para que sean útiles para todos.

Tal vez sin darnos cuenta venimos promoviendo muy apasionados la integración o la inclusión de personas con discapacidad física e intelectual en nuestros espacios empresariales, pero considerando nuestra historia colonial, el desafío creo que es aún mayor y regionalmente el mismo para una inclusión integral –es decir, de todas las personas sin excepción–.

Ahora que lo mencionas, la verdad que somos inclusivos con personas que tienen alguna discapacidad que con las que no la tienen. Discriminamos muy seguido a los que no tienen ninguna discapacidad más que la que nosotros le atribuimos por entender su vida de otra manera. No piensa igual, no le incluyo, le invito, no le pregunto. O ahora las empresas, conectadas 100% a WhatsApp Business, afirman estar disponibles para sus clientes pero sin embargo no activan el doble check azul en sus conversaciones escritas. Es decir, responden pero prefieren hacerlo desde la libertad que les confiere no usar el doble check azul. ¿Involucrado o comprometido?

Fuimos educados desde miradas tan rígidas hacia cuestiones que son altamente vivas y complejas –como la pobreza, la inequidad y las diferencias de opiniones–. Y bueno, todos sabemos que para defendernos no hay nada mejor que el ataque, y mejor si es personal.

Antes de seguir con los discursos o programas de eliminación, reducción o ataque de esto o aquello que no nos gusta, primero podríamos generar espacios dialógicos para aprender con ellas y ellos. Tal vez esto podría llevarnos a otros escenarios posibles para descubrir que todos podemos ser parte de grandes injusticias, atropellos e injurias, sin siquiera saberlo.

Creo que la naturaleza de nuestros actos en el pasado tiene hoy como consecuencia una gran diversidad de historias robustamente construidas y con interminables aristas y prolongaciones en esta, nuestra sociedad latinoamericana actual y tan diversa. Y sospecho que fuimos y seguimos siendo muy desatentos. Desde la generación de adultos que hoy somos y las que antes hubo, hemos evolucionado con recelos, gobernados incluso por el desconocimiento sistemático de acuerdos tan básicos como la convivencia con inclusión.

Ojalá esta síntesis que hice aquí explique que nadie es culpable de nuestras historias, pero sí estamos llamados a conversarlas desde diálogos responsables –que serán bien inusuales–.

Desde que inicié este capítulo estoy poniendo todo de mí para ser cuidadoso, precisamente porque necesito respetar nuestra diversidad. Somos cada uno a su manera: filántropos, emprendedores, empresarios exitosos o fracasados, competidores desleales y mucho más; todos tenemos algo que decir.

Necesito el permiso de ustedes, pues mi análisis desea proponer una reinterpretación de determinadas creencias aprendidas en nuestras naciones. Y en este proceso corro alto riesgo de lastimar posiciones –interpretaciones transmitidas de generación en generación– muy íntimas.

Aquí el desafío fue también para mí, pues en el rigor de mi análisis quiero seguir siendo cien por ciento honesto con los sueños que me invaden desde las inquietudes que me atosigan.

También debo ser cien por ciento transparente en el manejo del permiso que algunos me otorgaron al interesarse y seguir leyéndome, sin olvidar en ningún momento que lo que deseo es lo mismo que ustedes: convivir en paz, con un sistema que ofrezca las mismas oportunidades para todos sin regalar nada a nadie.

Estoy siendo directo con mis perspectivas e íntimos sentimientos desde el inicio de este libro. Bueno, de hecho todos procesamos informaciones y sucesos desde perspectivas individuales. Lo que ocurre con esto es que el cerebro –por instinto de supervivencia– aplica algunos filtros que permiten interpretaciones generales para temas particulares porque sencillamente no hay tiempo para procesar todo tan detalladamente, y entonces es cuando lugares y momentos frente a nosotros pasan totalmente desapercibidos para algunos y para otros el significado de eso mismo es diametralmente opuesto.

No tengo la más mínima intención de juzgar a nadie ni meter a todos en una bolsa –algo de lo que se me ha acusado varias veces–, ni nada que se le parezca. Aquí se trata simplemente de seguir compartiendo con ustedes la visión que tengo, y que por supuesto podrá tener sesgos, como generalmente corresponde a las perspectivas personales de cualquiera de nosotros.

Aprovechemos la diversidad que tenemos al lado nuestro. Para mí es el único camino posible.

¿PODEMOS IMAGINAR CONVERSAR
Y TERMINAR EXIGIDOS PERO
DESDE EL CUIDADO QUE MERECEMOS
CUANDO YA NO SON OTROS
LO QUE DEBEN HACER
LAS COSAS DIFERENTES?

¿ACASO VES COMO UNA POSIBILIDAD
QUE NOSOTROS SEAMOS PARTE
DE LO QUE GENERALMENTE OBSERVAMOS
Y NO NOS GUSTA?

¿Qué puede un diálogo?

El diálogo es muy famoso como conciliador y aparenta algo metodológico, sencillo de utilizar. Uno instala el diálogo y empieza algo distinto.

Su prestigio, parece, es resultado de ser el protagonista de relaciones honestas. Cuando alguien o algo deja de ser un tema menor, y puede complicarse, empeorar y entonces molesta a otras personas: ahí a menudo aparece el diálogo como una solución.

El diálogo se ha aplicado a lo largo de la historia como herramienta e incluso como una señal estratégica de un interés verdadero, desde el amor, o como último recurso hacia eso que necesitamos salvar o actualizar a nuestros tiempos y creencias. Y como no podemos engañarnos con el tiempo que se requiere para comprender las historias de los demás en esos espacios dialógicos, los implicados –que lideran los diálogos en estos tiempos– necesitan resultados rápidos, pues ese es el tiempo que tenemos o nos permiten.

Lastimosamente las papas queman y tenemos que seguir avanzando. No podemos estar conversando sobre cada cuestión y problema, Christian. Pongamos también cada uno de nosotros algo para entender lo que se debe con este encuentro que organizamos.

¿Un diálogo para comprender lo que se debe?

Por supuesto que, en el modo avión −como lo activamos en el celular−, desconectado del contexto en el que otros viven, yo también creía que eran siempre otros los que necesitaban conectarse, dialogar e idealmente reentender de cero. Incluso he visto cómo algunos referentes empresariales organizaron, hacia finales del 2019, la visita de un experto extranejero que colaboraría para enseñarnos a instalar y habilitar mejores espacios de diálogo en Paraguay.

Cuántas veces yo mismo obstinado, opinaba desde afuera y decía que donde hubo estrés o incluso una riña que ha perturbado nuestra paz social, un buen diálogo entre ellos resolverá el desencuentro, y si aun dialogando eso no ocurre, entonces es porque algunos seguramente no lo quieren de verdad, son malintencionados, zurdos, conservadores y tramposos. El problema, entonces, son ellos y no nosotros, ¡qué alivio!

He comprendido que esto no funciona así de sencillo y claro. Ojalá solo fuera cuestión de aplicar una fórmula, un método con una herramienta como el diálogo −incluso con sistema certificado desde una renombrada universidad− e imaginar que suficiente está listo para ser solucionado en este, nuestro mundo lleno de diálogos con voces e intervenciones que mantienen muchos asuntos aun ocultos.

Hay muchos acuerdos que se consiguieron gracias a los diálogos. No estoy de acuerdo contigo. Pero repito: no podemos ventilar todo.

Yo, empresario y gerente, también he llamado decenas de veces a espacios conversacionales para tratar distintos temas de orden organizacional, pero también otros que necesitaba compartir preferentemente a los gerentes y jefes en la empresa. Recién ahora, en esta etapa de mi vida, vengo a enterarme de que nunca fueron diálogos equitativos; más bien fueron espacios de información, comunicación y catarsis míos. Y el miedo y la vergüenza fueron siempre los únicos presentes auténticos en esas conversaciones, tal vez por eso fueron más conmigo mismo, pero con invitados al fin.

O sea que tenemos que dialogar por dialogar. Disculpame, pero así no se llega a nada... El diálogo es una herramienta para resolver algo concreto, no puede ser el fin en sí mismo. O sea, me encuentro con personas para dialogar ¿sin importar el tema?

¡Exacto!, porque no son personas cualquiera. Hay mucho en común y las conversaciones nunca empezaron y menos acaban. El diálogo como una ideología, tal vez lo único que aceptaría para mi vida. El motivo para encontrarnos desde las diferencias que nunca acabarán en nuestros *haceres* con otros. Por eso no más como una herramienta metodológica para consensos fijos que tienen prisa y deben servir para periodos de tiempo irreales. Encuentros que sitúan a las conversaciones como verdaderos espacios curiosos entre el que tiene hambre y los que también tenemos ganas de comer.

Sí, el apetito tácito de los presentes por conocer, aprender, enterarse quién está y es conmigo en una comunidad, una empresa o un país también marca el rumbo y la agenda de un diálogo. Esto mismo fue lo que en nuestra imprenta activó la chispa de un nuevo proceso en la gestión de nuestras relaciones laborales: trabajar la comprensión (acuerdos) con el otro y ya no para el otro.

La gente ya es como es, vos no podés hacerte responsable de ellos. Dejá que cada uno decida.

El modo en que sucedieron las cosas en mi ayer de Gerente General que decía dialogar, hoy me sigue delatando.

Por acción u omisión fui y sigo siendo el principal comprometido con cientos de circunstancias precedentes de cómo fueron y siguen siendo hoy mis colaboradores. Y miren qué casualidad, pues parece que algo de eso coincide con lo que no me gusta de la mayoría de ellos. Por eso creo que también busqué cosas más sencillas –como un estándar certificado para relacionarnos mejor–.

Es en este momento de pensarnos así cuando puede volverse muy frustrante esta nueva forma de gestionar y relacionarse en una empresa: relaciones laborales que ahora sugieren que las conversaciones nunca acaban, y que irse por las ramas es lo más valioso.

¿Cómo?, pero a veces la gente en reunión empieza a irse por las ramas, y así no se puede tomar decisiones. No se llega a nada. Traen cualquier tema, como el sindicalista este que comentaste, nada que ver ahí.

Tal vez era yo el que no podía comprender los mensajes, indirectas y preocupaciones que parecen ramas de enormes árboles torcidos que quieren crecer. Si alguien lo menciona es porque para ellos el árbol es importante, y yo ni lo veía así. Además, ya tengo aprendido que, se habiliten o no los espacios para compartir las *emociones* de tal o cual momento laboral, todos los colaboradores seguirán produciendo según lo que no les dejaron decir, y lo harán conmigo o sin mí.

No se desesperen leyendo. Cada uno puede empezar por sí mismo, mirando primero todo lo que ya ha dicho o hecho en su área, sección u organización completa sin que nadie lo haya pedido. A veces puede ser fuerte darse cuenta de esto, pues los recursos desperdiciados en estas cuestiones suelen ser enormes. Es como caminar cuidadosamente distinto, pero siempre sobre huevos.

¿No te parece que caminar sobre cáscaras de huevo puede llevar a la inacción? Y para colmo el que se anima es el que siempre se equivoca, por ejemplo yo en la imprenta.

Claramente nosotros –líderes, gerentes, jefes, patrones– tenemos algo que ver con todo esto que aprobamos y desaprobamos diariamente. De ahí tal vez esto de que errar es humano. Y aquí hay algo que también aprendí: las conversaciones ya empezaron hace tiempo y nunca más terminarán. Esto no quiere decir que no tengan un final o que solo haremos lo que los demás sienten y piden cuando conversan, sino más bien que podemos mirar nuestros mismos objetivos económicos y/o estratégicos de siempre, pero con metas (conversaciones) mensuales verdaderamente inclusivas, similares, pero a la vez muy distintas a las que en ese entonces tuvimos, cuando solo sabíamos trabajar duro, producir de la mano de la ISO 9001, contratar expertos y enviar buenos mensajes de fin de año.

En este momento de mi vida prefiero conversar y repreguntarme todo. Estoy hablando de la posibilidad de una compresión no necesariamente superior, pero sí distinta, que aglutina y es lentamente positiva para todos en la organización. A lo mejor superior porque ya soy plenamente consciente de que si lo que disgusta no se dialoga de la forma en que todos necesitan –yendo por las ramas, por ejemplo–, el diálogo igual ocurrirá, cerca o lejos de nosotros, pero con la terrible realidad de que nosotros, gerentes o propietarios, estaremos nuevamente ausentes en modo presente.

Las conversaciones no se pueden organizar, es imposible porque las ganas de hacerlo son aleatorias y saltan cualquier organigrama: atención, la organización las desorganiza especialmente. Por eso no olvidemos que el diálogo organizado por algunos es una forma de desorganizar la conversación, al menos cuando aún no hay confianza entre los participantes. Por eso, como facilitadores, es bueno tener incorporado como una actitud, y ya no solo un articulador puntual y sensato de temas o situaciones insensatas, estresantes o incluso violentas en la organización.

Hoy no me queda otra que empezar mis días laborales mirándome desde este nuevo lugar, desde la «responsabilidad colectiva» que necesito. Acto seguido, continúo con esfuerzo, me miro pero ahora en función de las relaciones que he propiciado con el correr de los años. Ambos momentos me permiten contemplar mi contexto que necesita de nuevos acuerdos.

Christian, sinceramente estás perdiendo los estribos. Y tus gerentes, ¿qué dicen de todo esto?

Fue impresionante darme cuenta de que ni yo era capaz de otorgar ese valor –y menos el espacio y el tiempo– a encuentros de personas que promuevan la escucha sincera en medio de tantos acuerdos, procedimientos e instructivos de calidad, orden, limpieza y responsabilidad con el cliente, el medioambiente y otros jamás acordados. ¿Cómo hacerlo si nunca nadie me lo mostró así?

¿Y qué querés? ¿Que nos juntemos a hablar de la importancia del tereré en ayunas? A vos te hace falta un escarmiento y ahí vas a aprender.

¿Puedo –hoy facilitador, antes gerente– aprender a conocer la otredad en la *convivencia laboral*?

La otredad es el otro, él es otro, no soy yo. La otredad es la capacidad de tomar consciencia de la individualidad, mirando y mirándose desde una perspectiva ajena a sí mismo. La identidad está ligada a la otredad, pues si mi identidad se mueve, se transforma y adapta a otros también. Esto lo saque de internet. Lean más al respecto de «la otredad» si les da el tiempo.

¿Soy capaz de aceptar los espacios necesarios para «otros» en conversaciones que ocurran en el horario laboral y/o de producción? Que sepa, a mí me enseñaron que no tiene nada de rentable hablar con alguien que no sea con clientes o con los que pronto necesitamos que lo sean.

¿Qué tanto querés hablar en una empresa que no sea del cliente? El cliente es el rey, y los colaboradores deben hacer lo que prometieron cuando les contra-

tamos; está todo escrito y firmado por ellos mismos. Para esos temas así, medio sociales, como los diálogos de paz y esas cosas, ahí sí se debe hablar y urgente, pero es distinto porque ahí hay que resolver diferencias y conflictos graves... vos mezclás todo. Acá venimos a trabajar exclusivamente.

Sea donde sea que *estemos* y *seamos* humanos, habrá desacuerdos desde perspectivas, interpretaciones y preferencias personales. Miles o cientos de interpretaciones habrá; se los aseguro, como que me llamo Christian.

Imaginen si todos fuésemos idénticos en cuanto a cómo fallamos o acertamos en lo que nos proponemos: enamorarnos todos de la misma forma, abrazarnos todos de la misma manera, vender y alcanzar las metas de venta todos con el mismo truco, aprender todos de una misma persona, observar todos el mismo lugar y etcétera. ¡Qué aburrido!

Pero decidamos o no aceptar en nuestros roles de gerentes, jefes, dueños o inversionistas a la *otredad* –y las enormes o mínimas diferencias que resultan de ella junto a la *convivencia laboral*– eso ya no importará, pues todos los acontecimientos que devengan de nuestra naturaleza de ser humanamente distintos en la empresa sucederán igual, lo autoricemos o no.

Creo que así nos va hace buen tiempo, sin que nada se mueva sin la autorización correspondiente. Entonces, ¿no será que los diálogos o incluso los consultores organizacionales no son sinceros con nosotros porque aún no les autorizamos?

Atacamos dentro de nuestras empresas, acusando al que falla. Seguimos pensando que hay mejores y peores, ignorantes e inteligentes en nuestras propias áreas de producción. Lo mismo ocurrió en nuestras sociedades y sus países. Y es que no puede ser de otra forma, pues la comunidad laboral está contenida en esa misma sociedad que aprendió a juzgar y etiquetar lo que no acepta.

¿Entonces, necesito encuentros dialógicos como nuevas formas de reducir nuestras fallas en lo laboral? Pero si somos quinientas personas, este método en nuestra empresa sería imposible. ¿Y quieres aplicarlo como una nueva forma de alcanzar la calidad en los procesos productivos, que además ya están definidos y detallados en perfectos instructivos de trabajo según la norma ISO? Te juro que no te entiendo.

¿Tantos instructivos y manuales para aclarar qué cosas a quiénes? Tal vez era solamente yo el principal confundido, creyendo que los manuales e instructivos podían conducir por mejores lugares el *hacer* de mis colaboradores porque ellos sin eso no saben cómo hacerlo mejor. Para mí es una intención incompleta, grave de antaño, y también de las ciencias económicas, del management, la ingeniería de procesos o incluso de los sistemas de gestión certificados.

Ya tengo la solución. Tercerizar este proceso del que hablás. Contratemos uno o varios expertos, coaches, que ahora están en auge, o psicólogos laborales, y ¡asunto casi resuelto! No necesito estar presente en estas cuestiones y menos con el poco tiempo que tengo. Además, el problema no está en lo que nuestra gente pueda o no sentir. Todos nos sentimos bien o mal a veces, ese no es el punto, Christian.

Acá lo que falta es un plan para que esta gente salga del pozo donde se encuentra. En Paraguay se necesitan políticas de estado. Necesitamos una nueva visión de país, de política, económica y social, con un Estado austero y de calidad. Luego una estrategia país para salir afuera, exportar, nuestras hidroeléctricas como catapultas del desarrollo y, finalmente, sostener todo con la conducción política visionaria, coherente y honesta.

Creo que esto suena espectacular, casi tan real como las historias de la película Alicia en el país de las maravillas. Pero hoy ya no me enojan estos discursos, pues así dicen que funcionan las cosas cuando algunos construyen política para todos. Luego viene la presentación de ese algo con bombos y platillos, en la que el 99% del fondo y la forma ya fueron elegidos, e incluso, dicen, son comunes y correctos para todo un sector, un pueblo o una nación.

¿Y cuál es el problema? Se dialogó con los sectores y se les preguntó qué les parecía.

Qué distinto es hoy para mí comprender que una cosa es construir algo solo y ser inclusivo a posteriori, pidiendo sinceramente propuestas para editar determinados detalles menores o mayores. Y otra bien distinta es pedir ayuda desde el inicio para construir algo juntos, porque solos no podemos. Esto último generalmente no sucede porque no hay forma de hacerlo. ¿O sí?

Un testimonio para mí contundente de nuestras formas poco participativas es el debate presidencial, un espacio que debería ser el ejemplo de lo más dialógico y participativo, por tratar con solo contadas personas los asuntos que comprometen las vidas y los sueños de millones de otras.

Varias veces he pensado: «Qué feo ser el organizador y patrocinador de algo así, un evento público que promueve ser un espacio de alto nivel pero que nos enseña que lo importante es saber defender posiciones y no tanto recoger propuestas distintas, buscando rescatar las voces de todos».

Es altamente pedagógico lo que mostramos a los jóvenes con este modelo y patrón conductual electoralista, tan instalado en el mundo: las opiniones personales son las que valen respecto de las preguntas de toda una comunidad, un pueblo. En las respuestas, los candidatos exponen su propia interpretación respecto al plan de ellos (ideologías), pero que sin embargo es para todos; y a defender como sea. Descalificar, justificar con buena memoria numérica y, por supuesto, adecuada dicción para hablar en público son buenos requisitos para dar explicaciones que sirven al que explica y algunos elegidos más.

Se trate del proyecto de gobierno de un partido político, el candidato presidencial para un país o la planificación estratégica en una empresa, y seamos veinte o trescientos colaboradores, o incluso los mil quinientos funcionarios de una institución pública, los *seres* (personas) que deberán cooperar inspirados para alcanzar las metas de ese plan –y en cuya construcción ellos definitivamente no participaron– somos todos y no ellos, que debaten en vivo por sus verdades personales.

Parece que esto mucho no importa, pues hay personas que saben más y ellas y ellos lo organizaron con buena intención. Este evento sigue siendo el *summum* de una democracia que no resuelve lo que promete. Por eso esta ideología con sus procesos aseguran que el proyecto que se defiende será nuevamente de algunos, sin espacios para todos. Y por la lógica operativa de *sentimientos* y *emociones* que ya hemos conversado, este nuevo mamotreto nuevamente no invita a nadie –más que a sus creadores e interesados directos– a ser parte apasionada de él y lastimosamente será otro intento fallido, pero por el cual ahora debemos votar obligadamente.

No somos un partido, somos una forma de vivir. Vos no entendés de estas cosas. Solo los mejores pueden conducir el futuro de una nación. Imposible es ponerse de acuerdo con todos y pienso esto después de haber oído tu mensaje de voz, pero no puedo responderte, pues no nos conocemos –aunque quiero ser tu presidente y te pido que me votes.

Este es el único comentario en cursiva –de todos lo que ya leyeron en mi libro– que es absolutamente irreal. Lo inventé totalmente, pues el mensaje de voz sí se envió, pero nunca tuve una respuesta del candidato.

Volviendo a la idea de los debates presidenciales, observadas las etapas –seguramente pensadas y hasta reflexionadas entre las cuatro paredes de un salón de reuniones en la sede de algún partido político– en términos del resultado soñado por sus anfitriones, ciertamente la relación de la gran mayoría (ciudadanos, empresarios y funcionarios) con el logro de las metas y objetivos de este plan será directa pero extranjera para todos.

Ocurre que el 99% no entiende las razones, pues no participó de su construcción; entonces naturalmente no le inspira, carece de atracción y sentido de pertenencia, y los deseos de superación en pos del logro de ese plan pensado lejos de ellas y ellos serán bajísimos.

A nosotros nunca nos participan y menos nos preguntan; todavía peor, no nos escuchan.

O sea, es generalmente por medio de terceros, agentes o agencias que la verdadera tarea se hará; llámense instituciones públicas y sus funcionarios en el sector público o nuestros gerentes, mano derechas o consultores –*coach*– en el sector privado. Y qué increíble ser consciente de esto: que son otros completamente, extraños, los que *hacen*; nosotros planificamos pero ustedes lo realizan.

Me costó mucho aceptar que fueron, son y serán siempre tus manos y las mías, con nuestros sentires y sus desacuerdos la clave para la puesta en marcha de aquello bellamente soñado pero siempre muy lejos de nosotros.

Podríamos apelar al título de la famosa obra de Gabriel García Márquez Crónica de una muerte anunciada, pero combinar con algo así como «Crónica anunciada de la muerte de un bien intencionado plan, su instalación, puesta a punto y articulación de lo que algunos sueñan para todos. Partido Fucsia, Asunción, 2027».

Presten mucha atención: las enormes diferencias que –insistimos– existen entre ambos contextos (público y privado) terminan convergiendo cuando somos capaces de reconocer que en ambos casos nuevamente el denominador común es y será siempre uno solo: nuestro *sentir* latinoamericano.

Sí, primero uno es paraguayo, boliviana, colombiano, peruano, argentina, venezolana, salvadoreño, ecuatoriana, cubana, mexicano y luego circunstancialmente podrá ser un empleado, el patrón, nuestro jefe, el gerente general, el funcionario, los ministros, la presidenta, la señora policía, el maestro, el albañil y etcétera. Hagamos lo que hagamos primero todos somos muy parecidos.

Vos mezclás todo. Esos son los equipos de trabajo. Ellos no van a estar tan cerca de vos ni de mí. Necesitan trabajar para vivir, pagar sus cuentas y necesitan ser guiados. Más adelante, con nuestro país internacionalizado, innovador y con políticos honestos, éstos tus temas serán parte de algo más grande. No te apures, por ahora ese no es el punto. Vos querés todo de una vez.

No todo de una vez, sino todo desde cero: quiero empezar por lo primero. Además, hasta hoy me pregunto: ¿cómo sabemos con tanta certeza lo que los otros necesitaron ayer y lo que va a ser urgente mañana? La verdad hasta hoy no lo sé, y veo que, a pesar de que no exista una forma de hacerlo, algunos siguen adivinando.

Esto sí que no te lo acepto. Me vas a disculpar, pero nuestro sector funciona bastante bien dentro de todo y distinto al sector público.

Se necesitan muchos espacios de conversación, paciencia y por sobre todo angustia para descubrir que la mayoría de la gente que trabaja no está progresando como nos lo imaginamos, y esto está sucediendo en ambos bandos.

¿Y cuánto tiempo se requiere para progresar en la vida?

Es por eso tal vez que los planes de gobierno o nuestras propias planificaciones estratégicas corporativas anuales suenan fascinantes para describir los deseos desde la nueva visión de país o empresa que soñamos, hasta que llega el momento en el cuál el anfitrión (yo) inicia las etapas. Sin proceso previo quiero integrar mi propia receta, desconociendo los detalles de territorios anteriores y de hace un buen tiempo; en otras palabras, no puedo valorar el trabajo que otros hicieron mucho antes. Y la estructura de tan hermoso «deseo» no resiste las tensiones que surgen como resultado de las enormes diferencias entre los que planificamos y los que ejecutan.

Hoy necesito gestionar desde un nuevo tiempo-espacio que me gustaría denominar así: «Todos valemos y todos tenemos algo que decir».

A veces siento que los empresarios, políticos y los empresarios que desean ser políticos –ahora un rasgo evolutivo de civilización– creemos tener una bola de cristal solamente porque tenemos más conocimientos que otros o porque desde el corazón sentimos ganas de ayudar a nuestro país, a su gente, al prójimo y además somos jóvenes. Pero parece que no es tan sencillo recrear complejas circunstancias sociales apretadas en ecuaciones econométricas o en modelos ideológicos para gobernar, pues mucho no avanzamos, ¿o sí?

El mundo está en un lugar mejor que hace 50 años... no importa la estadística que elijas. Menos pobreza, menos gente que muere de hambre y enfermedades, menos muertes neonatales y de madres, menos guerras, menos violencia, más derechos para las mujeres y los grupos vulnerables. Lo que pasa es que es más fácil conectarnos con el sufrimiento del individuo que el de poblaciones enteras que están mejor. Esto no significa que podemos acostarnos a descansar, pero decir que estamos peor es una mirada pesimista.

Y si te preocupa que porque soy optimista voy a enlentecer el buscar un mundo mejor para los que me rodean, estás equivocado, Christian.

¿Por qué será que generalmente insistimos y preferimos mirar ratios, encuestas, resultados siguiendo protocolos y obedeciendo leyes económicas para sostener nuestros objetivos si primero somos *seres humanos* y luego mercados, filántropos o funcionarios que desean construir algo que tal vez nosotros mismos hemos destruido?

Así me di cuenta de que nosotros podríamos ser en parte los responsables de que hoy muchas comunidades dialoguen a su antojo y a nuestras espaldas. Y es precisamente en estos momentos y lugares donde para mí el fundamento del edificio del Desarrollo –con sus tendencias que estamos mejor– se puede derrumbar en segundos.

Yo también estaba acostumbrado y formado económica y conceptualmente para ir de lo macro a lo micro. Luego mi Educación reforzaba todo.

Necesitamos compartir nuestra visión de desarrollo y nuestra gana política, económica y social, desde donde estamos y dónde queremos llegar en 10, 20 y 30 años. Se planifica a lo grande y luego veo que los planes de acción se ejecuten: los registro y controlo. Tampoco me pidas que haga todo. Yo, candidato, tengo el cómo y el para qué, lo demás ya es del resto.

Esto de proponer con macro y megaplanes desde la política –o desde el empresariado que asesora a los mismos de siempre– podría ser la mejor forma de construir con participación e involucramiento, pero vemos que con este modus operandi el compromiso no es de todos y el alcance es siempre el mínimo.

A lo mejor, como todo aquello que abunda es porque no cuesta, se ha valorado al diálogo como una simple práctica de comunicación que transmite información, sin emociones para el que tengo enfrente, y tal vez ya desde la época del Homo sapiens es así.

Creo sinceramente que a mí –y a la mayoría– ya no nos llama la atención, y de hecho se pierde entre tantas otras formas, estándares, métodos, herramientas y modelos mucho más novedosos y sofisticados empresarialmente que sentarnos a conversar sinceros. Díganme ustedes si acaso no suena más atractivo gestionar mi organización con un eficaz cuadro o tablero de comando al estilo *Balance Score Card* –acompañado de un buen sistema certificado de gestión de la calidad–, que avanzar lento construyendo desde cero y empezando por conversaciones incómodas con mis gerentes, jefes y luego mis obreros: uno a uno o en pequeños grupos, como ellos se sientan mejor.

Vamos cerrando este capítulo, y quiero dejarles la idea de que busquen en sus empresas al diálogo como actitud y ya no como una herramienta para alcanzar determinados objetivos en sus reuniones. Por favor, ya no conversaciones con intenciones premeditadas, decididas mucho antes de que empiece el mismo proceso de consulta; paren con eso. Y recuerden que los diálogos no siempre son bienintencionados y pueden no ser métodos mesurados para liderar, así como nos enseñaron. Hay gente que se siente profundamente manipulada, pero todos elegirán estar y seguir ahí con ustedes; les juro que esto es así y no de otra forma.

Lo cierto es que cada uno ve lo que puede ver. Y vos no sos nadie para juzgar mis reuniones.

¡Cierto! A nosotros esta nueva forma de sentir nuestra vida laboral nos permitió habilitar espacios tan distintos a los que ningún sistema o estándar me lo habilitó jamás. Pero lo hicimos nosotros solos, juntos.

Pero ¿por qué decís eso? ¿Acaso los sistemas que ofrece el mercado no son ya buenas prácticas y fueron probados por los países más desarrollados?

Permítanme aquí un ejemplo muy nuestro que por tantos años he juzgado en otros, y muy seguro de mí mismo: me enseñaron que los lavamanos en nuestra empresa se trancan con yerba del mate y el tereré y que esto es, en el mejor de los casos, muestra de desinterés o, en el peor de ellos, un ataque directo a nuestra buena intención cuando ofrecemos «puestos de trabajo» dignos.

Muchos colegas me insistían con que eran actos de rebeldía o irresponsabilidad con lo valioso que se les ofrece o incluso se les regala a los empleados; formas desagradecidas al esfuerzo que nosotros, propietarios, hacemos para ofrecer mejor infraestructura para el empleo.

Y es así tal cual, pues ni en sus casas tienen baños así de limpios. ¡Por favor! En vez de agradecer y cuidar, los descomponen. Por eso te digo, no valoran.

Sí. Nuevamente y sin darme cuenta, nuestro análisis era pésimo y apurado, pero además arrojaba la causa correcta: irresponsabilidad, desinterés y falta de respeto.

No sé cómo explicarle, señor.

Ser ignorante en el uso de un simple lavamanos era la única explicación que me quedaba, y esto me desmotivaba mucho. Era casi como un puñal en mi corazón bienintencionado y una nueva y buena historia para compartir con mis colegas que naturalmente reforzaría la profecía autocumplida: el paraguayo no valora, no cuida, no trabaja, no esto, no aquello.

Hoy miro totalmente distinto el mismo acto, pues hemos escuchado para *comprender juntos* la necesidad de sumar aspectos mucho más profundos que el ser un irresponsable o ignorante en la vida.

Muchos de nuestros colaboradores viven en zonas de Asunción sin sistemas de desagüe cloacal y entonces hay lavaplatos que se encuentran generalmente por fuera de la casa, conectados con un caño de desagüe bastante corto, improvisado que por su dimensiones nunca podría trancarse con yerba ni restos de comida; no más de dos metros de largo en línea recta que acaban simplemente en un pozo ciego o en algún desagüe al costado de una calle empedrada o de tierra, como agua no necesariamente siempre servida.

El resultado del análisis sobre lo que estuvo bien o mal cambió, pues la reflexión fue más allá del juicio y consideró seriamente otras miradas posibles más allá de la irresponsabilidad del autor.

El motivo que al inicio parecía adrede tenía mucho más que ver con el *convivir* de estas personas con una realidad de infraestructura urbana latinoamericana que no todos conocemos y está miserablemente atrasada.

Recordemos que de las costumbres de nuestros pueblos devienen las respuestas al entorno que les toca. Mientras limpian su guampa y bombilla, piensan en la responsabilidad que tienen con sus utensilios. Así aprendieron, no como lo haríamos nosotros (supuestamente mejor).

Además, al conversar también se aprende a convocar primero a los demás para preguntarles si es precisamente un nuevo baño lo que necesitan que se mejore en la empresa. Tal vez podrían ser otras las urgencias que *sienten*. Por ejemplo, algo que reincide en los espacios es el trato que reciben de sus superiores, el reconocimiento que nunca llega o la coherencia entre el discurso y las acciones organizacionales –que rarísimas veces se cumplen–.

Parece que ser dialógico es distinto. Ser dialógico significa también no esperar nada del otro. Es escuchar y tener que responder, incluso cuando el acto de escuchar es la primera forma de responder distinta a lo que no nos gusta de nuestros propios espacios, ahora de *convivencia laboral*: la empresa, la sociedad, o nuestro país.

Escuchar para comprender al otro tal cual se *siente*, cree y funciona como ese *ser* que se construyó, y no como el que prefiero que sea para mí en función de mis objetivos –reitero– bienintencionados. Comprender no para persuadir, sino para juntos –él con lo suyo y yo con lo mío– construir un nuevo camino, una tercera cultura.

¿QUÉ TIPO DE DIÁLOGOS SERÍAN PARA VOS DIFÍCILES DE LLEVAR?

¿CUÁNTAS CONVERSACIONES CREÉS QUE NECESITA UNA PERSONA PARA QUE SE ANIME A PERDER EL MIEDO Y LA VERGÜENZA FRENTE A VOS?

Ingenuamente económico

Llevaba tres meses escribiendo este libro cuando sucedió algo que a primera vista parecería insignificante, pero ya no para mí: hablo de un video en *WhatsApp* que hoy significa muchas cosas. Este video me mostró que las cuestiones ocurren frente a nosotros y las pasamos por alto, tal vez porque vibramos con frecuencias distintas para identificarlas, o por pura desatención, o por estar siempre saturados y atrapados por el día a día subsistiendo, trabajando; intentando progresar.

Pero volvamos a lo ocurrido: allá por junio del 2019, todavía libres del Covid-19. Es un video de once minutos y medio de duración al que le di *play* para ver qué tan interesante era. Por el tono de voz supe inmediatamente que el video venía de Argentina y por las imágenes, que era parte de un noticiero o uno de esos tantos programas locales argentinos que con las noticias entretienen.

Al inicio del video aparecía un joven periodista haciendo su trabajo. Digamos que la función de un periodista –en términos generales– es descubrir e investigar temas de interés público para luego contrastar, sintetizar y finalmente publicar. Aquí se trataba de una entrevista en vivo, fuera de estudios.

Así, con el micrófono en mano, el joven inicia la entrevista a un economista ya entrado en edad. Y por lo que se ve parece que el periodista atrapó a su entrevistado justo saliendo de una reunión, tal vez de esas apuradas y económicas típicas de nuestros Gobiernos de turno. Y es ahí cuando se inicia el reportaje: con una breve pero contundente introducción que es para mí lo destacable del video. El periodista comienza la conversación diciendo exactamente así:

«¿Cómo estamos? A ver, eh... cuando hago una entrevista a un economista, yo no hablo de ideologías, hablo de matemáticas».

El periodista hace una corta pausa y el entrevistado asiente la introducción hecha haciendo un movimiento de cabeza, admitiendo que la frase inicial fue cierta y dice claramente:

«Ok».

El periodista continúa diciendo:

«Porque la economía es una ciencia exacta, una ciencia fría...»

Así fue como esta entrevista llamó mi atención, con lo primero que se dijeron entre ellos: ciencia exacta, ciencia fría.

Hoy esto me hace demasiado ruido, me molesta, me parece hasta injusto porque no sabemos cuántas millones de personas ya lo vieron. Me refiero a lo de ciencia exacta y fría, porque recordemos que la Economía pertenece al grupo de las ciencias sociales. Y ningún asunto social es frío y menos exacto.

¿Cómo?, eso yo no sabía. Yo pensaba que la psicología, la filosofía, la sociología eran las ciencias sociales.

Yo también pensaba lo mismo y por algo será que lo tenemos así aprendido. Las formas económicas son hoy una convención, es universal, pero para mí equívoca. Tal vez la forma de cómo los medios de comunicación nos informan sobre el suceder económico confunde y a la vez suscita a desentendernos de nuestros vínculos (sociales) con él.

La economía es puramente social y las posibles salidas hacia algo mejor requieren de estos lazos (sociales), no fríos ni exactos. Pero con la entrevista puedo saber hoy de dónde viene esto de que determinados paquetes económicos, leyes nacionales y una considerable cantidad de nuevos empleos desarrollarán una nación.

Sinceramente pensé que el economista algo iba a decir acerca de que su profesión es tratada como exacta pero nunca lo será –total, cuántas cosas se dicen que son una cosa y luego son otra–. Pero no, no dijo nada acerca de que la economía está clasificada universalmente como una ciencia social, relacionada directamente con el comportamiento humano.

Naturalmente que algunos años atrás hubiera pasado por alto esta introducción, tomándola como un simple preámbulo. Es más, hubiera esperado ansioso que empiece la verdadera entrevista con las primeras preguntas técnicas del periodista y las primeras respuestas exactas y frías del experto, desconociendo totalmente la importancia que la primera parte de la conversación tiene para orientar la comprensión de las respuestas que luego dará este señor que ahora ya no sé cómo llamar: economista, matemático, cubo de hielo. Bueno, la verdad es que su forma de responder es la de la mayoría de los economistas.

Ahora que lo decís así, me haces dudar. Me imagino que si este mismo periodista hubiera empezado diciendo algo así como «porque la economía es una ciencia social, una ciencia humana y por eso compleja en su esencia misma», tal vez el resto se escucharía muy distinto.

Se preguntarán por qué sucede esto o qué importancia tiene.

Estoy seguro de que hay muchas explicaciones, aristas y degeneraciones, pues para mí nada de lo que nos sucede tiene hoy una sola respuesta. Así de complejo como responderme por qué la gente me pide mi celular y cuando lo entrego sonriente me dice: «Disculpá, tu número es lo que quería».

Cierto que no te dije: «Dame tu número de celular», pero te pedí el celular, mencioné la palabra celular. Creo que sabés a qué me refiero, Christian; no te voy a pedir tu celular para llevar. Aunque, ahora que pienso, como te pediría si quiero mostrarte algo en él. O sea, usaría la misma frase cuando quiero dos cosas distintas. Que despelote hablar con vos.

También pudo haber ocurrido algo similar en la entrevista. A lo mejor el economista necesita una cosa pero pide otra, ni idea.

Lo de ser o no preciso con la construcción de frases tiene mucho que ver con el lenguaje y el uso que le damos. Para mí, nuestro castellano «así medio mal hablado», no es lo más feliz para estas situaciones. Pero sigamos con la entrevista: asombrado por el contenido pero fascinado con la forma en que sucedieron las cosas en ese video, no podía dejar de mirarlo e imaginarme cómo nos relacionamos con lo que sucede cerca de nosotros: las formas son brutales.

Con este video –y con las noticias económicas que recibimos diariamente– el estudio estricto de la producción, extracción, intercambio, distribución y consumo, así como la administración y demás funciones de las ciencias económicas, se limita a hacer de esto fines en sí mismos, pero de esta forma se interpone al propósito, diría yo, superior de esta ciencia, cuál debe ser siempre el ser humano: lo social ante todo.

La intención final de la economía es y será el *ser humano*: analizar nuestro comportamiento, nuestras contradicciones, pero además lo que mantenemos oculto durante reuniones que afectan precisamente lo económico. Luego lo que sentimos, lo que no nos gusta, lo que preferimos, lo que negamos y tantas otras emociones que nos gobiernan y nos llevan a tomar decisiones que solo tienen un ropaje formal.

A lo mejor muchos de ustedes ya sabían que la economía es una ciencia social, pero a mí nadie me compartió otras posibilidades para estudiarla, analizarla, recrearla, experimentarla y cuidarla.

Incluso googleando encontré que la economía se interesa por las diferentes dinámicas que tiene la circulación de los bienes en las sociedades, por lo que el enfoque es muy amplio y diverso y por eso incorpora saberes de diferentes disciplinas, como la psicología, la sociología, la filosofía y otros más.

Pero los discursos e informes que uno lee o mira diariamente sobre esta bendita ciencia nos llevan siempre a pensar que todo se trata de cálculos y predicciones técnicas, estadísticas y porcentuales, pues díganme cuándo han oído sobre consideraciones y aproximaciones respecto de los efectos nocivos de los *sentimientos* y las *emociones* cuando son sometidos a los ámbitos arcaicos y dictatoriales del mercado, de instructivos de trabajo incompletos o de organizaciones económicas violentas. Y lo peor de todo, cómo estos abusos tal vez no afectan inmediatamente a los resultados del PIB, pero sí a la satisfacción de los clientes y la inventiva al interior de la empresa y que tarde o temprano será parte del PIB.

Tal vez todo esto sucede porque los economistas siguen apareciendo como los invitados predilectos, y los sociólogos, psicólogos o filósofos son profesionales demasiado románticos para la praxis en los mercados y en el mundo competitivo en general. Y porqué siempre son los mismos entrevistados a quienes se les da una y otra vez el micrófono, ellos solo saben reducir «el fracaso» de todos a algunos: políticas públicas, ideologías de mercado, crisis económicas.

Aún con graves desaciertos en la historia de esta profesión, la mayoría se sigue presentando como los únicos capaces de gestionar respuestas para el bien común. Al menos así lo entiendo a partir de sus teorías y actividades que, al lado de los gobernantes de turno, siempre aseguran fórmulas para el Desarrollo. Y no los culpo, pues a esta altura del campeonato y habiendo perdido una y otra vez frente a sus contrincantes más fuertes –la pobreza y la inequidad– siguen creyendo en la certeza de sus propios pensamientos, sin mencionar que hasta hoy no fueron capaces de advertir las grandes crisis financieras que tuvimos, ni en tiempo ni forma.

Es imposible no imaginarse cómo ya influyó el video: «la física, la matemática y la economía son tres ciencias exactas y frías». Quiero llorar. Parece que es así, con repeticiones de conceptos e ideas se instalan asuntos que nadie tuvo tiempo de corroborar y nacen los paradigmas, las ideologías. Los discursos se repiten y luego nos dominan.

Esto de oír y leer lo que nos muestran todo el tiempo es sinceramente algo absoluto para mí. Sea o no con intención de algún plan superior –personalmente, no lo creo– los discursos se instalan muy fácilmente en la sociedad y ocupan demasiados espacios en los periódicos, la televisión y ni qué decir en las redes sociales.

«La pobreza se elimina»[5].
«Paraguay necesita ser competitivo»[6].
«Producir alimentos es el futuro»[7].
«Reemplazando focos incandescentes por los de bajo consumo se «cuida el medio ambiente»[8].

---

[5] https://alponiente.com/politicas-para-la-lucha-contra-la-pobreza/
[6] http://www.rediex.gov.py/es/paraguay-el-pais-mas-competitivo-de-la-region/
[7] https://www.bbc.com/mundo/noticias/2013/07/130723_ciencia_ideas_alimentacion_mundial_ig
[8] https://www.bbva.mx/educacion-financiera/ahorro/cuida-el-medio-ambiente-usando-focos-ahorradores.html

«Salud y educación son los medios para apuntalar el desarrollo»[9].
«La educación se hace en escuelas»[10].
«Aprende primero a progresar»[11].
«La economía es una ciencia exacta».
«Lo único que necesitamos son mejores gobernantes».
«Las iniciativas sociales están cambiando el Paraguay».
«El contrabando está matando a la industria nacional».
«El narcotráfico es nuestro gran problema».
«La impunidad también es nuestro gran problema».
«La educación depende del Ministerio».
«La educación depende de las maestras y maestros».
«Estudia en la Universidad Equis y el éxito será tuyo: te educaremos para el futuro».
«El sector privado ha sabido adaptarse a los cambios y ha tratado de acompañar el proceso –principalmente en materia social y económica– mediante las crecientes inversiones y la generación de empleo»[12].

Cada una de las frases de arriba tienen una dueña o dueño que las expresó sinceramente y con buenas intenciones. Les comparto algunas de todas las que he oído por ahí, y hoy me ocupan.

Ya que estamos –y como tomé de ejemplo a la economía–, quiero traer algo más de información. Si la economía fuera una ciencia exacta, sería una ciencia apenas complicada –causa-efecto, ¿recuerdan?–. Creo que la economía nacional, regional y mundial tiene mucho más de compleja que de complicada.

Si fuera solamente complicada, muchos de los problemas relacionados directamente con ella –la desigualdad social, la contaminación, la volatilidad de precios, la inseguridad, la explotación del más débil por el más fuerte, la pobreza extrema o las crisis financieras– serían hoy temas resueltos mecánica y económicamente y no seguirían hasta hoy.

Por el momento la economía continuará siendo motivo de debates apurados y reuniones entre algunos elegidos; simplemente hay personas que creen

---

[9] https://www.clarin.com/economia/gobierno-destino-energia-salud-educacion-145-000-millones-recaudados-impuesto-riqueza_0_Iy9-XkySO.html
[10] Aquí es mejor buscar la palabra educación en Google y verán cómo todo se relaciona con aulas, escuelas, colegios.
[11] Enlace del video al final del libro.
[12] ABC Color, 23.04.2019.

que saben más y no creo que esto cambie mucho en el corto plazo. Este es para mí hoy uno de los grandes frenos a la hora de problematizar participativamente nuestros asuntos cotidianos. Los efectos humanos sobre la actividad económica son al menos colectivos, repletos de *sentimientos* y cargado de *emociones*. La economía tal vez crece o se estanca desde los puestos de mando en los bancos centrales y así aparenta que poseemos el timón del desarrollo. Y el resto, ¿dónde está?

Maestro, vos sos ingeniero, no economista. Estudiá Economía y después hablamos.

Prefiero Antropología o Biología, pues estoy convencido de que lo nuestro pasa primero por asuntos más humanos: primero *sentimos* y luego razonamos como economistas fríos –y demasiado indiferentes a la miseria humana–.

Las personas sentimos y luego, con eso muy presente, razonamos. Tal vez cada uno elige la economía que prefiere y luego necesita explicar como sea.

Todo lo que hacemos es social, afecta lo humano de cada *ser*, y parece que nadie quiere aceptarlo tan fácilmente. Este componente –con sus *efectos humanos*– está verdaderamente en todos lados; ahora incluso está de moda, pero siento que se cosifica, se politiza, se reduce porque se desea nuevamente organizar y sistematizar. Yo mismo decía que para nuestra empresa el *factor humano* era muy importante, pero muy distinto fue reconocer que mis colaboradores son también humanos que sienten y no recursos productivos que se organizan y sienten a posteriori. Si bien ellos hacen a nuestra empresa, antes y primero *son* ellos mismos dentro de ella.

¿Es posible sentir la enorme diferencia entre *factor* humano y *ser* humano?

Para que tengan una idea sobre cómo está fuertemente instalado las formas de *hacer economía*, les transcribo los titulares de un correo SPAM que hace publicidad de una revista digital sobre Finanzas y Economía. Cómo esta existen decenas. Nuevamente quiero rescatar la buena intencionalidad de este medio.

«Nuevas normativas de SEPRELAD y cómo podrían afectar a su empresa»
«Fulano renuncia al Ministerio de tal y va a tal»

«Aseguran que la falta de una política industrial clara generó deterioros en la competitividad de procesadores de soja»
«Establecerán el Centro Tecnológico de Autopartes de Paraguay con cooperación de Corea del Sur»
«Expo virtual ALADI busca potenciar oportunidades para mipymes»
«Senatur presentó estrategias para la reapertura turística de Alto Paraná»
«Western Union cerrará 407 locales en Cuba»
«Fulano de Tal desarrolla la estrategia digital que necesita tu empresa»

Podría seguir y elegir otra revista o periódico, todo es muy parecido. No es sencillo cambiar el chip para descubrir que las personas, nuestras empleadas y empleados, no fueron nunca elementos, factores que contribuyen a producir resultados; ¡no! En todo caso, si queremos cosificar porque así entendemos mejor, recalquemos que son inmensos *entes* que producen, pero que tienen también infinitas ilusiones, deseos y emociones –y a quienes, les recuerdo, también se les prometió hacerlos realidad con y desde la Economía.

Y con estos titulares de contenidos económicos fríos y supuestamente exactos en el 99,99% de los medios audiovisuales y escritos es muy difícil darse cuenta de que este enorme edificio sin puertas y ventanas que aparenta ser firme y sólido tiene miles de grietas. Y lo digo así porque solamente desde adentro uno puede ver esas delgadas ranuras. Desde afuera te dirán que la ausencia de puertas y ventanas es apenas un toque modernista.

Creo que la economía nunca logrará lo que se propone, al menos mientras los mismos y sus escuelas sean las y los que la siguen promoviendo como sea.

Las ciencias sociales son métodos para vivir mejor, o ayudar a lograrlo; y la economía –así como la tenemos hoy– lamentablemente tiene otros entendimientos y preferencias, naturalmente con las mejores intenciones. Entonces, este señor economista en el mejor de los casos es solamente ingenuo y aún cree en la exactitud que le enseñaron de su ciencia.

¿QUÉ TIPO DE ECONOMÍA ES POSIBLE ENTRE TODOS: UNA EXACTA SOBRE PAPELES O UNA HUMANA SOBRE NUEVOS ACUERDOS?

¿QUÉ OPINIÓN TENÉS DE LA ECONOMÍA DE CÓMO ELLA TE SIRVE A VOS? ¿Y A TU VECINO?

1 Causa y 3 motivos son la razón

Cuando hoy pronuncio las palabras *causa* y *motivo* –o la que abraza a ambas: *razón*–, puedo atestiguar sobre algo que afirman los psicólogos –y los lingüistas también seguramente–: las palabras dichas para alguien no son inocentes. Y es así: van poderosamente cargadas de uno o varios significados intencionales y también ocultos: construyen una realidad que es determinada para ese momento, sea en un encuentro improvisado, una conversación de «agenda país» o un diálogo con las mejores y más buenas intenciones.

Ingeniero, ¿un ejemplo de esto sería la famosa frase «el paraguayo no quiere trabajar»?

Los significados que adquieren nuestras expresiones tienen que ver con las costumbres y comprensiones locales y no son otra cosa que parte de nuestra Educación y resultado de las relaciones que existen entre los que se comunican y expresan.

Es cierto, puedo decir a un amigo una palabra fuerte y grosera y se reirá, pero otro que no me conoce podría enfurecerse con las misma palabra. Tenés razón: es la relación la que también define los significados.

Les doy un ejemplo: si un extranjero de lengua distinta a la nuestra oye por primera vez que el «paraguayo no quiere trabajar», capaz se queda asustado, pues no podrá imaginar jamás a qué tipo de personas paraguayas denominamos haraganas o a qué clase social pertenecen esas personas a quiénes juzgamos con esta frase. Asimismo, ese extranjero podría pensar que yo también soy parte de esa comunidad de personas que no quieren trabajar. Pero los que vivimos en Paraguay sabemos a quiénes nos referimos cuando expresamos esta horrible frase.

Además, hay muchas palabras y frases que repetimos porque así las hemos oído o nos enseñaron. Por ejemplo, en nuestro informe de Rechazos Internos/ No Conformidades de la ISO9001 usábamos la palabra *motivo* cuando realmente pensábamos en las *causas* de las fallas de producción.

Hoy me sorprendo de mí mismo, pues recién ahora –catorce años después de la primera certificación–, puedo distinguir mejor aquello que en el pasado me costaba: el *vínculo* entre las fallas de los otros y mis fallas. Desde ese momento las oportunidades de mejora están en otros lugares también, y ya no en esa reunión con el nombre seductor: Oportunidad de mejora.

Creo que será mejor prohibir el mate y el tereré. Por eso se equivocan y no prestan atención. Mirá la cantidad de veces que aparece en nuestro informe de la ISO 9001 la desatención o el desgano como causa del error cometido.

Es también sorprendente darme cuenta cómo nosotros –en conversaciones dentro de los contextos organizacionales, gremiales, filantrópicos e incluso de amigos– elegimos pronunciar frases empresarialmente preferidas que refuerzan estas creencias. Siempre preferimos imaginar cuestiones que anulan toda posibilidad.

Ellos son los corruptos y/o los que se equivocan o no hacen lo que dijeron. Yo cumplo con mi parte como inversionista y empleador. Tenés que aprender a ubicar la mira de tus intenciones. Sos muy amplio, Christian.

Para mí la causa de algo es lo que más fácilmente se identifica: chocaste porque estuviste conduciendo muy rápido. El motivo, sin embargo, está justo detrás de la causa; es lo que moviliza, origina, produce y cuesta mucho más encontrarlo, pues encaja y se esconde exacto detrás de la silueta de su causa.

Voy a contarte algo. Fulano está con algunos problemas y anda tomando y sa-
liendo mucho por las noches. Ya lo vieron varias veces conduciendo su auto muy
rápido. Creo que perdió todo, no sé bien cómo, pero la está pasando muy mal.

Ahora tenemos la película algo más completa: las razones del accidente
fueron el exceso de velocidad (causa) y las dificultades en este momento de su
vida (motivo).

Qué tremendo fue darme cuenta de que las razones de eso que no prefería en
la empresa tenían varias causas, y detrás de ellas estaban también mis motivos.

¿Vos te estás refiriendo a que esto es una forma más de construir, eligiendo
cada uno los motivos que prefiere para entender nuestra realidad pero tam-
bién la suya? La ineficiencia, el desorden, la impuntualidad, las fallas y etcé-
tera, ¿tienen causas pero también motivos?
Ahora leyéndote veo que existen muchas alternativas para juzgar los actos
de otros. Es tremendo lo que hacemos cuando parece que solo nos sentamos
a conversar o escuchamos a otros. Sinceramente, jamás lo vi de esta forma.
Y parece que muchos profesionales como yo diagnosticamos únicamente a
partir de lo que vemos, las causas, pero ¿y los motivos? ¿Qué médico hoy se
pregunta respecto de cómo también su impuntualidad en el consultorio, esa
que algunos ni avisan, afectó a la construcción de una responsabilidad con los
protocolos para el coronavirus?

Todo esto de las causas y los motivos fue otro descubrimiento de esos
transformadores para mi gestión de empresario. Antes era inimaginable, tal
vez por la forma de *sentir* y luego de *pensar* –o a la inversa–, no lo sé.

Pienso en la cantidad de tiempo que perdí cuando reflexionaba sobre las
causas sin saber también sobre los motivos para que alguien falle en la imprenta.

Y ese es el tema: no hay tiempo y vos lo sabés. Yo estoy a full todo este año, el
anterior y los próximos tres también, porque hice mi agenda por año. Aunque
ahora que lo mencionás así, ciertamente tiempo tengo, el tema es que prefiero
usarlo en otras cosas; soy libre de hacer lo que prefiero.
No te enojes conmigo, por favor, en este momento de mi vida quiero trabajar
para la candidatura de la presidencia de un club social, si eso no sale quiero
dedicarme más a los voluntariados.

Yo también elegía siempre otras cosas que hacer. Una muy mía era analizar mis culpas buscando una especie de perdón de forma innovadora, algo así sentía. Yo al menos estoy aludiendo a mi extraña pero innovadora forma de responsabilizarme cuando promovía actividades benéficas y filantrópicas generalmente de índole humana y social con mis colaboradores, la comunidad barrial o en graves momentos nacionales.

Recién ahora creo comprender un poco mejor los porqués de este modus operandi tan popular, haciéndome cargo de cuestiones que nadie nos pidió. Ocurre que jamás nadie me permitió aprender junto a otros acerca de la importancia de asumir la responsabilidad de nuestros actos frente a quienes podríamos haber perjudicado o lastimado.

Me viene a la mente aquella historia bien tuya, porque sé que como imprenta también sentís que sos parte importante del problema de la basura en tu país al ser un gran productor de embalajes que luego terminan en algún vertedero.

Me comentaste que elegiste contactar a tres industrias como vos generadoras de desechos, durante y después de producir sus productos y comercializarlos. La primera vez me comentaste que fue en el 2018 y luego, creo, intentaste de nuevo en el 2020.

Mencionaste que cuando les contactaste por primera vez, cada uno te compartió lo que ya estaba haciendo localmente con su propia responsabilidad social de empresario. Y la segunda vez me dijiste que tampoco mostraron interés para ampliar el tema contigo, aunque siempre todos te dijeron que es cierto y muy necesario lo de la basura en Paraguay.

Al haber aprendido a mirar sereno mi relación con las razones de lo que ocurre a mi alrededor, descubrí lo valioso de buscar nuevas perspectivas.

Sinceramente quiero dejar de negar ciertas cuestiones solo porque tengo buenas intenciones. La magnitud de mis aspectos desatendidos en la comprensión –algo más científica, si así se puede decir– de mis quejas y lamentos empresariales debe modificarse, y urgente.

Hoy sé un poco mejor porque aprendí a re-preguntarme lo que todos me respondieron alguna vez y todos conocemos de memoria. Y descubrir esto de las palabras, el lenguaje y sus consecuencias en el pensamiento y nuestra vida fue sencillamente grandioso: es lo que definitivamente me permitió interpelar mis propias funciones de empresario, tradicional pero también de líder modernista.

¿Interpelar? O sea, te exigís a vos mismo explicaciones sobre tus asuntos, y lo hacés especialmente desde la autoridad que tenés. ¿Para qué lo hacés? Si tu empresa está funcionando superbién. Vos mismo me dijiste que anualmente crecen.

También me sigo preguntando seguido, ¿para qué? Es algo que también veía como totalmente innecesario. Para qué si a fin de año mi madre, nosotros y mis primas recibimos dividendos y los gerentes, los jefes y los demás empleados reciben el queso –un bono extra que nosotros pagamos hace algunos años a todos sin excepción–, aguinaldos, tienen techo, comida y otros beneficios que les brindamos y ellos agradecen.

Y ante cualquier duda, ni hablar de lo que significaba para nosotros esto de ser los proveedores de techo y comida para tanta gente. Uno se siente como un salvador, un gran papá con buenas intenciones, pero que tampoco escucha mucho.

De hecho, mi necesidad (ansiedad) de analizar nuestros propios asuntos no estuvo tampoco bien vista en nuestra propia empresa. Lo que hago también se denomina problematizar y no hace falta que mencione que apenas uno siente la necesidad de hacerlo recibe solamente refuerzos de expertos que confunden y desalientan cualquier cuestionamiento que apunta a nosotros mismos.

Es que sos denso, Christian. Pero quiero pasarte un dato para que no te sientas tan mal. No sé si alguien de nuestro círculo de conocidos querrá o se interesará por algo nuevo cuando lo que tiene le funciona y está acostumbrado. Por eso creo que esto no tiene solamente que ver con tu forma argel de compartir, sino porque también estas personas no están inquietas o movilizadas debido a algo que no les funciona. Te tiene que tocar el tema para moverte.

Pero es distinto cuando descubrimos que existen circunstancias donde por arte de magia estamos en condiciones de problematizar, pero en los otros: la competencia desleal e injusta que me mata como industria, el gobierno inepto de turno, los contrabandistas y los secuestros, por citar solo algunos ejemplos. Hay miles de cuestiones en las que somos implacables, analizándolas solamente desde los enfoques que hoy preferimos. Tal vez debido a la inercia de este modelo de análisis reduccionista, hoy nuestros grandes desafíos dependen más que nada de factores exógenos, y entonces lastimosamente están fuera de nuestro control.

Y hay que esperar que los demás hagan su parte. Nosotros, por ejemplo, pagamos nuestros impuestos, invertimos, nos arriesgamos. ¿Qué hacen ellos?

Hoy observo con calma y veo más fisuras en el edificio económico modernista. Con tantos rayos de luz penetrando por sus intersticios, estas fisuras me permiten atisbar las causas repetidas y que nos comprometen como el chancho debido a su tocino. Las razones nos abrazan hace tiempo y de tantas formas, pero nosotros las dibujamos como preferimos: sistemáticamente y de una sola forma.

Pasa el tiempo, seguimos prefiriendo ser solamente personas bienintencionadas y el resto que cada uno lo vea para sí.

Y es así. Al menos te das cuenta de que todo lo hacemos inconscientes, bienintencionados. Nadie es perfecto. Vamos a ver qué pasa con el próximo gobierno. Y vos, ¿por quién vas a votar?

Quiero compartir una experiencia que movió totalmente las estanterías de mi vida empresarial, mis valores, mis principios y mis costumbres de antaño. Por fin y por voluntad propia empezaba a problematizar lo que me decían que funcionaba bien, y un nuevo trazado desdibujaba mi vieja forma de gestión empresarial.

Desde aquel día mi *ser* y *hacer* aprendidos se volvieron incómodos al ser interpelados por mis nuevas preguntas.

Todo ocurrió muy rápido y donde menos me lo esperaba. Y no van a creer que además se relaciona con esto de querer saber más sobre el significado que les damos a las palabras *causa, motivo y razón*. Hoy me pregunto, ¿cómo puede ser que semejantes conceptos no fueron abordados en algún momento de mi formación como profesional?

Para dar inicio y entender esta corta pero inolvidable experiencia, necesito que primero imaginen el lugar y el contexto de esta historia.

Hace bastante tiempo que –además de las motocicletas– la realidad de nuestros jóvenes en mi país me ocupa y también me apasiona. Particularmente me interesa mucho que ellos estén mejor informados sobre su realidad laboral. Sucede que para un joven no es nada sencillo prepararse para abordar este nuevo espacio de relacionamientos y vínculos no necesariamente positivos en un país como el nuestro.

Desde hace más de diez años mi objetivo principal es que más allá de la circunstancia que les toca con sus primeras experiencias laborales, la aproximación a estas sea para ellos lo menos desconocida posible, reducir el efecto sorpresa en su vida. Y para eso no me queda otra que compartir sobre la perseverancia, el coraje, la resiliencia, las elecciones de vida, aunque también sobre la indolencia de un mercado que promete cosas, pero luego parece que no siempre puede cumplir.

Con este propósito, hace muchos años empecé a vincularme con jóvenes de colegios públicos de la capital –aunque también suelo pasear por el interior–. Y en todos esos lugares pido a los directivos un espacio en las aulas para compartir mis experiencias laborales y cómo estas se relacionan con jóvenes como ellos.

En su mayoría, mi público está constituido por jóvenes de dieciséis a dieciocho años, que muy pronto tendrán que ganar su propio dinero para poder estudiar, o ya están inmersos en esa necesidad hace buen tiempo –y muchos decepcionados de un mercado que ya les empezó a engañar–.

Generalmente la maestra o maestro me permiten hasta tres horas para cumplir con mi propósito, cuando oficialmente pedí dos horas cátedras para compartir con los alumnos –quienes, además, no piden permiso para ir al baño en todo ese lapso. Esto de ir al baño es un criterio que aprendí de una maestra y es muy útil para saber si mi público joven entrega su total atención a mis temas o no–.

Sinceramente, señor Christian, su charla les gusta mucho a los jóvenes, ya que ninguno pidió ir al baño, y al terminar incluso varios fueron caminando detrás de usted. Eso no se suele ver cuando alguien viene a dar charlas. ¿Usted cobra por esto?

Por supuesto que mis espacios incluyen estar ahí para responder todo tipo de preguntas, y es entonces cuando aprovecho el momento para abrir los inmaduros ojos con respecto a algunos aspectos que ellas y ellos deberán tener en cuenta a la hora de evaluar su propia circunstancia laboral y juvenil. Obviamente incluyo también aquellos aspectos que estarán fuera del control de un joven trabajador a esa edad, y más cuando se trata de personas con recursos económicos ajustados.

Te consulto: ¿acaso los empresarios no hablan seguido de aprovechar el bono demográfico? Muchos hablan de eso. Parece que más que aprovechar estamos matando los sueños de estos jóvenes que son justamente parte de ese bono demográfico, ¿o no?

Hay un aspecto laboral determinante para toda persona que trabaja y por eso comparto con ellos: la triste realidad de la retribución, el salario, el sueldo; en otras palabras, la amarga respuesta que dará la economía –o mejor dicho, la sana competencia– al esfuerzo de cada uno de ellos.

Si bien no es sencillo entregar respuestas locales que sean coherentes con las intenciones que tiene la economía globalmente, a partir de las preguntas y comentarios que me fueron haciendo en todos estos años he aprendido a enfocarme mostrándoles que dependerá cien por ciento de ellos reunir las capacidades y habilidades necesarias para alcanzar lo que pretenden lograr. Luego, con mucha delicadeza, les advierto que de activarse en ellos la maravillosa automotivación, esta actitud de emprendedores lamentablemente podrá no ser valorada en su real dimensión por quienes les contratarán, aun cuando en la entrevista de trabajo les afirmen o prometan lo contrario. Y así, tal vez sin que ellos se den cuenta estoy abordando sutilmente cómo en Latinoamérica seguimos creciendo sin Desarrollo.

Sin desalentar, intento que tomen algo de conciencia de una realidad que podrá ser muy dura para su debut laboral: no serán los únicos artífices de su destino, sino que también podrán ser víctimas de un sistema. Ellos se quedan con el gigantesco desafío de aprender a elegir organizaciones que valoren el esfuerzo de sus colaboradores.

Aquí y entre nos –y, como se dice, *off the record*– los empresarios sabemos perfectamente bien que con semejante bono demográfico muy pocos son los que lograrán sus sueños de ser reconocidos por lo que quieren ser y no por lo que se les pide que hagan por un salario que a veces ni siquiera es justo ni bueno.

A varios colegios me toca ir más de una vez al año, porque prefiero que nuestros encuentros sean en grupos pequeños; por ejemplo nunca todos los terceros juntos en un salón auditorio –como suelen ofrecerme los maestros del colegio–. Ellos lo hacen por razones organizativas, lo sé, pero yo insisto porque suelen ser salas muy grandes y mis equipos audiovisuales no alcanzan a los alumnos sentados al fondo.

Años atrás, y de visita por segunda semana consecutiva a un colegio, una maestra conocida se me acercó y me dijo:

Señor Eulerich, ¿recuerda al alumno que le comenté la semana pasada, ese que se parece tanto a los ejemplos que usted menciona repetidas veces en su charla? Ese joven que usted describe y que por su comportamiento llama la atención por ser diferente a los demás siendo pro activo, despierto, curioso, puntual, ordenado. Bueno, le juro que mi alumno José era así. Pero ahora le veo decaído y en su rendimiento escolar también.

Mientras seguía en el aula –rodeado de alumnos e instalando el proyector para iniciar mi primera dinámica– rápidamente le pregunté qué creía ella que podía haber pasado, utilizando –sin pensar mucho– la palabra *causa*:

¿Cuál creés que sea la causa de su bajo rendimiento, profesora Gloria?

Ella respondió utilizando el supuesto sinónimo, motivo:

Y... el motivo tal vez sea la pérdida de interés. Le veo triste, desganado en todo. No sé.

Seguí preparando mis cosas pensando bastante en eso de perder el interés. Repentinamente –y no sé porqué–, me llamaron la atención esas dos palabras: causa y motivo. Son dos palabras bien parecidas, pero algo no me cerraba. Sin embargo, no tenía tiempo de seguir pensando en ese momento, pues los alumnos estaban esperando y yo debía empezar.

Finalizado el encuentro, y después de casi dos horas y media en el aula compartiendo sobre cómo cada uno puede ser también colaborativo en el empleo, pedí ayuda para transportar mis cosas –la computadora, el proyector, el alargador y los parlantes–, agenciándome para que ese joven en cuestión –y supuestamente desganado– sea quien lo haga.

¿Podés ayudarme a llevar mis cosas hasta el auto?

Caminando hacia mi vehículo, empezamos una interesante conversación. Y aprovecho aquí para comentarles que es acuciante la necesidad que los jóvenes tienen de conversar. Necesitan ser escuchados por otros actores de la sociedad, de la comunidad, del mundo; y también por nosotros, los empresarios.

Tienen muchas preguntas que las respuestas que le dieron ya no le dicen nada. Esto no es un tema menor. Alguna vez presenté por eso un proyecto para que los colegios públicos tengan una especie de padrino empresario, para compartir su tiempo, pero mucha atención no recibí. Lo hice a una organización que vigila la Educación custodiando la formación.

Volviendo al joven, tras idas y vueltas en nuestro corto diálogo, finalmente abordamos su rendimiento escolar, y fue cuando él reconoció que el vínculo con su padre estaba en su peor momento, debido a que extrañaba mucho al papá presente que siempre tuvo. A este nuevo papá que solamente trabajaba, él ya casi no lo veía. Sus palabras fueron más o menos así:

«Parece que mi papá cambió de trabajo y ahora sale de casa muy temprano por la mañana y vuelve muy tarde, tipo nueve de la noche. Nosotros vivimos lejos y para estar en Asunción a las siete nos tenemos que despertar muy temprano. A la tardecita, vuelve por el súper y esas cosas, y entonces llega tarde. No tiene tiempo para nada y siempre está muy cansado».

Su historia me hacía pensar, y no se me ocurrió mejor idea que preguntarle dónde trabajaba su papá ahora. Inmediatamente me respondió:

En una imprenta, profesor.

Me quedé helado, anonadado, sin palabras. No recuerdo nada del joven después de eso. Solo sé que terminé la conversación intencional y abruptamente porque no sabía qué decir. Empecé a sentirme culpable de todo lo que estaba ocurriendo con él. Subí a mi auto y me quedé ahí por casi veinte minutos, pensando de todo y en todo. El joven volvió a su aula.

Pero, ¿culpable o responsable te sentiste?

Como se imaginarán, lo primero que pensé fue que el padre podría ser un empleado en nuestra propia imprenta. Inmediatamente después y por lógica siguió otra conclusión muy fuerte: si el papá de este alumno trabaja realmente con nosotros y por alguna razón lo está haciendo por más de ocho horas al día y ya como rutina, entonces claramente no puedo desconocer mi relación directa entre la forma de *ser* de mi empresa, las decisiones que ahí tomo como dueño, el rendimiento escolar del niño (formación en aula) y la relación padre-hijo en el hogar (educación familiar).

Esto fue demasiado claro para mí, pues jamás imaginé que yo –empresario y tomador de decisiones bienintencionadas– podía estar teniendo semejante influencia negativa en la vida de una familia: en el vínculo padre-hijo y en la Educación de todos ellos.

Este es el descubrimiento excepcional que hice ese día, pero es apenas el inicio de un todo gigante que hasta hoy no tiene punto final. Y les digo que si antes de esta impactante experiencia que viví algún colega gremial empresarial –o incluso un periodista o economista– me hubiera preguntado cuál era uno de los grandes frenos en nuestra región, hubiera respondido «la Educación», pero pensando en aulas, escuelas y universidades. Y si luego insistía y me preguntaba que relación podría tener la Educación a la que me refiero con el Sector Privado, les aseguro que –con vehemencia y cara de sabio– hubiera respondido que nada tenemos que ver con eso. Es más, dudaría de la intencionalidad, sospechando incluso que él mismo –como tantos otros– sufre de una ensalada en la cabeza o bien es de aquellas personas negativas que buscan siempre la quinta pata al gato con sus preguntas.

Aun así –y considerando el objeto de este corto análisis–, quiero parafrasear una respuesta en un contexto que hubiera sido muy real para mí: el gremial empresarial.

Estimado señor periodista: La Educación es uno de los problemas de fondo en nuestro país; ergo, me disculpa, pero este es un asunto exclusivo del Estado y sus pésimas políticas públicas. Nosotros, empresarios, nada tenemos que ver con semejante complejo problema de los no-educados. Por favor, confunda pero no ofenda.

La educación depende exclusivamente del Ministerio, de cada maestra y cada maestro.

Nosotros, sector privado, generamos riqueza, pagamos impuestos y estamos peleando por un futuro mejor, incluso para los jóvenes. No queremos dejar un planeta contaminado.

Hoy dudo totalmente de ese discurso. La contundente experiencia que me tocó vivir no solo me hizo re-aprender que realmente nuestros problemas son complejos y muy serios, sino que además terminé por comprender que será una elección muy íntima y llena de responsabilidad personal la que cada uno tendrá que enfrentar si desea sumar a la Educación en nuestra región.

Esto también modificó el concepto rudimentario que tenía de la no-educación en Paraguay y toda la región: sus causas vemos, sus motivos negamos sin saber. Pero, volviendo a mi experiencia con el jovencito, otro aspecto que me resonó fue que si su padre ocupaba el puesto de operador impresor en nuestra planta industrial, él podría estar sintiéndose exactamente igual que su hijo, y entonces probablemente también su rendimiento en sus tareas y funciones de maquinista no serían las mejores, o incluso podrían estar empeorando cada mes.

A partir de ese momento, para mí todos nuestros impresores (padres o madres) con historias y legajos de fallas con impresiones malhechas, y los alumnos (hijos) con problemas de rendimiento escolar se volvieron un solo motivo, un solo ser. Es ahí cuando me volvieron a la mente las palabras *causa* y *motivo*. Yo había usado *causa* y la profesora, *motivo*, ¿recuerdan? Busqué en el diccionario, navegué en internet y entonces encontré una frase espectacular que me facilitó la enorme diferencia:

Existen muchas causas para un asesinato, pero jamás motivos.

Me di cuenta de que toda situación que percibimos como un problema, una tensión, tiene siempre una o varias causas, pero las causas a su vez tienen siempre uno o varios motivos. Entonces, la pérdida de interés del alumno en el aula era la causa de su bajo rendimiento, pero el o los motivos son otros totalmente distintos, complejos y mucho más difíciles de abordar. Podrían ser dificultades de relacionamiento entre padre-hijo, resultado del modelo económico subterráneo latinoamericano con exceso de horas de trabajo diarias, muy por encima de lo legal y ni qué decir lo humano. O bien el relacionamiento podría estar afectado por el estrés del padre –muy probable por un sobreendeudamiento resultado de algún préstamo fácil–, por citar apenas dos ejemplos tan presentes en nuestro país y toda la región.

No me pregunten por el motivo, pero a partir de esta experiencia, todas mis aproximaciones me dejaron entrever que el sistema que impera afuera nos enseña a enfrentar, mirar y cuestionar siempre las causas de las cosas que no nos gustan, casi nunca los motivos. Si se ponen a pensar, esto es realmente muy fuerte y por eso diría hasta peligroso.

En esta tablilla comparto algunos ejemplos representativos de cómo elegimos mirar lo que necesitamos y perdemos tiempo valioso:

Con otra educación nuestro país sería distinto.	El problema son los maestros incompetentes, la calidad de la educación pública.	Necesitamos vigilar esa educación, sus autoridades y blindar los recursos educativos.
La impuntualidad del latinoamericano.	La causa es la irresponsabilidad, el desinterés y la haraganería. La gente no está comprometida.	Necesitamos motivar, reconocer a los que se esfuerzan y cumplen. Meritocracia.
Mucha inseguridad ciudadana, violencia y crímen organizado.	Es por la ausencia de la fuerza pública, la impunidad y la corrupción.	Necesitamos más policías, mejores autoridades, más recursos y cárceles.
La calidad de los productos y servicios no alcanzan los estándares internacionales.	Nadie se esfuerza. No hay disciplina y deseos de superación de los trabajadores.	Necesitamos estándares como la ISO, sistemas de motivación y mucha capacitación.
El contrabando y la falsificación están matando a la industria.	Las fronteras son permeables y los contrabandistas unos antipatriotas.	Necesitamos más control, cero impunidad y distinguir a los patriotas de los demás.

Cuando descubrí esto empecé a replantearme la forma de enfocar mis asuntos desagradables –que también me hacían perder tiempo, clientes y dinero–. Necesitaba acercarme de otra manera a los errores cometidos, mirando primero a las personas como lo que también son: padres, madres, hermanos, estudiantes con esperanzas, así como yo.

Seguir acercándome a mi gente solo como personas contratadas, pretendiendo que mi plan de motivación y pago por producción –desde el área de Recursos Humanos– redujeran sus fallas y mejoraran el rendimiento, sería igual a que los padres le dieran caramelos o un celular tratando de tranquilizar a un niño que no es estimulado como debe.

De aquí en adelante mi horizonte y muchas de mis supuestas capacidades profesionales se volvieron irrelevantes. Estaba en juego algo nuevo: *ser* alguien que facilita nuevas formas junto a otros para hacer nuestras cosas: laborales principalmente, aunque al hacerlo así lo personal queda contenido.

Cuando pude observar mejor nuestros problemas, comencé a encontrar sus complejos motivos. Por eso escribí al inicio de este capítulo que las palabras no son inocentes: la causa es una cosa y nos involucra, pero el motivo es otra y generalmente nos compromete de forma seria.

A mis colegas empresarios –y en términos de rendimiento organizacional– debo informar cuanto sigue: los motivos para tantas fallas, inconsistencias y sus repeticiones diarias se relacionan mucho más con ustedes y conmigo que con los empleados que hemos contratado.

O sea que somos nosotros, no ellos. Dejate de macanas.

Cada uno puede tomar esto como lo quiera interpretar. Estas formas que propongo son solo propuestas, disparadores de alto calibre para forzar nuevos desafíos para repensar. Además, les cuento que esto no tiene que ver solamente con ustedes, sino con las realidades socioculturales de los países de esta región del mundo: pobres y sin muchos privilegios que ni alcanzan para que las personas trabajen en paz y en sus casas puedan leer libros.

Todo esto, creo, coloca a quienes juzgamos permanentemente desde nuestro convivir laboral en la posición de seguir juzgando, aunque tal vez la viveza de hacerse el *weon* en Chile, el *ñembotavy* en Paraguay o el *loco* en México sea una forma de resistir la vida.

Permítanme otro ejemplo muy nuestro: la causa de que se elimine del proceso de selección a una madre educadora independiente –madre soltera de veintitrés años de edad– es dicha de este modo: Inforconf en Paraguay, Dicom en Chile e Infornet en Guatemala.

Podemos terminar el análisis ahí –como sucede en el 99% de los casos–, alegando que la causa es el motivo, y entonces decir que esta madre con apenas veintitrés años es lastimosamente otra latina gastadora e irresponsable. No tiene Educación para administrar sus finanzas, incluso podría tratarse de otra persona ignorante. Se podría inventar alguna organización que las ayude y entonces el problema estaría bienintencionadamente resuelto o al menos intentando resolverse: la causa no el motivo.

Ahora bien, en el mundo existen, como siempre, otras miradas –eso sí, inusuales e incómodas, desafiantes y corajudas en función de lo que perseguimos– y podríamos descubrir que el motivo detrás de la causa tiene mucho más que ver con el crédito salvavidas en situación de ahogo –funcionando a todo vapor dentro y fuera del circuito financiero legal– que solamente con la irresponsabilidad de esa madre.

Tal vez es este injusto sistema el que también asfixia a los más necesitados en un mercado supuestamente formal, autorregulado, libre y soberano. Yo recibo en mi celular al menos tres mensajes por día con ofertas de préstamos de dinero a tasas que mejor no menciono. Y, lo aceptemos o no, este negocio de alto rendimiento –prohibido en los países que buscan otro tipo de bienestar desde el compromiso formal de todos– es el que salva las urgencias de nuestra gente. De ahí cómo salen ya es otra historia.

Qué distinto es para mí dejar los análisis organizacionales duros para analizarme primero a mí mismo y desde ahí, clasificar las razones de aquello que me molesta en forma de *motivos y causas*. Y qué cantidad de frustraciones experimenta uno cuando se da cuenta de que si bien las causas casi siempre son abordables por dentro de la organización, los motivos suelen ser más complejos: exógenos, de mucho tiempo atrás, multidimensionales y culturales.

Ahora entiendo. O sea, son exógenos, pero no por eso están fuera de nuestro alcance, y son cuestiones del gobierno de turno, ¿verdad?

Parece que remiten a problemas estructurales de nuestra región, y reconocerlos así, mirando nuestras fallas y errores con clientes pero también nuestros relatos, quejas y discursos empresariales fue lo que me llevó a compartir este maravilloso descubrimiento aquel 24 de junio de 2014, ¿recuerdan?, con el envío de mi primer correo electrónico a un empresario importante.

Cierro este capítulo dejando bastante más claro –al menos para mí– qué estamos haciendo y qué más podemos o tal vez deberíamos hacer.

Tengamos mucho más cuidado a la hora de escuchar a los líderes, presidentes, gerentes o inversionistas que siguen afirmando que las causas son los motivos de nuestras dificultades regionales.

Para mí es fundamental decirles que el rigor de este análisis que propongo será útil con base en las ganas que cada uno de los que me leen –y poseen los privilegios como yo– para ir más allá de sus costumbres, estilos de vida y zonas de confort actuales.

Es dejar de lado lo enorme, lo magno y lo foráneo para generar microespacios de tiempo para *estar* y *ser* –valorando lo nuestro, lo pequeño, lo autóctono–, lo que necesitamos para todo eso que pedimos a gritos.

¿PODRÍAS ESTAR TRABAJANDO
CON PADRES O MADRES
DE HIJOS DESATENDIDOS
COMO EL ALUMNO?

¿QUE MOTIVOS HAS DEJADO PASAR
SIN DARTE CUENTA?

Bienintencionadamente imaginado

Antes de seguir opinando sobre chauchas y palitos –y sobre lo que para mí es un desbarajuste del desarrollo– quiero recordarles que por mucho tiempo yo también estuve vociferando sobre la relación casi lineal entre mi parte hecha con el Desarrollo de mi país y los que incumplen. Porque yo inversionista creía que si seguía trabajando duro, manteniendo la producción industrial –y si podía la hacía crecer–, aumentando mi componente de mano de obra y a la par consumiendo lo que nuestra industria producía, mis asuntos mejorarían a través de los asuntos de otros.

Somos industriales, somos patriotas, somos buena gente: que se vean los que exportan materia prima en estado natural, ellos traicionan la patria.

Yo también exageraba un poco cuando relataba mi experiencia con el éxito empresarial. Hoy me consta que la gran mayoría de las personas en nuestras naciones no avanzan como creo que podrían. Pero siguen creyendo en lo que nosotros les decimos y eso es positivo. Además, todo este burumbumbúm del progreso está conectado al inconsciente individual de cientos de personas como yo, que aprendimos a imaginar de todo. Por ejemplo, imaginamos que el trabajo directamente dignifica.

Ahora que lo decís, siento lo mismo. Hay empleos que sinceramente no dignifican ni significan algo, pero yo imaginaba que sí.

Llegando ya hacia el final de mi libro, quisiera pedirles un poco más de paciencia porque hay cuestiones que para mí son necesarias de compartir.

Esto que les relato trata de cómo las personas utilizamos lo que tenemos a mano para avanzar, lo que es sencillo de tomar, pues nuestro instinto de supervivencia es determinante en la convivencia y debemos hacerlo con el menor consumo de energía cerebral; y una de las cuestiones que tenemos a mano y permite acortar trechos y evitar muchos esfuerzos es nuestra poderosa imaginación.

Sí, para resolver determinadas situaciones –que interpretamos desde nuestra experiencia personal– muchas veces no nos queda otra que imaginarnos cosas e incluso también lo hacemos con el delicado y sensible «entendimiento ajeno». Es decir, que piensa el otro de mí, por qué no me aguanta, por qué no me invita, como entiende lo mío.

Pude sintetizar esta fabulosa cuestión de la imaginación mientras leía un libro de Gabriel García Morente que se llama Lecciones preliminares de filosofía (2009).

Con la ayuda de un capítulo del libro pude darme cuenta y ser mucho más consciente de que cuando escuchamos o leemos cosas, inmediatamente o al rato nos las imaginamos; es parte de una especie de diálogo con nosotros mismos. Y es imposible leer sobre algo –o conversar con personas– sin que inmediatamente interpretemos y entonces empecemos a imaginarnos cosas sobre eso que leemos o las personas que tenemos enfrente.

Toda interpretación de lo que nos dicen y comparten es en gran parte resultado de nuestra imaginación, pero digamos que es una imaginación seria, pues sabemos que la imaginación también puede volar y podemos fantasear.

Por ejemplo, hay muchas razones que explican nuestra necesidad de imaginar miedos o vergüenzas y que eso nos lleve nuevamente a imaginar cosas sobre los demás, antes que a acercarnos y directamente preguntar qué piensan, creen y les gusta. Pueden ser parientes, empleados y personas que conviven con nosotros pero igualmente no sabemos mucho de ellos ni ellos de nosotros. Parece que nos enseñaron a suponer cosas sobre los demás en vez de aprender con otros a preguntarnos directamente.

No podés preguntarle a la gente todas sus cuestiones. Eso es mala educación.

Justamente de esa forma funciona y por eso imaginamos. Preguntar es una cosa, pero que nos respondan con la (su) verdad es otra muy distinta, y los tiempos necesarios para que esto suceda, difícilmente existan. De hecho, tampoco nos enseñaron a coordinar nuestra vida con los demás; siempre más bien individualmente. Y bueno, no nos queda otra alternativa que imaginar por qué las personas son como son, pues cada cerebro tiene información limitada y ustedes ya saben por qué.

Por eso, pedir que antes de empezar con la lectura de mi libro, cada uno de ustedes experimente en carne propia todas mis experiencias de vida para acompañarme sintiendo igual –y se emocionen con mis relatos, como me ocurrió a mí palabra a palabra– sería una hazaña, un pedido sencillamente imposible. Creo que, si pido esto como un requerimiento, nadie leería mi libro.

El enorme desafío humano –y no económico– que tenemos es construir juntos tomando las imaginaciones para conversarlas y comprenderlas en función de todos los estadios inacabados del progreso y sus múltiples vínculos con las personas.

Necesitamos acercarnos y escuchar para dejar de una vez por todas la imaginación técnica; empecemos a valorar las experiencias de todos los actores con sus diferentes roles, reorganizando nuestras relaciones a partir de las responsabilidades pertinentes.

Diría que sigamos trabajando para alcanzar todo eso que imaginamos, pero desde la responsabilidad de saber que nadie podrá jamás experimentar completamente lo bueno de la intención que solo cada uno tiene: la mía con este libro o la tuya con los empleos que das o recibes.

Las personas tenemos la maravillosa oportunidad –y algunas más que otras– de construir acuerdos que nos permitan convivir con la realidad de todos, antes que con la imaginación de algunos, pero para ello es necesario conversar de cero, y mucho. Las experiencias de otros siempre serán diferentes, extrañas y muchas veces inexplicables. Ya lo he dicho un montón de veces, y desde esta nueva y humilde comprensión, incluso me animo a afirmar que la nueva premisa para seguir imaginando debe ser definitivamente *humana* y *relacional*.

Todos valemos y tenemos algo que decir. Esto siempre ha sido algo complejo de aceptar. En mi caso, mi recorrido por decenas de colegios públicos paraguayos –observando y conviviendo con lo extraño y ajeno de alumnos, maestros y encargados– generó vivencias únicas e íntimas que impregnaron mi relación con la Formación y la Educación en mi país de una forma tan especial que hoy es difícil de comprender, tal vez queda imaginar.

¿Y quién tiene la razón?

Definitivamente todos tenemos nuestros motivos –con sus respectivas causas– para tener razón. Por ejemplo, quienes no experimentaron la educación paraguaya y también la alemana afirmarán que no tiene mayor importancia lo que pido (dejar de usar la palabra Educación cuando nos referimos a la Formación), pero es la imaginación de ellos, no la mía.

Esto que están leyendo es y será siempre el resultado de vivencias llenas de *emociones* y *sentimientos* de las personas con poder o sin él; cada uno con lo suyo, y los demás solamente podrán imaginarlo.

Ahora entiendo la cantidad enorme de cosas que no sabemos sobre los demás, pero igual seguimos siendo como podemos y entonces nos imaginamos automáticamente el resto, pues así funciona el cerebro. Qué denso todo esto, Christian.

Sigamos un poquito más con lo mío, –obviamente porque esto de escribir acá me lo permite–. A lo mejor en vivo ya me hubieran invitado a terminar.

¿Y cómo podemos hacer? Debe haber una forma para que la gente pueda acercarse más a las experiencias de vida de los demás y así comprendernos mejor. Y entonces, esto de la empatía, ¿cómo es? No existe en verdad la empatía, si vos decís que nadie puede experimentar lo ajeno totalmente. Ponerse en el lugar del otro es muy difícil.

Hay experiencias que nos ayudan a aprender y nos marcan para toda la vida porque las hemos sentido. En mi caso, una experiencia que experimenté profundamente fue cuando trabajé por primera vez en el turno de trabajo nocturno en una imprenta en Múnich. Me sentí muy valorado, primero por el sueldo que me pagaron, eso me sorprendió realmente.

Mi horario de entrada era a las diez de la noche y el de salida a las cinco y media de la mañana del día siguiente, y mis tareas eran de ayudante de máquina, pues no era un impresor profesional.

Esta experiencia fue única, pues tenía solamente diecinueve años, vivía solo y mi disponibilidad de caja no era ilimitada. Al contrario, me controlaban mucho los gastos mensuales desde Paraguay y yo necesitaba tener un dinerito extra. Tal vez por este contexto fue que esa experiencia laboral me dejó muchas interrogantes sobre el valor que puede tener el empleo en determinados momentos de la vida. Hasta puede ser terapéutico un trabajo, naturalmente si es lo que uno desea y lo puede mejorar con los compañeros.

Creo que nosotros, los empresarios, elegimos lo que regalamos y con nuestro tiempo somos muy sofisticados y exigentes. Tal vez es momento de reorganizar nuestras prioridades para identificar quiénes sí nos han regalado cosas a nosotros, y su tiempo también.

Que esto que ahora viene en el párrafo no les asuste, pues lo hago únicamente para imaginar una experiencia importante –muy comentada por todos– que nunca sentí: pasar hambre mientras vivía allá lejos o durante mi vida en Paraguay. Hasta hoy no sé si fue para bien o para mal no haber pasado por esta experiencia denigrante y que cientos de millones de personas sufren en el mundo, y solo puedo imaginarla.

Y sí, hay que imaginar las cosas. Mirá si todos vamos a tener que experimentar pasar hambre. Pero cierto, preguntar y escuchar es una gran alternativa, aunque no se si en el caso del hambre nos pueda situar realmente en un contexto así.

Yo creo que hasta hoy no hemos sido capaces de resolver semejante circunstancia mundial –la pobreza– tal vez porque solo nos enseñaron a imaginarla.

Hay evidencias científicas que muestran que el cerebro experimenta cuestiones distintas en funciones, anatomía y ritmos en condiciones extremas como la pobreza. Todo sucede distinto cuando las personas y sus cerebros viven en permanentes situaciones de estrés. Nosotros poseemos otras nociones del tiempo, la urgencia, la justicia, pues solamente debemos decidir saciar las sensaciones que tenemos para quedar satisfechos; por ejemplo, comiendo algo o exigiendo puntualidad.

Me fui dando cuenta de que existen miles de circunstancias que favorecen o aquejan la vida de otras personas y que son totalmente ajenas a mí. Por eso hoy pienso que las historias y experiencias vividas le sirven primero a uno mismo para vivir, y ahora las utilizo muy cuidadoso en este libro o para nuestras nuevas éticas relacionales en Zamphiropolos.

Es probable que tu imaginación ya esté haciendo de las suyas con lo que estoy compartiendo. El *sentir* tuyo conmigo podrá ser desde el prejuicio o tal vez la compasión, resultado de una serie de cuestiones que se construyeron en tu cerebro mucho antes de que leyeras mi libro –tal vez por la tapa del libro o por algún comentario que te hicieron sobre mí–.

Ahora entiendo. La empatía sería entonces una utopía. Nadie puede ponerse verdaderamente en los zapatos del otro. Lo que podemos es ponernos al lado del otro y escuchar atentos, humildes. Y con ella o él, a quién escuchamos y sentimos, podemos construir algo que permita una nueva comprensión para ambos. ¡Qué bueno está esto! Pasame los pasos a seguir, el sistema y cómo lo puedo hacer más rápido. No tengo mucho tiempo para estas cosas. Estamos por exportar por fin a Brasil.

Debido a todos estos aprendizajes y descubrimientos es que ahora sospecho de mis lugares de siempre, pues la imaginación es un recurso genuino del cerebro y funcionará siempre como ya hemos visto: de la forma creativa y peligrosa que cada uno construye para sí. Así es como tenemos tanta gente bienintencionada imaginando un montón de cosas en distintos ámbitos, lugares y circunstancias de nuestra vida: lo laboral, lo personal, lo laico, lo nacional y muchísimo más. Y parece que es inevitable detener la parafernalia de la imaginación colectiva que nos sigue conduciendo por los imaginarios nacionales. Entonces, permanentemente usamos la única imaginación que tenemos disponible, muchas veces irreal y mudable, pero lo único certero al fin.

Pero se habla con la gente, se hacen encuestas, entrevistas con modelos probados y preestablecidos, no entiendo qué es lo que no te gusta. No es solo imaginación lo que hacemos en este nuevo espacio con empresarios importantes. Te aseguro que hacemos mucho más de lo que imaginás.

Y como el mercado no espera – y las consultorías y otros tantos haceres se deben seguir haciendo– seguimos andando económicamente y por nuestras Empresas suponiendo sobre los demás.

Dios mío, nuestra gente no sabe administrar su dinero, ellos viven endeudados. ¿Sabés qué? Voy a pedir capacitación para enseñarle educación financiera. Pobre gente, quiero ayudarles, pero no se dejan. Te dejo porque justo

estamos lanzando nuestra encuesta de clima organizacional y quiero dar una
palabras a mi personal.

Quisiera compartir con ustedes algo que leí en el mismo libro de Manuel García Morente. Les quiero pedir, si pueden, que ustedes mismos recreen esta forma de la imaginación en la complejidad de otros temas nacionales o empresariales; por ejemplo, elijan esos asuntos que conocen, pero no les gustan. Presten atención al próximo ejemplo y van a entender a que me refiero.

En el libro dice que podríamos leer y mirar un montón sobre la maravillosa ciudad de París: sus calles angostas repletas de romanticismo, dicen, hablan por sí solas. Incluso podríamos aprendernos el mapa de la ciudad con sus principales avenidas y cada uno de los museos –como el Louvre. Acto seguido, podríamos trabajar mejor una visión sobre París mirando fotografías en internet tomadas desde distintos ángulos y perspectivas; algunos mostrarán el glamour y otras la miseria de la misma ciudad. Y así iremos perfeccionando la idea que tenemos de París, cada vez más minuciosa, aunque al fin solo será una idea.

Pero...¿qué pasaría si en vez de hacer todo esto, directamente viajáramos y estuviéramos en esa ciudad caminando unos días por sus calles, museos y demás recovecos? Es entonces cuando podríamos hablar de una *vivencia*.

Entre esos días y lo detallado y estudiado minuciosamente por semanas con el mapa, las fotografías y la escucha de entrevistas a parisinos, existe un abismo, una enorme diferencia. Sí. Estar en París es tenerla delante, vivirla, ponerse en presencia del objeto, la convivencia misma –por más corta y sucinta que sea– teniendo lo propio de París verdaderamente en mi vida, y no el concepto que la sustituye, el plano de la ciudad que la representa o el esquema que la muestra.

Estando yo en el lugar todo es en vivo y en directo, una vivencia que será bien personal. Y si para aprender-entender-comprender París fue indispensable entrar en ella y vivirla desde adentro, me pregunto cómo es entonces posible que tantos entrevistados hablen tan seguros del no desarrollo, de la falta de progreso, de la no competitividad y de la pobreza cuando la mayoría no ha tenido la posibilidad de vivir eso en carne propia.

Tal vez nadie sabe qué necesitan verdaderamente las personas que viven en
situaciones extremas. Y utilizo la palabra verdaderamente porque es la verdad
de ellos, su realidad, que no sé si comparten en encuestas de algún programa
bienintencionado para eliminar su propia condición de vida, la pobreza. Me

pregunto desde dónde entonces se calculan todos estos programas multimillo-
narios. ¿O escuchamos alguna vez una encuesta hecha por los pobres para los
no pobres?

Pareciera entonces que antes de opinar sobre el funcionamiento de algo en contextos distintos a los nuestros, es necesario haberlo experimentado en carne propia (y desde el día uno). Y por eso, considerar la imaginación colectiva y dejarse ayudar solo por las estadísticas bienintencionadas no sería algo muy responsable. Lo mismo sucede cuando hablamos de la Educación, el contrabando, la inseguridad, progreso, el esfuerzo y muchos temas más.

Sinceramente lo veo muy difícil. Esto tal vez es nuevamente una exageración
tuya o de los fanáticos de las ciencias sociales, todos medio perdidos, pues los
estudiosos de las relaciones humanas siempre comprenden todo demasiado
románticamente. La economía es la economía y el trabajo hay que hacerlo.
No sé si estar de acuerdo con la trascendencia que tienen nuestras experiencias
en nuestras decisiones diarias; no sé si es tan importante como vos decís. Pero
es cierto que las personas hacemos lo que sentimos, lo que nos imaginamos,
pues no podemos haber sido todos primeros contrabandistas para hablar del
contrabando. ¿O sí? Claro que no.

Hoy se opina a mansalva sobre conceptos ajenos y lejanos a nosotros, pero como están relacionados con todo lo que hacemos y con el Desarrollo y la Economía, seguimos en lo mismo hace siglos: opinando correctamente y creyendo verdaderamente.

Reconozco no haber nacido con la supuesta bendición de ser un trabajador de esos que se dignifican con cualquier empleo, no importa dónde ni cómo; esos que se ofrecen porque el mercado no es necesariamente lo que nos prometen, pero ya mejorará. Sin embargo, publico mi intención reconociendo que existen abismos en mis conceptos y por eso propongo un debate, pero que decante en diálogos sinceros; no afirmo ni tampoco me sumo a ninguna fórmula que pretenda solucionar todo o mucho.

¿Y cómo querés que hagamos esas cosas con vos, si ni siquiera planes tenés?

El mapa del Desarrollo es uno –y muchísimos escriben y planean sobre él–, pero el territorio en ese mismo mapa es siempre otro que solo sabemos imaginar. Por eso uno se enseña y calcula, pero el otro «se vive» (como en París).

Señor, cuando un hijo aprende a caminar con la ayuda de su padre, ¿cuál de los dos es el héroe?

Qué bella pregunta y qué maravillosas respuestas nos invitan a nuevas preguntas sobre lo valioso de cada cosa que no vemos o sentimos.

Entonces... ¿Qué es más importante: tener 50 sucursales que generen un total de 600 empleos o una casa central con apenas 100 puestos de trabajo, ofreciendo todo eso que vos relatás: experiencias y vivencias laborales positivas? Por favor, pensá mejor tu propuesta. No tiene ninguna lógica, y menos sentido económico.

Nuevamente me hacen preguntas capciosas que llevan a lo binario. Y no sé cómo responder, pero estoy seguro de que es una buena oportunidad para iniciar nuevas posibilidades y construir juntos las mejores preguntas para el Desarrollo desde las 50 sucursales y los 600 puestos de trabajo.

O sea que cada empleo que ofrecemos es suficiente para el desarrollo, pero siempre y cuando cada uno de nosotros....

Les pido que hagamos stop y pensemos si tiene sentido seguir creyendo que el empleo como trabajo remunerado es la función primera de una organización que dice y desea *ser* distinta con el Estado, el medioambiente, el progreso, la innovación. Y seguir creyendo que todo está avalado porque la fórmula funciona y se ejecuta dentro del marco jurídico-laboral.

Creo que todo puede funcionar mejor, y no propongo destruir lo que tenemos, sino buscar que sea simbiótico; es decir, de ayuda y apoyo mutuo entre la entidad humana (empleado) y la corporativa (Empleo).

No entiendo, ¿primero debo cumplir con mis funciones y mis responsabilidades para desarrollarme en mi puesto de trabajo o primero me siento mejor con la organización para luego empezar a cumplir mejor con mis funciones y así desarrollarme? Me mareás todito.

Nuevamente el viejo dilema: ¿el huevo o la gallina? Aquí nadie es una gallina, y por eso creo que sería mejor si empezáramos a dejar de pensar mecánicamente. Probemos primero con una fase que podemos llamar cero; es un lugar donde construiremos desde nada con los demás los próximos pasos a seguir, un espacio-tiempo, donde primero se converse, se escuche como jamás lo hemos imaginado, para luego conversar sobre las cosas que irán sucediendo en las próximas fases, aún cuando nos parezcan incómodas. Luego todo lo que vayamos coordinando y agregando arriba apenas redefine, actualiza los acuerdos, pues antes se hizo en y con la comunidad. Acto seguido, podemos empezar con eso que sí sabemos hacer de memoria: correr para producir y ganar dinero definiendo los objetivos, las metas, los premios y también los castigos.

Este modelo está vivo, y por eso ambas dimensiones (humana y corporativa) se interpelan permanentemente y paralelas a los avances del crecimiento, siempre anteponiendo lo acordado en función de lo humano para valuar inmediata y seriamente lo corporativo, ya sin tener que culpar a nadie: ahora la comunidad vigila, premia y castiga. No dejamos de mirar lo técnico, pero lo hacemos desde lo humano y no a la inversa como ocurre hoy.

Creo que hoy se observa al nuevo y supuesto crecimiento económico sostenible como una técnica nueva en función de un mercado curioso, que mira cada vez más y mejor a las instituciones y otras modas técnicas y ecosociales. Diría que más que funcionar sucede eficazmente, como mejor puede. Pero nuevamente cada uno al unísono, desea velar por el *ser* mejor y el Desarrollo de otros, cuestión que creo debe ser primero una responsabilidad de cada parte y no la culpa de una de ellas: empleado-empleador.

O sea, vos no estás de acuerdo con la imagen de los cafetales y su gente nativa que desde hace un tiempo utilizan algunas marcas de café en las etiquetas de sus productos y en sus cafeterías para promocionar y compartir que ahora la empresa los considera distintos en el negocio, y que en el mundo ronda los USD 200 000 millones de facturación al año.

Esta nueva y creativa forma comercial tampoco es precisa y se presta a confusión. Y esta no claridad en la literatura, las publicidades en televisión, los carteles alusivos al medio ambiente –me refiero a lo que he leído en todos estos años caminando por el parque, en el cine o en el baño de los hoteles– nos invita a creer que cada uno puede sugerir y hacer lo que mejor le parezca para sí, su planificación estratégica sostenible, y obviamente para sus empleados, socios y cooperantes también. Creo que nos confunden demasiado, y ya todos saben hace tiempo qué hacer.

¿QUÉ COSAS TE IMAGINÁS PRIMERO
Y MUY SEGUIDO DE LAS PERSONAS
QUE CONOCÉS?

¿TE PARECE ÚTIL CONVIVIR Y
EXPERIMENTAR CON OTROS
LO QUE ANTES SOLO ERA UNA IDEA?

Desarrollos que no suceden

He oído y leído ya tantas cosas sobre este concepto (Desarrollo) y todo suena siempre a real y actualizado. Últimamente se habla de que el crecimiento económico debe ser sustentable, es decir compatible con los recursos disponibles en la región, la sociedad, el planeta, etcétera. Y nuevamente parece que todos tenemos cosas renovadas que hacer para desarrollarnos juntos.

La expresión «desarrollarnos juntos» suena por todos lados, es justa y de bien común, entonces supongo que esto ha hecho que todo aquello que se oiga respecto de este tema signifique siempre algo que está sucediendo, un gerundio indicando que, de a poco, estamos positivamente mejorando lo anterior. Desarrollarnos es evolucionar y la evolución lleva tiempo, es lenta pero segura.

Y no es sencillo, se hacen muchas cosas para estar cada día mejor. Solo necesitamos mente positiva. Y lo de la basura y el reciclado que me comentaste, la verdad es todo un tema.

Que de a poco estaremos mejor ya no me cierra, y menos cuando veo que otras personas y yo no somos capaces de conversar porque pensamos distinto. Tenemos casi todo lo necesario para explorar mejor, ¿por qué no está resultando esto de desarrollarnos juntos? Pero no, nos han enseñado a insistir con verdades únicas sobre lo que a todas luces no funciona para la mayoría y para colmo seguimos promoviendo el menjunje desde enormes entes multilaterales, publicidades en periódicos y revistas generando *papers* o plataformas de investigación, entrevistas televisivas, participando en modelos aceleradores, congresos y otros foros mundiales. Y todo porque hay que seguir insistiendo como sea, con mente positiva.

Cada uno a su manera, como fanático de su propia creencia sobre el lucro, refuerza diariamente con sus conversaciones las únicas teorías disponibles, porque cualquier otra no existe o no funcionará –como si fuese que la actual sí–. También yo lo hice así por años hasta que un día me di cuenta de que las teorías (sociales) están para eso: simplifican lo complejo liberando totalmente la necesidad de problematizar las cosas por nosotros mismos, quienes finalmente somos quienes las aplican, obedecen y con ellas viven y se educan.

Y parece que la teoría no siempre cumple su cometido, y las actualizaciones tampoco son siempre suficientes, o tal vez se les va la mano con la intención de hacerlo todo siempre fácil y simple de conducir, gobernar, gestionar. Me gusta la analogía de considerar los temas complejos como aviones que están en el aire en movimiento permanente, si no caen. Entonces, una teoría es tal vez solo una foto de un momento de ese avión que se mueve muy rápido. A lo mejor está bueno hacerlo así, pero con el correr del tiempo seguro que el contexto del avión irá cambiando, aunque la teoría continúa fija y siendo la misma.

Es cierto lo del contexto. Pensar que algunos partidos políticos en Alemania tenían su teoría con respecto a los gastos militares. Años atrás, ellos empezaron a reducir y reducir los gastos militares de su país. Recuerdo los proyectos de renovación tecnológica para sus filas y todo les era negado, por ser innecesario. Hoy, Rusia y Ucrania cambiaron el contexto y el resto, busquen ustedes en Google. Lean cómo ahora la mayoría aprobó inversiones millonarias para volver a actualizar sus ejércitos.

¿Es necesario llegar a momentos de urgencia para valorar una revisión del punto de vista ajeno? Por ejemplo, el Desarrollo?

Para poder continuar con este capítulo quisiera antes citar algo que leí y me gustó mucho, porque sintetiza muy bien lo que yo entendía por Desarrollo, al menos en mis primeros veinte años de empresario y mientras imaginaba un montón de cuestiones relacionadas como el progreso, la pobreza, el bienestar, la puntualidad, el rendimiento, el éxito, el mediocridad, la corrupción, el medioambiente y todas esas cosas que oímos tan seguido.

Aclaro que es muy probable que sea solamente yo el que hoy lo entiende de una forma distinta y ya no de la forma anterior; sé que puedo estar equivocado.

El texto que ahora compartiré es un simple ejemplo y nada tiene que ver con la señora Karelys Abarca, a quien no conozco. Su artículo –«Crecimiento, desarrollo económico y desarrollo humano: significados diferentes, fines complementarios»– me recordó viejos tiempos y por eso me gustó.

Ella es economista, profesora investigadora y tiene premios por sus trabajos. La encontré googleando sobre el desarrollo y el progreso. Su artículo me apareció en la lista como un resultado más, y ella como la dueña de ese artículo en la revista América Economía, del año 2015. Y a propósito de esta revista, recuerdo que la recibía cada quince días por suscripción y por varios años. Era un fanático de lectura económica.

En este artículo ella describe muy bien que los excedentes de la economía se deben destinar a la inversión productiva, algo fundamental para incrementar la productividad laboral y asignar recursos a acciones concretas a favor del Desarrollo Humano. Pensando en el artículo, en las acciones concretas y en lo de «complementario» que dice el título, me confundo.

A ver si entendí lo que quiere decirnos la señora Karelys: ella propone que los inversionistas, las empresas, incluso los países favorezcan la inversión en la producción, en la transformación de materias primas en productos, en la industria, la innovación y todo lo que se le parezca. Esto mejorará la eficiencia y la capacidad de generar riquezas, multiplicando los empleos, accediendo más personas a la economía formal. Y con todas estas riquezas, recursos y nuevos puestos de trabajo, podremos apuntar mejor al bienestar de las personas que los generan. ¿Algo así sería? Por eso son cosas distintas pero complementarias. Suena muy coherente, y sinceramente me gusta cómo escribe. Es mucho más sencillo de entender que todo lo que vos acá en tu libro decís y luego no decís.

También he leído varias veces que, según el Programa de las Naciones Unidas para el Desarrollo (PNUD), el desarrollo humano es aquel que sitúa a las personas –nuestros obreros industriales, un capataz en el campo o un gerente general muy bien pagado– en el centro del proceso económico, en el centro del desarrollo: dice «centro», no dice en una parte ni tampoco descentralizado pero influyente ni nada parecido y que nos pueda confundir. No, nada de eso.

Además, el PNUD busca desarrollar el potencial de las personas aumentando sus posibilidades y garantizando el disfrute de la libertad para vivir la vida que cada uno valora, prefiere y desea. Todo esto está escrito en su sitio web, de ahí lo saqué.

También habrán oído sobre el Índice de Desarrollo Humano (IDH) que entiendo se creó precisamente para vigilar cómo nuestro actual Sistema Económico «amplía las oportunidades» de las personas, pues este es el criterio más importante para evaluar resultados y avances en materia de Desarrollo en los mercados donde hacemos negocios creciendo, pero también cientos quiebran en el intento. En este punto es interesante mencionar que conversando con decenas de colegas pude comprender que los empleos son muy valorados, más que nada porque somos nosotros quienes los generamos y sostenemos: algo así como cuantitativamente hablando ni el sector público nos gana.

Y con estas definiciones y mis entendimientos organizacionales anteriores, comprendía que los empleos son oportunidades (verdaderas) que brindamos para ampliar y entonces progresar, como piden las Naciones Unidas. La persona tiene un empleo, la persona tiene una oportunidad y todo el resto ya depende del trabajador y la coyuntura económica que le toque.

Señor, ya que me pregunta y si no se va a enojar le digo: no siento ninguna oportunidad con los cuatro empleos que he tenido, y con el que ahora tengo tampoco, por eso quiero probar en su industria. Pero la verdad es que no sé qué decir respecto a los empleos cuando se es joven.

Y el Producto Interno Bruto (PIB), conocido indicador del crecimiento económico, debe ser también solamente un medio y por eso apenas un criterio más para contribuir con este proceso que debe ser más que nada humano, jamás el objetivo en sí mismo, aunque hoy todos sabemos que los gobiernos, las noticias, las empresas y hasta nosotros mismos tenemos una fijación con lo cuantitativo, con los datos duros de la economía.

Y tenemos que crecer. Sin crecimiento no podemos sostener nada. Siempre leo sobre cómo otros países sostienen ese crecimiento y esas cosas, y esta economista también lo confirma con su artículo. Sinceramente le creo más a ella que a vos.

Volviendo al IDH, esta herramienta mide entonces el progreso conseguido por un país o comunidad en las tres dimensiones básicas del Desarrollo Humano según el PNUD: disfrutar de una vida larga y saludable (visto como salud), tener el acceso a una formación (visto como Educación) y un nivel de vida que sea digno (como dice el artículo 25 de la Declaración Universal de los Derechos Humanos: «Toda persona tiene derecho a un nivel de vida adecuado que le asegure, así como a su familia, la salud y el bienestar, y en especial la alimentación, el vestido, la vivienda, la asistencia médica y los servicios sociales necesarios»).

En términos generales coincido totalmente con las definiciones, pero me pregunto intranquilo sobre sus formas, usos y posibilidades. ¿Cómo debo entender cada una y aplicarla en función de mis responsabilidades diarias de empresario?

Por ejemplo, «la libertad para vivir la vida que cada uno valora, prefiere y desea» no cabe en ningún instructivo y tampoco tiene un inicio o final en la vida de las personas. Tampoco hay espacios ni momentos predeterminados para experimentar esa libertad. Es algo que supongo se construye paso a paso, día a día en un permanente *ser* y *hacer* desde que nacemos, y también mientras trabajemos para continuar viviendo. Ojo con esto: el vivir de esta «libertad» es entonces –y debería ser– una de las partes y responsabilidades más virtuosas e inspiradoras mientras convivimos para producir, pues esto ocurre muchas horas al día y laboralmente nunca más acaba hasta jubilarnos. Y cuando cambiamos de empleo, todo debería mantenerse de la misma forma en términos generales y específicos.

Así es como el trabajo y cada uno de nosotros somos parte del motor del Desarrollo económico y humano, viviendo una variedad de obligaciones, pero también disfrutando de libertades.

Y realmente todavía no me animo a responderle con un no al jefe. Tengo mucho miedo de perder mi puesto. Cada vez tengo más obligaciones.

Ocurre que con nuestras rectas formas de gerenciar y liderar nuestros espacios organizacionales, muchos «puestos de trabajo» hoy no son deseados y nosotros ni nos percatamos. Y no necesariamente porque las personas no trabajan haciendo lo que alguna vez soñaron, sino porque el contexto para aprender a querer lo que hacen tampoco es el adecuado, el ideal. Pero de la *convivencia laboral* ya he hablado detalladamente.

Y si me dijeran que la definición del PNUD es justamente así porque no se sabe cómo hacerlo de otra forma –sin que algunos nos tomemos por aludidos– lo acepto y comprendo perfectamente: imaginen a los líderes económicos del mundo enfrentados a las Naciones Unidas. Pero esta sensatez tiene sus consecuencias, al menos para mí: durante muchos años lo único que sabía compartir (orgulloso) era que estaba sosteniendo empleos, cumpliendo con el Código Laboral –pagando horas extras y el aguinaldo sobre las horas extras, reconociendo el 5% sobre el salario mínimo vigente como Bonificación Familiar y otros más–, evaluando (mejorar) siempre todo lo relacionado con el factor humano, teniendo en nuestro plantel personas con discapacidad (sordos y mudos) y finalmente el infaltable cuidado del medioambiente. Esta era mi forma segura, tranquila y cien por ciento de aportar al desarrollo humano, económico, social y etcétera.

Pero el proceso de desarrollo en una persona está también determinado por lo que *siente* con lo que ve, aprende y se lleva diariamente de sus contextos, espacios y demás relaciones ocasionales: cómo es tratada en su casa, pero de la misma forma en la empresa donde trabaja. Qué tanto valoran su opinión, sus sentimientos respecto a sus superiores, sus preferencias (opiniones) mientras debe hacer cosas para otros, sus vergüenzas y miedos mientras *hace*. Y sé perfectamente bien que no es fácil encontrar formas de conectar todo esto con nuestros contextos mercantiles y de eficiencia; por ejemplo, cuándo necesito colocar límites a los efectos de las decisiones que tomo como gerente, porque a lo mejor podría denigrar a alguien sin darme cuenta, coartando su libertad, su dignidad en favor de más productividad.

El mercado es desreguladamente competitivo y todos lo conocemos de memoria: los espacios laborales cotidianos se vuelven ollas de alta presión. Aparecen las reuniones apuradas y fuera de horario, objetivos de ventas descontextualizados, contrataciones urgentes o despidos repentinos se vuelven necesarios y nuestras promesas hechas en momentos anteriores ya no podrán cumplirse, lamentablemente el contexto ha cambiado; todo apura y nunca hay tiempo suficiente.

Me pregunto entonces: ¿y el Desarrollo?

Ya me imagino qué es lo que a vos te ocupa o preocupa de las definiciones.
Sería algo así como entender los criterios para saber, por ejemplo, cuándo una

vida con su empleo es digna y cuándo deja de serlo. ¿Quién lo define y con qué método, siendo que la dignidad, la libertad y esas cosas son más que nada sentimientos únicos, siempre milimétricamente distintos para cada persona por su historia y contexto? He conocido personas que con la menor sensación de incertidumbre ya se sienten limitadas, restringidas, propensas a fallar. Nosotros mismos, ¿cómo seríamos en contextos que no dominamos?

Pero también es cierto que es mejor ganar 50 que 10, aunque sabemos que 50 tampoco es digno. Lo mismo con el disfrute de la libertad. ¿Cómo sabemos si el sufrimiento de una persona debido a la no-libertad empieza en su casa y solo se refuerza en el mismo puesto de trabajo, con el empleo? Eso ni vos sabés.

Todos conocemos los manejos de la libertad de expresión en las empresas: por citar solo un ejemplo, los puestos de trabajo saben reforzar diariamente el miedo a hablar, temor a sentar una posición –personal o grupal– frente al jefe, cuando este sinceramiento traería tal vez como consecuencia una mejora en la productividad y no solamente ser «una queja más» del empleado: yo creo saber cómo sucede esto.

Sin embargo, a mí me sirve todo esto que propone el PNUD. Cierto que no hace referencias directas a nuestro hacer en la empresa, pero creo que justamente eso permite que cada uno lo interprete como quiera. Si vos buscás algo más profundo con tus obreros, entonces hacelo ya con ayuda de psicólogos especializados y un Departamento de RRHH que creo hoy ustedes en la empresa ya no tienen. Me parece que ese es tu problema y ahí no pueden meterse las Naciones Unidas.

Sucede que me sigo entendiendo como el empleador de siempre, pero ahora consciente de «mi parte» en el Desarrollo: soy algo importante en uno de los sistemas que hacen a esta compleja máquina productiva que necesita llevarnos de la mano hacia un mundo mejor.

Y después de todo lo que ya leyeron acerca de cómo lo entiendo, se imaginarán que no me estoy refiriendo a ser nosotros un «eje» más que se suma a otros tantos ejes de este gran aparato (económico) del Desarrollo, porque no estamos solos y por eso somos apenas una parte más de él. No, en todo caso cada uno es la «parte única» e irremplazable de este Proyecto Humano en el que hasta hoy cada trabajador en el mundo sigue creyendo y depositando lo suyo.

Es momento de honrar esa confianza pero de una forma muy distinta. Y para mí, esta es hoy una de las responsabilidades más grandes en la vida de un adulto, al menos si está activo en la economía.

Me consta que todos los que estamos en el mercado como profesionales de la ingeniería, arquitectura, paisajismo, medicina, construcción, entretenimiento, domisanitarios, consultoría, gastronomía, ganadería, panadería, estética, metalúrgica, reciclado y tantos otros que suman a los objetivos del Desarrollo, queremos hacer cosas buenas pero a veces no sabemos cómo hacerlas distintas para que sean algo realmente mejor para los demás.

Pero así como todos creemos que estamos, sumamos haciendo cosas buenas porque nunca hemos preguntado, también podríamos estar restando y grande. Ese es tu punto con todo esto, Christian, ¿o no? Sinceramente creo que yo sí sumo con todo lo que hago. Y te recuerdo que ser empresario no es nada fácil.

Y ya sabiendo que estuve restando, comencé a preguntar a mis colegas sobre esta cuestión y cómo podríamos hacerlo juntos y distinto. Pero pude percibir que la mayoría no sabe muy bien cómo estamos relacionados, por ejemplo, con la «libertad» que poseemos: tenemos formas y modelos de trabajo que la restringen y aún así imperan en nuestras organizaciones. O cómo la dignidad puede estar comprometida con los mandamientos, la visión, la vieja política de calidad o la costumbre de negociar la antigüedad.

Ingeniero, vos me conocés porque trabajamos juntos algunos años y lo hacíamos en la casa central. Sabés todo lo que di por esa empresa, y así me agradecieron: ofreciéndome un monto de dinero por mis nueve años de trabajo y esfuerzo. Y lo peor de todo es tener que oír, al que ambos conocemos.

Lastimosamente siento que por el momento no nos queda otra que seguir deduciendo al Desarrollo, nos lo imaginamos como cada uno prefiere y puede, así como hemos visto en el capítulo anterior: bienintencionadamente imaginado.

Para escribir esto he investigado sobre esta moda dominante del Desarrollo. Aclaro que lo hice a mi manera y no he tragado bibliotecas para ello, porque creo que personas comunes como yo tampoco lo harán.

Tuve algo de tiempo y aproveché también para saber un poco lo que opinan mis colegas sobre semejante desafío. Conversando sobre mis hallazgos me llamó poderosamente la atención cómo la mayoría interpreta al Desarrollo como un meta-deseo, como una inspiración, un objetivo casi inalcanzable, pero que debe seguir como el motor que nos mueve. Y lo más interesante fue que de lograrse, la mayoría me dio a entender que sucederá siempre por fuera de la empresa, lejos de cualquier espacio laboral.

O sea, evidentemente para nosotros, los empresarios, las personas nos desarrollamos solamente o mucho mejor después del horario de trabajo, pues el empleo existe específicamente para producir cosas buenas que nos servirán para después, respondiendo y encajando perfectamente con la condición de que económicamente todos somos «recursos humanos» que aportan.

No encontré literatura que desagregue al empleo de una forma minuciosa, como un lugar y momento decisivo como otros (pocos) del Progreso Humano. No sé, algo así como su trascendencia en la vida de las personas; por ejemplo, aprovechar los puestos de trabajo como espacios comunitarios e ideales para crear juntos formas distintas de relacionamiento, positivamente diferentes al de otros momentos del día. Que sea virtuoso, que promueva una responsabilidad, pero con confianza, como una herramienta de crecimiento personal, esta vez marcando claramente lo que sostiene ese logro individual: un crecimiento que sucede gracias al desarrollo de otros conmigo cuando trabajo.

O que el trabajo pueda ser visto como una parte determinante y activa de la economía, del bienestar cuando se lo coordina escuchando a todos los actores. ¿Sabías que nuestras empresas y organizaciones son como micropaíses en términos de todo lo que sucede ahí dentro, así como por sus jerarquías, normas, deberes y derechos? Los que hacen, los que no hacen, los oprimidos, los preferidos, las relaciones de poder y cómo estas se ejercen de distintas formas. Esta y tantas otras cuestiones del relacionamiento laboral diario permiten recrear de forma casi idéntica nuestras formas poco participativas, de abuso de poder, las que criticamos por fuera de ellas, pero nosotros las tenemos adentro funcionando.

Tal vez haya mucho texto y soy yo el que no supo leer detrás de las líneas. O seguramente haya razones por las que no he encontrado algo así, al menos en español y googleando. También puede ser que no entienda lo que leo. Pero no me rendí y buscando saber más encontré miradas (interpretaciones) que ofrecen determinadas posiciones sobre la pobreza y la libertad, el liderazgo y esas cosas. Supongo que las Naciones Unidas y el PNUD se apropian bieintencionadamente de ellas y las utilizan hasta hoy: Amartya Sen[13] y Martha Nussbaum son dos ejemplos brillantes que aportan lo suyo.

Sospecho que mi menjunje se origina en parte cuando los leo y me transmite que hay formas muy claras para el Desarrollo.

Ciertamente las investigaciones de ambos llevaron a proponer contribuciones para un Desarrollo más humano y justo en el mundo. Y, para mí, la forma de aproximarse nos lleva a buscar respuestas y posibilidades desde la intención, parece, de disociar los procesos para el progreso y bienestar de los actos mientras trabajamos para desarrollarnos; distinguiendo a la pobreza de los no-pobres.

Algo bastante similar a cómo presenta la señora Abarca su artículo en la revista económica: «Crecimiento, desarrollo económico y desarrollo humano: significados diferentes, fines complementarios». Yo no creo que sean complementarios, para mí son inherentes, constitutivos, uno funcionando sobre el otro, encimados, metidos, y a la inversa también, las veinticuatro horas, los trescientos sesenta y cinco días. Definitivamente el Desarrollo, ese que necesariamente ya viven las personas, es para mí el gran fundamento para algo nuevo, y no intentar cambiarlo.

El Trabajo es una actividad dura, asalariada y lucrativa (económica), porque sabemos que esto de trabajar es algo cansador por naturaleza, de producción y haceres apurados, de actividades que son fatigosas, pero necesarias porque necesitamos dinero para vivir: la oferta aprieta y la demanda insiste. Además, ¿cómo «pasarla bien» en un lugar donde sabemos que está todo dicho, sin que podamos opinar algo nuevo porque siempre otros saben más que nosotros? Son espacios y tiempos del sudor, sacrificio y de un convivir seco, antipático pero imprescindible, y donde para ello también debemos levantarnos muy temprano y volver al caer la noche a nuestra casa, porque de hecho es ahí, al calor del hogar, donde el Desarrollo y el bienestar se acomodan mejor.

---

[13] Amartya Kumar Sen es un economista indio de etnia bengalí. En 1998 fue laureado con el Premio del Banco de Suecia en Ciencias Económicas en memoria de Alfred Nobel. En 2021 obtuvo el Premio Princesa de Asturias de Ciencias Sociales.

[14] Martha Craven Nussbaum es una filósofa estadounidense. Sus intereses se centran, en particular, en la filosofía antigua, la filosofía política, la filosofía del derecho y la ética.

Esto que acabo de expresar no está escrito en ningún lado, pero es un mensaje tácito, dominante: muchos aprendimos y nos lo imaginamos hoy así bienintencionados, ¿o no?

Claro que sí. Es lo que ya te dije, Christian, a la empresa se viene a trabajar, es duro, se exige, no podemos estar con macanadas. Después cada uno podrá disfrutar de su vida y su libertad como pueda.

La otra posibilidad que se me ocurrió fue la probable influencia del pensamiento aristotélico[15] en Martha Nussbaum y desde ese lugar la elaboración de su propuesta[16] para contribuir con la definición del Desarrollo Humano.

Leyendo comprendí que el punto de partida de Nussbaum fue la creencia de que los gobernantes son los que requieren entender qué necesitamos los ciudadanos para llevar una vida próspera, y así guiarnos por el camino de la vida; esto creía Aristóteles y ella lo menciona. Tal vez por eso he encontrado en sus escritos algo que insinúa la enorme responsabilidad de los que gobiernan países, pero nada sobre los que también determinan y gobiernan la vida de sus habitantes; por ejemplo, las empresas con los millones de empleos repartidos por el mundo. Y así, sin mencionarlo directamente, el concepto de empleo desaparece como todo lo que puede significar y representar para el Desarrollo –y en lo humano ni qué decir–.

Y no estoy insinuando que un gobernador o un diputado –según lo que yo he entendido de Nussbaum– no tenga mejores capacidades para ser empresario, incluso mejores que nosotros, y entonces lleve las buenas prácticas del bien común en lo público al Sector Privado. Así podrá ocuparse personalmente de la dignidad de sus empleados, de una manera tal vez distinta a la nuestra.

Definitivamente los textos –al menos los que he leído– invitan a mirar de otro modo los puestos de trabajo en organizaciones productivas cuando de Desarrollo Humano se habla; es decir, alguito se menciona pero muy solapado, no lo sé.

Entonces no nos queda otra que creer que el compromiso que cada uno de nosotros –líderes empresariales– tiene con el Desarrollo Humano se cumple cuando aportamos suficiente esfuerzo, tiempo y capital para crecer, generar riquezas, incrementar los puestos de trabajo, cuidar el medioambiente, multi-

---

[15] Aristóteles fue un filósofo griego (384-324 a.C.).
[16] Nussbaum, Martha (2018) «El concepto de dignidad humana en el enfoque de las capacidades». Cuadernos Electrónicos de Filosofía del Derecho (CEFD). Departamento de Derecho Constitucional y Ética, Universidad Europea.

plicar sucursales, pagar impuestos, reciclar, lanzar nuevos productos, presentar informe respecto de la empresa en función a la sociedad, pagar salarios, consumir lo nacional, exportar e innovar; esto obviamente suena muy economicista, progresista y por lógica nos desarrollará.

Yo mismo estaba convencido que contribuía definitivamente con todas las formas para el progreso, y que si alguien en algún momento me exigía rendir cuentas en público sabría muy bien qué responder y con la frente en alto. ¿Cómo ocurre entonces exactamente el Desarrollo?

Te pido por favor que no me preguntes esas cosas. Eso ya es más una cuestión para otro tipo de experto de entes multilaterales, o incluso psicólogos, sociólogos, el Gobierno o algún ministro. Sinceramente es blablablá para mí. Lo mío son los negocios y generar más empleos; hoy proveo muchos empleos, y en plena pandemia. Ahora decime que soy gallina y no chancho. Dejate de macanas.

Pero el transcurso del tiempo nos delata a todos los que estuvimos y estamos haciendo buenos negocios, pues aparenta que lo del Desarrollo no es solamente *blablablá* de psicólogos o algo de los gobiernos de turno y menos de organismos multilaterales. Tal vez nunca nos mostraron cómo funciona realmente esto del bienestar de las personas y su relación directa y permanente con los vínculos humanos, *los sentimientos* con el contexto que le toca a cada uno, no importa si es en la casa o en el trabajo, o si son una, ocho o quince horas.

Entonces podríamos empezar por preguntar sobre asuntos distintos en el empleo: ¿Qué significa y cómo es esto de ampliar las oportunidades para las personas en los puestos de trabajo en una empresa? ¿Cuándo exactamente las empresas ampliamos oportunidades para las personas y cómo se contribuye o se desalienta esta responsabilidad que también es cien por ciento empresarial?

Es muy sencillo. Vos solito te complicás, Christian. Dar empleos es dar oportunidades, pues tener trabajo en un país con tanta miseria es ser afortunado. Te pido que mires el todo.

Antes de seguir conversando de todo esto, prefiero transcribir el texto completo del sitio web del PNUD que habla sobre el Desarrollo:

El desarrollo humano es un paradigma de desarrollo que va mucho más allá del aumento o la disminución de los ingresos de un país. Comprende la crea-

ción de un entorno en el que las personas puedan desarrollar su máximo potencial y llevar adelante una vida productiva y creativa de acuerdo con sus necesidades e intereses. Las personas son la verdadera riqueza de las naciones. Por lo tanto, el desarrollo implica ampliar las oportunidades para que cada persona pueda vivir una vida que valore. El desarrollo es entonces mucho más que el crecimiento económico, que constituye un medio —si bien muy importante— para que cada persona tenga más oportunidades.

Para que existan más oportunidades lo fundamental es desarrollar las capacidades humanas: la diversidad de cosas que las personas pueden hacer o ser en la vida. Las capacidades más esenciales para el Desarrollo humano son disfrutar de una vida larga y saludable, haber sido educado (formado), acceder a los recursos necesarios para lograr un nivel de vida digno y poder participar en la vida de la comunidad. Sin estas capacidades, se limita considerablemente la variedad de opciones disponibles y muchas oportunidades en la vida permanecen inaccesibles.

Aunque este modo de concebir el desarrollo es con frecuencia olvidado en el afán inmediato de acumular bienes y riquezas financieras, no se trata de algo nuevo. Los filósofos, economistas y líderes políticos destacan desde hace tiempo que el objetivo, la finalidad del desarrollo es el bienestar humano. Como dijo Aristóteles en la Grecia Antigua: «La riqueza no es, desde luego, el bien que buscamos, pues no es más que un instrumento para conseguir algún otro fin».

La búsqueda de ese otro fin es el punto de encuentro entre el desarrollo humano y los derechos humanos. El objetivo es la libertad del ser humano. Una libertad que es fundamental para desarrollar las capacidades y ejercer sus derechos. Las personas deben ser libres para hacer uso de sus alternativas y participar en la toma de decisiones que afectan sus vidas. El desarrollo humano y los derechos humanos se reafirman mutuamente y ayudan a garantizar el bienestar y la dignidad de todas las personas, forjar el respeto propio y el respeto por los demás. (PNUD, 2021).

Acaban de leer la definición del concepto de desarrollo humano de las Naciones Unidas. Ya dije que coincido con lo expuesto y pienso que suena realmente brillante, sin embargo para mí este es un texto demasiado educado y sensato y tal vez por eso políticamente correcto, pero algo incompleto.

Siento que este organismo multilateral no quiere o no puede molestar e incomodar a algunos y menos a los que sostenemos el modelo: las Empresas.

Como ingeniero alemán cuadrado, le diría al PNUD –como intenté hacerlo algunas veces– que necesito algo mucho más claro, intrépido e inteligible para mi día a día de empresario industrial e importador, porque me muevo en contextos del *hacer* para mejorar mis ventas y mis compras, maximizar, reducir, recortar, industrializar, extraer, simular y a veces hasta mentir.

Leo la definición una y otra vez, y no puedo identificar cuáles son exactamente mis deberes con este desafío tan importante. Tal vez yo soy el problema por ser un desubicado o un ingeniero, al que siempre le gustaron los aviones y la psicología, y entonces no sé deducir nada de lo que leo. Al final del libro ustedes podrán darme su parecer.

Hoy pienso y escribo de esta forma porque tengo claro que el Desarrollo Humano ocurre todo el tiempo, incluyendo cuando nos relacionamos en una simple pero tensa reunión de trabajo. Lo *siento* así más que nada desde el día en que acepté preguntarme cómo se sienten las personas en los empleos que ofrezco –y que ellas y ellos disfrutan o soportan por horas, meses y años–.

Lentamente voy comprendiendo contigo. Ahora que lo miro así, nuestra contribución al desarrollo desde el empleo de cada persona puede ser enorme. Ya no me será suficiente saber o definir las funciones del puesto de trabajo o manejar el crecimiento de sucursales, o incluso los resultados de nuestras encuestas electrónicas sobre nuestro clima organizacional. Me queda claro que necesito aprender algunas cosas desde cero, pues las personas que trabajan para mí no solamente se sienten mal o bien, sino que además yo podría tener mucho que ver.

He aprendido algo muy importante del otro «desarrollo humano»: las personas valoran muchísimo ser escuchadas en y desde sus puestos de trabajo, sus empleos, porque ahí se sienten útiles y necesarias para otras personas, para otros sistemas y para el Desarrollo. Y quieren hacerlo siendo respetadas desde las interpretaciones de sus propios valores de vida, sus saberes técnicos –que suman y valen tanto como las mías o las tuyas–.

Y es exactamente aquí cuando también me queda muy claro que determinadas palabras en la definición de desarrollo humano del PNUD –como *libertad* o *dignidad*– se tornan muy difíciles de vincular con algún modelo medible y productivo; entonces nosotros, empresarios, las entendemos como podemos.

Para mí, parte importante del Desarrollo Humano sería lo que me compromete como empresario con los ocho objetivos de desarrollo del milenio de las Naciones Unidas, pero mirándome a mí mismo en función a cada uno de ellos. ¿Como mis lugares económicos, mis relaciones productivas determinan o influyen sobre el hambre, la educación, la igualdad, la maternidad, entre otros. Esto empieza con la interpretación personal que tienen las personas de su vida, pero que incluye e incorpora totalmente la vida laboral. Definitivamente, su empleo y el tiempo que pasan en él son más que determinantes en su comprensión de cómo prefieren vivir su vida. Naturalmente que podemos seguir haciendo esfuerzos y trabajar para los objetivos del milenio, sin sentirnos nunca incómodos, pero sinceramente creo que «nuestro aporte» pasa por otros lugares.

Entonces, es innegable que nosotros empresarios tenemos muchísimo que ver con esto que proclaman las Naciones Unidas: «Juntos *co-crear* entornos que promuevan un desarrollo de tipo humano».

El Desarrollo, mucho antes que el empleo, requiere una nueva aproximación ontológica y es necesario empezar a hablar de él franca y directamente sin filtros, primero entre nosotros mismos y ya sin tantos anfitriones. Como ingeniero y empresario, el concepto para mí fue por años maximizar los beneficios, minimizando los costos, y con eso ya estaba haciendo lo correcto. Nunca supe muy bien cómo cotejar si lo que estaba haciendo empresarialmente y con mi vida personal contribuía o restaba a lo que el PNUD sugiere para sus objetivos.

Hice el intento, pero sinceramente me fue muy complicado verificar de forma fehaciente si nuestra industria se encuentra en camino hacia el Desarrollo. Entonces me pregunto, participando disciplinadamente de las famosas mesas de trabajo de los objetivos del milenio en mi país, ¿sucedería algo que me haga sentir responsable y realmente comprometido, al punto que me haga dudar si puedo participar o no de semejante acción?

Claro, te invitamos ya varias veces a vos y tu imprenta. Vení, sumate. No te vas a sentir mal, al contrario.

Sospecho que las Naciones Unidas no desean confundir a los empresarios, pero creo humildemente que sí lo hacen; y con los desafíos del milenio aún más. Tampoco estoy seguro de si mis antepasados sabían cómo crear entornos positivos en los puestos de trabajo. Henry Ford con su línea de producción nos enseñó mucho y yo con la puesta a punto de lujosas oficinas, escritorios modernos, estacionamientos preferenciales, rampas para discapacitados, comedores bien amueblados y otros beneficios hice mi parte: pensaba que sumaba como loco al disfrute de la vida de mis empleados en nuestra imprenta, pero no.

Bueno, hoy estamos un poco mejor, pues al menos sabemos que lo primero es dejar de imaginar y empezar a escuchar.

Te reitero por quinta vez: a la empresa se viene a trabajar, ya te dije. No somos las Naciones Unidas. Naturalmente que los empleados tienen bienestar con nosotros. Podés venir a ver los baños, el comedor, nuestras fiestas de fin de año, la mochila escolar, todo lo que estamos haciendo con nuestra gente. Cómo estamos trabajando para cuidar el medio ambiente. Y las encuestas de clima que hacemos regularmente. Sinceramente no sos nadie para juzgarme. Vos nos metés a todos en una misma bolsa.

El motivo de mi *no saber* era el mismo de siempre: no tenía las herramientas, como resultado de mis propias experiencias y aprendizajes. Solo supe leer aleatoriamente sobre el desarrollo, participar donde todos participaban y luego maximizar lo que se podía cada vez con más Responsabilidad Social Empresarial (RSE).

Todo se puede leer mecánicamente y lo sé muy bien de mi época de estudiante. Nos enseñan que cumplir una serie de pasos son suficientes para que todo se resuelva, se solucione por sí solo o con mis intenciones de líder.

No desconozco que tal vez sea yo el problema, y quiero ser muy claro con lo que propongo: esto es lo que he entendido, ni más ni menos. No busqué treinta ensayos de doscientas páginas sobre los temas que hoy entiendo distinto.

En lo empresarial nadie tiene mucho tiempo para la investigación que no sea de mercado. Y menos los empresarios latinoamericanos, que vivimos apagando incendios, en apuros y con desorganizaciones administrativas muy fuertes en nuestros respectivos países y mercados.

Y bueno, si vos no tenés interés y tiempo para investigar eso ya no es culpa de las Naciones Unidas. En todo caso sumate al Pacto Global de las Naciones Unidas, ahí estamos trabajando justamente para eso: para hacer cosas concretas y dejar de escribir como vos.

Cuánta gente bienintencionada lee las noticias económicas, sigue a líderes exitosos, participa de congresos y seminarios o incluso es miembro de múltiples pactos cuando nadie se puso a pensar cómo funciona exactamente nuestra eterna maximización de beneficios desde nuestra constante política de reducción de gastos. ¿Podría estar lastimando?

Christian, tal vez tus empleados no hablan. Los míos sí lo hacen. Qué pena siento por vos.

¿Cómo afectan nuestras costumbres de mercado a la convivencia, a los entornos laborales en una empresa, a los *vínculos* que deben ser *humanos* en la vida de las personas empleadas y sus familias? También me pregunto esto, porque lo que pretendo es que los empleos que ofrezco de una vez por todas sean realmente saludables y apunten a responder desde otros lugares a los índices del Desarrollo de mis propios empleados.

Ahora estamos pasando por un momento difícil y no tenemos recursos para mejorar los puestos de trabajo, el mobiliario y otros. Cierto, nuestros pisos están sucios y los baños no son los mejores, pero también son ellos los que no cuidan y no mantienen limpios lo que les regalamos. Y te adelanto que los cuatro estacionamientos con sombras y con los carteles que indican «reservado» para que nuestros autos no estén en el sol es porque ellos no tienen autos.

No sé si mi problema fue leer tantas cosas distintas, pues no porque leamos más comprendemos diferente. No funciona tan sencillo nuestro fabuloso cerebro. Creo que ya hemos compartido que lo escrito en un libro dependerá siempre de la interpretación que en ese momento de la vida la persona prefiera (inconscientemente) darle cuando lee.

Pero de cualquier manera sospecho que, sea como sea y mirando desde donde cada uno lo prefiera, la minimización de todos los recursos para la maximización de todas las ganancias está teniendo un impuesto cognitivo (esta expresión la saqué de un libro de Facundo Manes) en las personas, nuestros empleados; y esto resta mucho más que lo que pueda sumar como valor agregado y todo lo que valora el PNUD, pero después nos quejamos que por esta zona del mundo no se innova suficiente.

El cliente siempre es lo más importante para las empresas y parece que eso justifica nuestro no Desarrollo, afectando hoy nada menos que la libertad de cientos de personas en esta región y el mundo.

Si vos o tu empresa son clientes de nuestra imprenta y me estás leyendo, no te hagas problema. Para nosotros, ustedes siguen siendo muy importantes. La enorme diferencia radica en que hoy les miramos desde lugares distintos, eso más que nada. Son lugares totalmente inusuales en los cuales detecté que primero tengo muchísimo por interpelarme a puertas cerradas. Y entonces las propuestas del PNUD sirven como muy buenos disparadores:

1. *Desarrollar el máximo potencial de cada persona.*
2. *Llevar adelante una vida productiva y creativa de acuerdo con las necesidades e intereses.*
3. *Que cada persona tenga más oportunidades.*
4. *Para que existan más oportunidades, lo fundamental es desarrollar las capacidades humanas.*

Recreen estas frases en sus espacios productivos, pero especialmente primero escuchando, y se disparan una cantidad de posibilidades y verán que asistir a pactos, seminarios y otros pasan a quinto lugar.

Que la economía, el trabajo y la producción financian y dan soporte al Desarrollo es cierto, pero tratar al empleo como eso –sin mencionar todo lo otro– es para mí incompleto (error) en la aproximación a la perspectiva del progreso. Acá difiero con la Sra. Abarca y peor cuando confundimos y utilizamos a los empleos como ejemplos de custodia del desarrollo firmando acuerdos que castigan los crímenes y las faltas graves: racismo, violencia de género, acoso sexual, acoso laboral, trabajo infantil y otros tantos.

Ciertamente es importante hacerlo, pero me pregunto qué hay de lo que no se firma e igual son abusos: las formas de *gerenciar* de un gerente u otras violencias solapadas como trabajar por diez años y que nunca te hayan preguntado si tu trabajo te fue útil o no en tu vida. O, ¿qué sabemos de cómo actúa o responde la organización cuando me animo a denunciar persecución y acoso laboral?

Me parece que siempre estuvimos considerando a las actividades laborales como actos de ejecuciones y responsabilidades demasiado mecánicas, que no requieren de *sentimientos* ni *emociones* para su cumplimento, pues más tarde y fuera del trabajo ocurrirá lo que debe ocurrir: compartir quejas, frustraciones diarias, abusos, injusticias y tanto más.

Disculpame, pero estos son espacios más bien productivos, laboriosos y no necesariamente vivos como vos pedís y donde haya tiempo para el desarrollo así tan humano y completo. Eso se convoca a posteriori; por ejemplo, en el almuerzo, o a fin de año, o en la fiesta del Día del Trabajador o en nuestros desayunos gerenciales, o con clientes o cada uno con su familia después, pero no justamente en la empresa y en medio del acto industrial tan solemne y responsable de generar riquezas, y donde todos venimos a trabajar. No mezcles, por favor.

Pero son periodos de tiempo muy largos los que pasamos en nuestros puestos de trabajo y el cerebro no se desconecta solamente por estar en el trabajo. No es coincidencia que nuestra misma empresa haya permitido que tantas tantas parejas se conozcan y acaben casándose y construyendo sus propias familias; ¿qué otras señales necesitamos para corroborar el valor del Empleo en la vida de las personas?

Dicho de otra forma, doscientos puestos de trabajo en nuestra empresa hoy significan doscientas posibilidades de puro Desarrollo Humano; chispas para encender o frustrar diariamente las libertades de los seres humanos que ahí se relacionan y luego hacen cosas para cumplir con sus funciones.

El Puesto de Trabajo puede sumar de forma incalculable a la prosperidad, pero también puede negar el potencial de un trabajador y sus inmensas oportunidades conexas desde los vínculos que se destruyen; esto ocurre cuando nos *relacionamos*, queramos o no.

Creo que el PNUD circunscribe al Desarrollo Humano como algo que ocurre con la economía, pero no directamente en empleo; yo al menos lo interpreto así y disiento. Lo más directo y parecido que encontré en este sentido fue esto:

(...)El trabajo es el medio para dar rienda suelta al potencial humano, a la creatividad, a la innovación y a la imaginación. Es esencial para que la vida humana sea productiva, útil y significativa. Permite a las personas ganarse la vida, es un canal de participación en la sociedad, proporciona seguridad y confiere un sentido de dignidad. El trabajo está inherente e intrínsecamente ligado al desarrollo humano. Pero es importante reconocer que no existe una relación automática entre el trabajo y el desarrollo humano. No todo trabajo contribuye a mejorarlo. La explotación laboral, especialmente la explotación

de mujeres y niños, priva a las personas de lo que les corresponde, de sus derechos y de su dignidad. Del mismo modo, un trabajo que sea peligroso, que no cuente con medidas de seguridad, con derechos laborales o con una protección social no es propicio para el desarrollo humano.

Selim Jahan, Director de la Oficina del Informe sobre Desarrollo Humano del PNUD, 2015.

Esto me gustó mucho más, pero no menciona los vínculos laborales diarios como los componentes esenciales. Nuevamente insinuaciones que dan rienda suelta a mucha imaginación, pero hasta ahí. Luego utiliza ejemplos extremos como la explotación de niños o mujeres para mostrar cuándo un empleo no es igual a Desarrollo.

¿Viste? Nosotros no tenemos niños ni menores de dieciocho años trabajando, así que, como ya te dije, nosotros promovemos el desarrollo humano.

Luego encontré esto:

El trabajo puede contribuir al interés público; y el trabajo que implica cuidar a otras personas fomenta la cohesión y crea vínculos en las familias y las comunidades.
El vínculo entre el trabajo y el desarrollo humano es sinérgico. El trabajo mejora el desarrollo humano, ya que proporciona ingresos y medios de vida, reduce la pobreza y permite un crecimiento equitativo.

Leer que el trabajo mejora el desarrollo humano porque proporciona ingresos...para mí echa a perder todo. Pero reconozco que esto puede ser una confusión solo mía y todos mis colegas lo tiene muy claro. No lo sé.

No estoy diciendo que ahora para mí lo laboral sea lo más valioso y adquiere por eso la responsabilidad principal con el Desarrollo y el futuro de nuestros pueblos. Solo pretendo hacer hincapié en que lo colectivo, inclusivo y colaborativo no es precisamente el denominador común en la vida laboral latinoamericana, y es muy importante resaltar esto si hablamos de Desarrollo.

Finalmente quiero abordar el tema del Valor Agregado; tan comentado, clave y necesario para el crecimiento económico sostenible en las economías del conocimiento: patentes, invenciones y esas cosas.

El Valor Agregado para mí supone pequeños y aparentemente insignificantes momentos y espacios de *convivencia laboral*, pero cuando son positivos. Con esto me refiero a la paz necesaria para las empleadas y empleados –como resultado de las relaciones y vínculos que cuidan sus puestos de trabajo–, pero también a la seguridad jurídica en su vida y la tranquilidad de un buen seguro médico con tratamientos sin límites para todo tipo de enfermedades para sí y su familia. Luego el saber que tendremos una pensión (jubilación), acorde con el esfuerzo realizado laboralmente, una buena formación escolar y universitaria para nuestras hijas e hijos, o un aporte mensual que nos cuida hasta que volvamos a tener un empleo porque fui invitado a salir cuando negocié mi antigüedad. Y todo esto funcionando bastante parecido para todas las personas en un país o en una organización genera sentimientos de seguridad, tranquilidad, paz para enfrentar, arriesgarse, desafiar sin importar si somos gerentes, propietarios u obreros.

Cierto. Ahora que lo decís, me imagino una reunión en una imprenta en Suiza en la que el dueño quiere plantear algo y los demás presentes exigen conversaciones sobre temas que anteceden a esa propuesta, por ejemplo, casos de maltrato. Hay que tener toda esa paz y seguridad que decís para animarte, sabiendo que lo que digas no tendrá consecuencias terroríficas.

Estos parecen detalles, pero son los que nos hacen sentir bien para luego poder crear, inventar, innovar y ser mejores trabajando.

Las miradas desde perspectivas productivas puramente reduccionistas y no sociológicas –que miran al empleo como un órgano humano mecánico, estandarizado y normado– desconocen los hallazgos en la neurociencia; y entre tantos uno que dice: «El estudio científico moderno de las emociones solo resultó posible una vez que estas se colocaron a un nivel equilibrado de los demás procesos cognitivos» (Manes y Niro, 2018).

Entonces lo que sentimos es muy importante. Y desde este nuevo punto de vista organizacional, las *emociones* en la *convivencia laboral* podrían representar el marcador más básico, automático y rápido para guiar la aproximación a eso que otras culturas laboriosas lograron hace siglos y que se llama Valor Agregado.

Para mí hoy el Valor Agregado –sea humano o tecnológico– empieza con la paz al trabajar y la seguridad para el futuro. Los factores arriba mencionados nos hacen a todos un poco más iguales a los habitantes de un país y en muchos aspectos son más que determinantes a la hora de trabajar o animarnos a dar un NO al superior.

Tenés razón. No es poca cosa saber cómo se siente que tu hijo disfrute de un colegio muy parecido al del dueño de la empresa donde estás contratado, o que tu seguro médico sea uno con clase, nivel y respuestas responsables. Tu auto no es el mismo y tampoco último modelo, pero está asegurado y podés viajar tres mil kilómetros con él sin miedo a que falle.

No digo que estas sensaciones y emociones sean las únicas que motivan, inspiran y pueden acabar directamente en inventos, descubrimientos, patentes y otros accidentes deseados que suelen permitirnos grandes avances tecnológicos y humanos, pero de que inciden, inciden y mucho.

La innovación y el Valor Agregado entonces podrían *sentirse* y no serían únicamente el resultado de millonarias inversiones en el sector industrial y cientos de programas para la innovación y aceleración desde organismos multilaterales para la región.

La economía, en medio de todo, dice ser una ciencia social que estudia la forma de administrar los recursos disponibles para satisfacer las necesidades humanas. ¿Lo hace? Sinceramente, nunca me mostraron el aspecto social-emocional de esta ciencia vendida más como exacta que como bien compleja.

La esperanza de vida, el logro educativo (alfabetismo y matrícula escolar) o el ingreso per cápita son algunos factores de desarrollo con los cuales hasta hoy las viejas miradas económicas buscan renovarse. Analizados fríamente, en el mejor de los casos estos criterios son naturalmente necesarios, pero para mí ya no suficientes.

Sentirse escuchado en el puesto de trabajo, interpelar el mutismo organizacional, empezar a compartir el poder de decisión promoviendo entornos que permitan construir juntos los «acuerdos» comunitarios laborales para demostrar un verdadero aumento de posibilidades y libertades para las personas que trabajan, hoy me desafían y significan mucho más que mis antiguas planificaciones estratégicas con mis recorridos por planta saludando y siendo amables con todos.

Estas son algunas de mis iniciativas; primero potentes para el alma, *el ser*, el yo y la autoestima de los que deben sostener la eficiencia y la innovación con valor agregado; ayer mis empleados, hoy mis colaboradores.

¿CÓMO SENTÍS QUE EL DESARROLLO PARTICIPA EN TU VIDA?

¿QUÉ OPINÁS RESPECTO A QUE TU SEGURIDAD Y LA LIBERTAD DE PODER EXPRESAR LO QUE PENSÁS INFLUYE EN TU RENDIMIENTO LABORAL?

Fin

Siento que podría seguir compartiendo tantas experiencias vividas con emociones, pero este escrito debe ir terminando.

Hoy más que nunca me queda claro que modificando nuestro *hacer* desde un nuevo *ser* podríamos permanecer presentes de formas distintas en la historia del Desarrollo Humano. Pero, ¿cómo lo hacemos?

Para mí existe una forma y estaría tranquilamente dentro de nuestras posibilidades: es necesario observar detalladamente los *haceres* que hemos venido *siendo* y así podríamos transformar los «empleos». Cada uno hace sus cosas *siendo* con otros: empleado, jefe, gerente, director, accionista, presidente o candidato puede construir *junto* a las personas a quiénes él necesita y necesitará diariamente. Hay profundos vínculos organizacionales que devienen forzados del hacer bienintencionado nuestro; debemos tenerlos muy en cuenta.

El peso de las *relaciones* en nuestra vida es definitivamente incalculable: sea para trabajar con nuestros parientes en empresas familiares, cumplir los instructivos de trabajo en un nuevo Empleo, emprender un nuevo proyecto o simplemente el desafío de vivir en armonía con personas que se *sienten* muy diferentes a nosotros.

Es cierto. Las relaciones determinan casi todo con los demás, sea en lo laboral o personal. Qué padre tiene la misma relación con sus hijos, imposible.

Las relaciones humanas sin complejidades no existen, y por eso el desequilibrio es justamente el motor de todo lo bueno que aún no conocemos y puede salvarnos. Y para cualquier análisis económico-productivo, el rigor de un examen del *hacer relacional laboral* de las personas será necesario. A mí no me cabe duda de considerar seriamente los *vínculos* en esos lugares, siempre y cuando exista la intención seria de hacerlo: me refiero a un responsabilidad muy distinta a la que *sentimos* cuando participamos en programas de innovación, para reciclar la basura o para combatir la pobreza, y que nos involucramos sin mayores dudas porque nos dijeron que es para el progreso de otros. Y con aquello que está mucho antes y supone ser fundamento de lo anterior: (nosotros) personas con jerarquía y mucho poder haciendo silencio para dar paso a nuevas formas que ni ellos podrán influir como antes.

Nada de lo que he propuesto en estas páginas –escritas desde mi perspectiva– tiene la intención de ignorar lo que ya existe para vos, pues estoy seguro de que eso también tiene mucho valor porque cada uno lo vivió como su verdad y le funciona.

Aquí intento solamente preguntarme si sería el momento de reconocer formas distintas para nuestros privilegios empresariales y desde ahí aprender juntos a honrar nuestras relaciones productivas, porque parece que no funcionan exactamente útiles para todos.

Ahora ya saben que con este libro propongo empezar por lo que mejor sabemos hacer, que es evaluar posibilidades y decidir en función de ganar y no perder con la inversión realizada, solo que ahora sugiero organizar nuestros esfuerzos para aproximarnos y hablar de lo que no nos gusta, esta vez con nosotros como invitados en primera fila. Desde ahí necesitamos revisar pausadamente lo que seguirá siendo para siempre complejo y por eso difícil que resista un solo modelo y una sola pregunta inusual: nuestras *relaciones productivas*.

Nuestra Economía es un sistema demasiado antiguo: exige una revisión, un nuevo diseño desde el chasis, y ya no *facelifts* –una práctica común en los fabricantes de vehículos, que consiste en introducir ciertas modificaciones en un modelo para ofrecer una versión actualizada del mismo auto– para que parezca más actual y el mercado se prepare para el modelo totalmente nuevo: ya habrán leído en las publicidades de autos cuando dicen *The all new...*

¿Para vos entonces Uber o Airbnb son solo facelifts? ¿Y qué será lo que se viene como el All new modell?

Al parecer no todos sabemos con exactitud por qué está sucediendo esto hace décadas y tal vez sea solo porque no lo hemos sentido en carne propia que el cambio total ya es necesario. ¿Acaso seguimos en el pasado pero imaginando un mundo distinto porque nuestro camioncito –con el mismo chasis y motor– aún nos funciona bien?

Conversemos de una vez por todas sin mantener tantas cuestiones ocultas y evaluemos si este podría ser ya un modelo anticuado y tal vez por eso el principio de nuestro fin.

Quiero ir construyendo mis mensajes finales con la ayuda de los pensamientos del psicólogo y pensador austriaco Paul Watzlawick (1921-2007), quien dedicó su vida a saber más sobre cómo nos comunicamos y cómo cada uno construye su propio mundo mientras se comunica. Él se preguntaba cuál es la verdadera realidad de lo que cada uno ve, oye y siente en su vida. Finalmente, compartió sus hallazgos respecto de que no existe una sola realidad, sino que cada uno de nosotros arma la suya propia, la que prefiere, la que puede con las herramientas que tiene y lo que su contexto le permite.

En 1987, Watzlawick ofreció una disertación que está disponible en YouTube y que se encuentra con el título «Cuando la solución es el problema». En el video se puede oír al austriaco dar ejemplos muy interesantes sobre determinados comportamientos humanos calificados como «fatales» por él mismo. Él explica la diferencia entre un optimista y un pesimista desde la perspectiva que cada persona puede tener de un vaso cargado con agua hasta la mitad. Y la pregunta es: ¿quién tiene la razón? El optimista afirmará que el vaso está medio lleno y el pesimista medio vacío. Y para el señor Watzlawick parece que en realidad ambos tienen la razón.

Pero sabemos muy bien que para muchos de nosotros uno de ellos es inmediatamente desesperanzador y el otro es divertido, tal vez incluso líder, el que sabe más e incluso al que podríamos premiar en algún concurso. Y lo digo así porque ciertamente ser positivo es lo que se busca entre emprendedores, empresarios, amigos y en libros de autoayuda. Pregunto, ¿esto es motivo suficiente para que el optimista siempre tenga la razón y el otro (el observador negativo) esté directamente equivocado por ver el vaso con agua medio vacío?

El señor Paul comparte en el video que esta es también una forma de buscar soluciones a los problemas, y en la tentativa de solución nos quedamos –como él dice– fatalmente anclados a miradas que tal vez no sean las mejores, pero, por ejemplo, para este caso son las positivas. Hay que ser positivos, y entonces los vasos están todos medio llenos. Sigamos.

Por eso, con este libro intenté hacer visible que nuestra forma de apreciar nuestro contexto podría ser lo que nos está limitando hace buen tiempo en Latinoamérica.

Créanme que he conocido mucha gente muy importante juzgando a todos los que no observamos el mundo como ellos –viendo los vasos siempre medio llenos. Y el hecho de insinuar que los vasos no están así de llenos me significó repetidamente no solamente estar equivocado, sino tener malas intenciones hacia el noble modelo de desarrollo y además ser el gran negativo, denso, pesado y excéntrico. A veces me han hecho sentir hasta un impostor cuando me referí a determinados vasos empresariales ya sin agua.

Christian, sos mala onda. Parecés de la izquierda: pesimista, denso, monotemático y otros calificativos que puedo darte y te merecés por pensar tan raro y querer además convencer a otros.

Watzlawick habla de fatalidad, porque este comportamiento de no querer cambiar lo que tenemos puede llevarnos al fracaso, a morir por no intentarlo.

Tenemos historias predilectas en nuestros puestos de mando en la economía, pero Uber y Amazon no son solo historias de éxito. Busquen en Google y encontrarán más información.

Y se suma a estas corrientes de pensamiento esto de que siempre es mejor que cada uno se ocupe de lo suyo y haga mejor su parte en el todo económico. Es bello de oír, pero fatal a la vez, pues desconoce las enormes posibilidades que tienen otras formas más colectivas, como la colaboración, la conversación para coordinarnos entre todos sobre cuestiones comunes y la tremenda realidad de que nadie, absolutamente nadie, se hace o progresará solo alguna vez.

Nadie.

Cuidemos más el cómo hacemos lo que hacemos pues no es pura coincidencia que nuestras formas sean todas similares para enfrentar desafíos tan distintos. No nos damos cuenta, pero somos nosotros mismos los que sostenemos el modelo desde tiempos inmemoriales. Sí, nuestra forma hoy es apenas complementaria, no desafía ninguna regla, ninguna norma, y esto es lo fatal para Watzlawick. Y así, creo, será para nosotros.

Que se nos siga enseñando con tanto destaque a recortar costos y luego con creatividad a hacer de todo con tal de maximizar ganancias ha sido útil solo para el mercado, los éxitos ajenos, la filantropía, las donaciones y selectos espacios de diálogos para nuevamente hablar de lo mismo.

Esto es lo que podría estar hundiendo la carabela hace tiempo, manteniéndonos como complementos decorativos del desarrollo. Y lo digo así porque para mí fue fatal darme cuenta de cómo me enseñaron y determinaron hasta con mis vínculos, mis relaciones laborales, llevándome siempre hacia lo economicista: economizar hasta con mi propia conducta desde mi comportamiento y mis monólogos racionales de empresario exitoso.

Hoy sé muy bien lo que hice en el pasado, por eso decidí compartirlo aquí: enfoques que solo me proporcionaron seguridad como líder solitario, dueño dictador, inversionista optimista, el único que arriesga de verdad. Por favor, no repitan mis errores ni se asusten del desgaste *emocional* que conlleva este tipo de cuestiones que requieren transformaciones primero en nosotros y luego en los demás. Y recuerden que desde los lugares de privilegios que poseemos siempre podremos desobedecer esto tranquila y sensatamente.

Sé y entiendo que preferimos seguir maximizando el confort manteniendo el statu quo, nuestra paz merecida por el sacrificio de años. Lo sé porque es exactamente lo que propone Watzlawick, pero créanme que el modelo no da para más.

La economía, la eficiencia, la innovación, la productividad, el valor agregado y la flexibilidad que pedimos a otros pueden nacer o morir según nuestros propios *hábitos relacionales* de empresarios, gerentes y jefes: esos que elijamos.

Paremos de buscar economías que nos cubren con mantos protectores porque así podemos seguir gestionando operaciones de compra, venta o intercambio de productos, con la intención del beneficio merecido y la provisión de techo y comida para los demás. La Empresa son las personas y nadie, absolutamente nadie, va a este lugar de faena solamente para trabajar. Basta de creer solo en nuestras creencias arraigadas en nuestras profesiones y que cumplimos automatizados. Todas y todos necesitamos cuidar nuestro relacionamiento, uno que hoy lastima también.

Basta de ser solamente grandes administradores en eternos tiempos de guerra, pues siempre para algunos la situación es mala, la calle está dura, los negocios no salen y no alcanza para revisiones en nuestros procesos de honrar a los demás. Seguir buscando preferentemente mejores descuentos para ahorrar y reducir gastos genera espacios humanos cada vez más apretados, muy pequeños y sin paz.

Paremos con este modelo de progreso tan impenetrable, terco en sí mismo, que nos engaña porque al final somos los principales productores e innovadores del proceso, o tal vez solo los más visibles. Autoricemos, de una vez por todas, cambios a nuevas posibilidades y empecemos a revisar lo que nosotros mismos hemos venido haciendo económica y automáticamente porque nunca hay tiempo para otras cosas. Tal vez de ahí venga esto de que el 80% del PIB mundial se reparte entre menos del 4% de esa población. Y de ese 80% el 1% más rico se lleva el 79% del rendimiento y esfuerzo de todo lo que ahí se hizo. Este es un dato aproximado que construí con lo que se encuentra en Google. Números más, números menos, el fondo no cambia.

Y claro que esa riqueza no está muy bien distribuida, Christian. Pero ¿qué querés? ¿Repartir repentinamente lo ajeno?

Nuestras relaciones (humanas) son únicas y ya sabemos que el empleo así como está hoy concebido no suma al desarrollo, progreso, prosperidad y alegría de todos.

Y no quiero sonar a fanático y pesimista, pero sinceramente estoy convencido de que solamente pidiendo ser criticados podremos descubrir lo que estamos haciendo mal para otros, y es lo único que hoy podría movilizar tantas posturas rígidas y de antaño que cargamos en nuestras mochilas de empresarios exitosos. La angustia, el miedo y la vergüenza serán nuestras nuevas compañeras.

Probemos de una vez por todas transitar de la culpa empresarial a lo maravilloso que tiene la responsabilidad colectiva en función del hacer económico individual, o viceversa. Podemos perfectamente postergar los voluntariados –famosos por sus bondades– como las mejores cuestiones para edificar el bien común, lo bueno, lo positivo en nuestro país. O dejemos eso a los muy jóvenes.

Nosotros, adultos, tomemos posiciones responsables –aun cuando deban ser inusuales– y hagámoslas públicas en nuestros respectivos gremios o espacios (colegiados) preferidos. Seamos empresarios del sector industrial, ganadero, inmobiliario, financiero, salud, comercio en general, todos podemos hablar también en primera persona: ciertamente tiene sus riesgos pero los beneficios son incalculables en el largo plazo. Luego con eso pero junto a otros, valernos por nosotros mismos para compartir nuestras aprehensiones pero también nuestras posibilidades cuando operamos (económicamente) sin dimensionar las consecuencias de nuestros actos. Por ejemplo nosotros nos dedicamos al negocio de la impresión y para eso inevitablemente contaminamos. Entonces, desde esta responsabilidad asumida junto a otros que también contaminan, yo y ellos nos movilizaremos hacia algo mejor.

Es cierto. Empezar por esto que decís en vez de nuevamente querer limpiar y oxigenar el Lago Ypacaraí. ¿Cuántas veces ya se hizo?

Les propongo aprender juntos a no seguir respondiendo individualmente eso que parece obvio, pero tal vez nunca lo fue. No crean que los programas para combatir o eliminar la pobreza son suficientes o que las buenas prácticas de otros países podrán modificar mágicamente nuestras costumbres laborales y patronales (latinas). Ciertamente los empresarios tenemos varios sueños que queremos que se cumplan, y justamente estos deseos se nos presentan como los mejores, porque siempre existen los métodos que saben acerca de la verdadera realidad de los involucrados en nuestros programas de cooperación: con los pobres, los campesinos, los empleados y cualquier otro que desde la mirada de *muchos* se equivocan.

Y tampoco crean tan fácilmente en los estándares internacionales solo porque traen consigo lo que parece que todos necesitamos por igual.

Recuerden que somos cientos de miles de cerebros en el rol de empleados, colaboradores, gerentes, cuida-coches o incluso mendigos, pensando hace tiempo desde sus estados de alerta e insatisfacción; algunos bien urgentes con necesidades demasiado básicas, como descansar o comer, y otros con necesidades no tan básicas pero igualmente insatisfechas y por eso primordiales en su vida: por ejemplo disfrutar periódicamente de un 0 km.

No se dejen engañar, pues en ambos contextos –de emergencia o no– los sentimientos son de insatisfacción y generan emociones similares que pueden mover pero también paralizarnos humanamente. Y recuerden que serán las relaciones las que determinan la forma en que ellos podrían querer ser escuchados, antes que directamente asistidos, encuestados y de la forma que tal vez nunca pidieron.

Y para los que siguen planificando para otros, recuerden siempre que lo que hagamos debería sostenerse en el tiempo, sin tener que estar como guardianes atrás. Esto podrá emerger si las *relaciones*, los saberes y el plan fueron construidos juntos, en comunidad, colectivamente, y nunca desde las diferencias que significan el origen, el modo de vivir o trabajar de las personas y/o sus jerarquías.

Por favor, no olviden la tremenda incidencia que hace siglos tiene el impacto *relacional* (forzado) en las empresas, en la economía, en el Desarrollo y ni qué decir en el bienestar (*el sentir*) de las personas. El entendimiento relacional no es nuestro fuerte como empresarios. Reconozcamos y aceptemos que necesitamos ayuda urgente, apoyo y colaboración.

La humanidad puede ser perfectamente lucrativa y eficiente, y no necesariamente siempre vista como un lastre social que algunos debemos sostener para regalar a otros. Eso no es lo que busco.

Aceptemos que las críticas tampoco serán siempre constructivas. Criticar es para movilizarnos, inquietarnos, incomodarnos hacia algo posiblemente mejor y no para sentirnos culpables y buscar el perdón con buenas actividades, emprendimientos amorosos o siendo ejemplos en una profunda vida laica.

Nuestra inspección personal es urgente y necesaria, mucho más que los cientos de cámaras de videos de circuito cerrado que tenemos para inspeccionar a quienes luego acostumbramos a alegrar con sidra y pan dulces a fin de año.

Nunca más olviden que *sentir* y *emocionarnos* sucede en todos lados, es humano y ocurre exactamente lo mismo en nuestras empresas. Nuestros empleados *sienten* y se *emocionan* y, nos guste o no, para mí esto continuará marcando los límites de este fracasado modelo de desarrollo que nunca puede con todo.

Recuerden cómo nos sentimos cuando algo nos toca; por ejemplo, oír a un conocido o incluso desconocido emitir un comentario sobre nuestro estilo de vida o de trabajo, o incluso sobre fracasos íntimos en nuestra vida. ¿Cómo es estar en la boca de otros?

Me va faltar tiempo para procesar todo lo que dijiste en este libro, pero me queda claro que nada es tan claro ni complicado, es complejo. Y más cuando queremos opinar sobre otras personas y parece que para esto no hay experto a quien contratar. Ese es un problema muy grande para nosotros empresarios, pues sin un plan y objetivo en mente no sabemos cómo movernos.

Quiero todo esto que vos acá compartiste, pero quiero que otros lo hagan. No tengo tiempo para estas cosas, pero te agradezco de corazón, pues imagino el trabajo que te llevó escribir todo esto. Te dejo, estoy con mil cosas.

Ser una persona con privilegios, un líder, no significa haber resuelto mejor los desafíos. No crean esas cosas, yo al menos sigo errante y perdido, y me falta muchísimo para ser digno de escribir un libro, aunque igual lo hice, pues seguiré fallando de por vida y los que me rechazaron sensatos tal vez prefieran leerme.

No es tan sencillo transformarse, todos lo sabemos. Pero sigo queriendo que mis empleados, el mercado, mi competencia, mis gerentes lo hagan inmediatamente. ¿Por qué será que lo preferimos así?

Porque somos los dueños y para eso sostenemos empleos y pagamos los salarios. Y con el Estado ocurre lo mismo: somos nosotros los que pagamos los impuestos y mantenemos a los funcionarios públicos. Por favor, Christian.

Sigamos para adelante, pero tomemos decisiones más duras con nosotros mismos. Necesitamos exigirnos desde otros lugares y no solo desde la técnica inversionista o el estrés acumulado debido al nuevo rol de empresario pero ahora como senador o diputado.

Lo importante no se capacita, no se enseña y por eso no se cumple. Lo que funciona en la empresa no está escrito, no son los protocolos. Lo que se coordina está por fuera de todo eso, justamente entre las palabras y oraciones de los documentos formales firmados. También entrelíneas.

Compartan lo útil y necesario que es re-preguntarnos nuestros distintos asuntos. A lo mejor son nuestras propias miradas de dueños, anfitriones, padres, presidentes, gremialistas empresariales las que nos condenan a seguir fallando con tantos silencios, pobreza, inequidad, impuntualidad, desorden, discriminación, desobediencia y tantas otras cuestiones que parece solo sabemos juzgar.

Ya no quiero ser nunca más el hombre de ciencia exacta recibido en una universidad del primer mundo, que lee mucho y asiste a congresos y exposiciones del desarrollo soñado. Tampoco quiero saber nada de lo que ya se probó y no funcionó (incluyendo a Stroessner, Bush, Fidel, Stalin y Erich Honecker entre otros).

¿Sos gremialista, industrial, socialista, o comunista? ¿Qué sos? No se entiende tu comentario.

Les invito al esfuerzo de pensar distinto. Conviertan sus reuniones de trabajo en verdaderos encuentros de personas con *sentires y emociones*. Concéntrense en los que nunca hablan –frente a ustedes– y aprendan a escuchar. Pidan a otros –con historias de vida distintas– que reflexionen sobre lo hablado y escuchado, y lo que descubrirán será revelador. Esto no es otra cosa que aprender a reflexionar desde la escucha del otro, pero hacerlo para él, y no en función de mis teorías y mi percepción de los vasos todos medio llenos.

Recuerden que para todo hay distintas formas, y para los diálogos también. Y sea cual fuere el que elijas, tu escucha del otro te permitirá descubrir otro tipo de conversaciones organizacionales nunca antes vistas y menos sentidas, donde las etiquetas de impuntual o desordenado tomarán otras formas y sentidos, tal vez peligrosos para vos. Empiece cada uno como pueda y no elijan tanto con quiénes hacerlo. Lo importante es empezar de alguna forma.

Entonces no se trata de eso que vos mismo hacías con tu gente. Acercarte, preguntarles cómo pasaron el fin de semana, o circunstancialmente relacionarte vos u otros jefes o gerentes porque necesitan nuevas respuestas a las preguntas de siempre. Y después de alcanzada la meta creer que hicimos buen trabajo y todas esas cosas.

Si están pensando en resumir todo esto que leyeron, no se los aconsejo. Lo que sí aceptaría sería circunscribir este esfuerzo por flexibilizar las formas empresariales de pensar a una cuidadosa reconstrucción de mis enfoques desde tres cuestiones bien inusuales en el mundo de los negocios, pero para mí hoy más que necesarias para cualquier organización de personas: la participación; con *emociones y sentimientos*; dispuestos a escuchar de todo.

¿Saben qué? Sinceramente elegiría volver a invertir, innovar, arriesgar, aprender lo último, integrar nuevas tecnologías, equivocarme y crecer, pero les aseguro que lo haría desde ciencias bien distintas y estaría pegado a la sociología y la psicología, aunque hoy ya me gustan mucho la antropología y la filosofía.

Bertrand Russell, filósofo y matemático, dijo: «Si olvidamos que hay mucho que no podemos saber, nos volvemos insensibles a muchas cosas de gran importancia». Quisiera repetir lo que dijo, pero agregar que si seguimos olvidando que hay muchísimo que claramente no sabemos seguiremos siendo solo agentes económicos bienintencionados, pero *insensibles* a muchas cuestiones de importancia, relacionadas con la productividad que no alcanzamos y la pobreza que luego no entendemos.

Y sí: ojos que no ven, corazón que no siente.

Definitivamente ya no creo que solamente necesitemos más puestos de trabajo, más inversiones en industria, unas cuantas decenas de buenas patentes y un gobierno honesto para empezar a caminar por la senda del Desarrollo. Es importante pero no suficiente.

Pido a mis colegas repensar la necesidad de aprender más sobre nosotros mismos, entender otros conocimientos y por sobre todo salir del eterno juzgar con tanta certeza empresarial, jurídica o política, opinando siempre sobre aquello que aún no hemos entendido como los demás.

Debemos empezar por bajar algunos escalones del saber y ubicarnos para responder o aportar con buenas contribuciones unidos a otras ciencias.

Y les recomiendo que acepten y festejen con bombos y platillos en sus propios espacios la llegada de la señora Doña Incertidumbre, viuda del Señor Excelentísimo Don Certeza de Siempre. Ciertamente este es un gran hombre que anda por ahí aún vivo y ha contribuido suficiente en la Edad Media y la Modernidad, pero por ahora no es tan necesario. Incluso confunde lo que ya se sabe y se probó que no funciona muy bien. Los tiempos cambiaron y seguir imponiendo desde estas formas no ha sumado mucho.

Todos valemos.

Todos tenemos algo que decir.

Y la colaboración junto a lo inusual podría ser la madre de cualquier inicio distinto.

«La sabiduría no es una acumulación de recuerdos, sino una suprema vulnerabilidad a lo verdadero». Esta frase de Jiddu Krishnamurti (1895-1986) nos dice que no son los años que pasan los que nos hacen sabios sino lo abiertos que estamos a aceptar y comprender las diferentes perspectivas existentes sobre la vida de las personas.

Creo que nadie hace mal o bien; más bien todos hacemos lo que podemos con lo que sabemos.

Las relaciones también se fabrican. Es y requiere un engranaje social y luego sostenerlo entre todos.

**MUCHAS GRACIAS
POR EL TIEMPO QUE ME REGALASTE
LEYÉNDOME HASTA AQUÍ.**

Mi sueño con el tuyo

Este es el capítulo del que les hablé al inicio.

Mi sueño debe poder contener de alguna forma al tuyo también, entonces no puedo escribirlo solo. Te necesito.

Empecemos juntos... Sumemos a otros. Vos, ellos, Christian y nosotros.

_____

_____

_____

_____

_____

_____

_____

Made in the USA
Columbia, SC
27 April 2023

15588808R00231